Guía práctica del autónomo

Guía legal para emprender y gestionar el día a día de tu propio negocio

Incluye más de 100 consejos de expertos y casos prácticos basados en la experiencia de más de 45 años de la asesoría DAEM

CARLES CORNEJO

Advertencia

Este libro está diseñado para proporcionar información y motivación para nuestros lectores. Se vende con el bien entendido de que el autor no se dedica a prestar ningún tipo de consejo psicológico, legal o ningún otro tipo de asesoramiento profesional. Las instrucciones y consejos en este libro no pretenden ser un sustituto para el asesoramiento. El contenido de cada capítulo es la sola expresión y opinión de su autor, preparado con base en cierta información pública y observaciones de carácter general, en el momento de la redacción de este libro, cuya veracidad no se puede garantizar. No hay ninguna garantía expresa o implícita por elección del editor o del autor incluida en ninguno de los contenidos en este volumen.

Ni el editor ni el autor individual serán responsables de los daños y perjuicios físicos, psicológicos, emocionales, financieros o comerciales, incluyendo, sin exclusión de otros, el especial, el incidental, el consecuente u otros daños. Nuestros puntos de vista y derechos son los mismos:

Eres responsable de tus propias decisiones, elecciones, acciones y resultados.

Carles Cornejo

Visita la web: www.daem.es

ISBN: 9798728819035

A mi padre, quien me ha transmitido su vocación empresarial y sus valores basados en la ética, la perseverancia, la honestidad y la familia. Sin olvidarme del maravilloso equipo de profesionales de DAEM y de todos sus leales clientes que nos han permitido acumular vivencias durante más de 45 años para poder transmitirlas en este libro.

Contenido

Introducción

En primer lugar, muchas gracias por haber adquirido este libro. DAEM y yo te llevaremos de la mano en esta lectura para que tu aventura empresarial sea todo un éxito.

La primero que debes de tener presente sobre este libro es que no se trata de un libro motivacional más para emprender sino de una guía práctica que te ayudará a conocer rigurosamente el proceso de validación de una idea de negocio, así como comprender las diferentes obligaciones en materias laborales, fiscales, contables y mercantiles que afectan a tu negocio en España, siempre desde el punto de vista del empresario individual o autónomo.

Tanto si tienes una idea de negocio y estás pensando en emprender como si eres un autónomo con un negocio en funcionamiento, este libro te será de gran utilidad. Te servirá tanto para validar y poner en funcionamiento tu idea como de guía práctica para la gestión del día a día de tu negocio.

Todo autónomo está sujeto a una regulación especial que es importante conocer para evitar sanciones. También es relevante tener muy presente qué tipo de gastos se pueden deducir de la actividad, a qué prestaciones de la seguridad social se puede acceder, qué tipo de documentación se debe de conservar, y por cuánto tiempo, entre otras cuestiones que veremos en esta guía.

Para ayudar a su comprensión, este libro va mucho más allá de la mera teoría, pues recoge consejos de expertos con más de 45 años de experiencia en asesoramiento empresarial y casos prácticos para facilitar su comprensión y ayudarte en esta apasionante aventura como empresario.

Por último, merece la pena mencionar que este libro no pretende sustituir al asesoramiento o a las gestiones que hacen gestoría y asesorías, es un complemento que te ayudará a comprender todas aquellas gestiones y obligaciones como empresario que se hacen muy engorrosas y que seguramente tu gestor no encuentra el tiempo para explicarte en detalle. En todo caso, mi recomendación es que siempre cuentes con una gestoría o una asesoría como DAEM (www.daem.es) a tu lado para que te acompañen en esta apasionante aventura.

¿A quién va dirigido este libro?

Este libro va dirigido a todas aquellas personas que tienen ilusión por crear su propio futuro ya sea por necesidad o porque han detectado alguna oportunidad, así como a todos aquellos autónomos que, aún con un negocio en funcionamiento, se les hace muy pesada toda la regulación que envuelve a su negocio y quieren entenderla, de una manera práctica, para sacarle el mejor partido.

Si te has quedado sin trabajo y estás pensando en reinvertirte, éste es el libro que necesitas.

Si eres un autónomo con un negocio en funcionamiento, pero se te hace muy engorrosa toda la legislación y regulación que envuelve el día a día de tu negocio, este es el libro que necesitas.

¿Cómo se estructura este libro?

En este libro nos centraremos en la figura del empresario individual (o conocido coloquialmente como "autónomo") aunque repasaremos el resto de alternativas jurídicas a nuestro alcance para desarrollar nuestro negocio y las principales ventajas y desventajas del autónomo frente a la forma societaria.

El libro está estructurado en diez partes:

1) Todo lo que debes saber antes de iniciar tu aventura

2) Conoce las alternativas jurídicas para tu negocio

3) Bienvenido al mundo del autónomo

4) Ponte en marcha

5) El papel de Hacienda en tu aventura empresarial

6) La Seguridad Social del autónomo

7) Las claves si quieres contratar trabajadores

8) El coste de no cumplir con tus obligaciones

9) Digitaliza los trámites administrativos

10) Más allá del autónomo…

Te recomiendo que leas este libro de una sola pasada para comprender a nivel general todo el contenido pues es muy probable que encuentres aspectos de gran utilidad o aspectos que desconoces y que te puedan ayudar mucho. Una vez tengas una visión general, puedes profundizar en aquello que crees que más te puede interesar en estos momentos.

Por ello, cada una de las partes del libro se estructura en sub capítulos independientes para que puedas profundizar en aquellos aspectos que más te puedan interesar, consulta el índice con frecuencia pues accederás rápidamente a aquello que más te interese.

Si tienes una idea de negocio, pero no sabes cómo empezar, te recomiendo que te leas detenidamente las primeras dos partes pues te llevarán de viaje por las diferentes etapas que debes de pasar desde que tienes una idea de negocio hasta que la materializas montando tu propio negocio revisando las diferentes alternativas jurídicas a tu alcance.

Si ya has decidido emprender y tienes claro que lo harás como autónomo, te recomiendo que revises la tercera parte pues podrás repasar las principales características de esta figura jurídica.

Si ya tienes claro lo que significa ser autónomo y quieres ponerte en marcha, te recomiendo la cuarta parte pues te dará las claves para iniciar tu aventura empresarial como autónomo.

Si ya eres autónomo con un negocio en funcionamiento, te recomiendo que leas detenidamente la quinta y la sexta parte de este libro pues revisarás todo lo que necesitas saber para el día a día de tu negocio en material fiscal y de seguridad social.

Si deseas contratar empleados que trabajen para ti, te recomiendo que leas la séptima parte pues incluye todas las claves al respecto y las obligaciones adicionales que deberás cumplir.

Si te preocupan los riesgos que asumes como autónomo y los costes de no cumplir con tus obligaciones, te recomiendo que leas la octava parte de este libro donde podrás conocer los riesgos que asumes incumplimiento cada una de las obligaciones a las que estás sometido como autónomo.

Si quieres conocer las alternativas de identificación digital que simplifican los trámites con las diferentes administraciones, así como la regulación al respecto de las notificaciones electrónicas tanto con Hacienda como con la Seguridad Social, te recomiendo la lectura de la novena parte de este libro.

Por último, si quieres saber qué hay más allá de la vida empresarial cómo autónomo, te recomiendo la lectura de la décima, y última parte de este libro, dónde podrás introducirte a las sociedades mercantiles.

Adicionalmente, este libro incluye una serie de anexos y tablas de referencia que puedes consultar si precisas de más detalle en relación a la clasificación general de los tributos, la regulación sobre protección de datos, las actividades comprendidas en la orden de módulos, los regímenes especiales del IVA, las retenciones de IRPF, el calendario fiscal y las amortizaciones.

SOBRE EL AUTOR

Carles Cornejo es un emprendedor y experto en gestión empresarial, actualmente cuenta con diversos proyectos emprendedores en marcha destacando su labor de gerencia en la asesoría DAEM (www.daem.es).

Carles es Ingeniero superior industrial, licenciado en Administración y Dirección de Empresas (ADE) y cuenta con un máster en Investigación en Ingeniería Industrial realizado en la Penn State University de Estados Unidos.

Además, en el sector del asesoramiento, posee la certificación de Analista Financiero Certificado (CFA, por sus siglas en inglés), otorgado por la asociación global de profesionales de inversión CFA Institute, y el título de "Certified Advisor" (CAd) habilitado por la Comisión Nacional del Mercado de Valores (CNMV) para desempeñar labores de asesoramiento y de prestación de información financiera en España según normativa MiFID II.

Empezó su trayectoria profesional trabajando por cuenta ajena y fue pasando por diferentes sectores: banca de inversión, capital riesgo y consultoría en gran empresa. Durante este viaje por el mundo de las finanzas y la consultoría, en 2013, encontró su verdadera vocación: el emprendimiento y el asesoramiento a autónomos y pymes.

La misión de Carles es la de ayudar a emprendedores y empresarios para que la gestión del día a día de sus negocios no se convierta en una pesadilla y puedan crear valor en la sociedad con sus proyectos empresariales.

Si quieres trabajar con Carles contáctale a través de alguna de las siguientes maneras:

LinkedIn: https://www.linkedin.com/in/carlescornejo/

e-mail: carles@daem.es

web: www.daem.es

SOBRE DAEM

DAEM es una empresa multidisciplinar, fundada en 1977 y pionera en servicios de gestoría y asesoría empresarial en España. Actualmente presta servicios de asesoramiento, gestoría administrativa y empresarial con una oferta integral de servicios para acompañar al empresario en todo el ciclo de vida de su negocio apoyándole con su experiencia en los principales sectores de actividad.

Su mensaje es claro: creen firmemente que un empresario debe dedicarse prioritariamente a su negocio y sacarle el mejor rendimiento, por lo que DAEM se suma a esos esfuerzos apoyándole en todo tipo de tareas administrativas para las que se requieren, cada vez más, de especialistas, además de asesorarle a lo largo de todo el ciclo de vida del negocio.

Sus valores son: ofrecer un servicio de alta calidad, manteniendo en todo momento un trato cercano y una relación de confianza. Tienen una permanente disposición para asesorar, más allá de la pura gestión administrativa. Además de una apuesta firme por la tecnología con soluciones para la completa digitalización de la gestión del negocio.

Sus áreas de especialidad son:

Áreas	Sub-áreas		
Asesoría y gestoría	Fiscal y tributaria	Contable	Laboral
	Mercantil y societaria	Económica y financiera	Seguros y otros
Consultoría	Estrategia	Operaciones	Recursos Humanos
Otras	Transacciones	Asesoramiento patrimonial	

Si quieres trabajar con DAEM contáctales a través de alguna de las siguientes maneras:

e-mail: info@daem.es

web: www.daem.es

Tel: +34 93 280 21 66

PARTE I: Todo lo que debes saber antes de iniciar tu aventura

¡No te quedes con una idea, conviértela en un negocio de éxito!

Si estás leyendo este libro es que, en cierta medida, tienes algo de emprendedor en ti.

Si te encuentras en ese momento en el que no sabes ni cómo empezar o necesitas reinventar tu negocio y se te hace todo muy cuesta arriba, no te preocupes, hemos dedicado este primer capítulo a repasar las habilidades que debes de reforzar, a contarte cómo puedes transformar tu idea en una oportunidad de negocio, cómo puedes validar esa oportunidad para que sea un éxito o qué alternativas de financiación tienes a tu alcance.

En este capítulo encontraras las claves para que tu idea se convierta en un negocio de éxito.

1 Características generales del emprendedor de éxito

El emprendedor se define como toda aquella persona que identifica una oportunidad y organiza los recursos necesarios para llevarla a término.

El objetivo del emprendedor es desarrollar su idea de negocio. Para ello, debe utilizar sus recursos y capacidades personales.

El emprendedor debe valorar si, además, necesita recibir formación específica en alguna de las áreas siguientes:

Conocimientos técnicos:

El emprendedor debe saber si tiene o puede conseguir la capacidad técnica para producir un producto o prestar un servicio concreto. Además, debe conocer a fondo las características técnicas de los productos o servicios que quiere producir y/o vender.

Conocimientos empresariales:

El emprendedor debe conocer el sector económico de actividad en que va a desarrollar su proyecto. Además, debe tener o adquirir conocimientos básicos en gestión empresarial, este libro es la guía para lograrlos.

Habilidades

El emprendedor debe tener las siguientes capacidades: intuición y visión de futuro, iniciativa, afán de superación y aprendizaje, autoconfianza, resistencia al fracaso, control de las emociones, tomar decisiones, solucionar problemas, comunicación y persuasión, poder crear una buena red de contactos, negociación, planificación y liderazgo.

Por último, pero no menos importante, el apoyo del entorno personal del emprendedor (familia y amigos) es clave para poder afrontar un reto empresarial.

⚠️ **CONSEJO DEL EXPERTO**

"Por mucho que delegues funciones en terceros como pueden ser gestorías o asesorías es importante que conozcas cuales son las bases jurídicas de tu proyecto empresarial, así como tus obligaciones como empresario pues serás último responsable de las acciones que lleves a cabo como tal."

Manel Cornejo – Socio fundador de la asesoría DAEM (1977)

CASO REAL: El caso de María

María se dedica a ofrecer servicios de coaching empresarial. Todos los trimestres, enviaba a un amigo un resumen de ventas y compras (incluyendo base imponible, retención e IVA) para que le presentara sus impuestos, no conservaba copia alguna de facturas.

En marzo de 2019, recibió una comprobación de IVA por parte de la Agencia Tributaria en relación al ejercicio 2015 en la que le solicitaban, en un primer requerimiento, libros registro de facturas emitidas y recibidas. Para sorpresa de María, no contaba con tales libros y su amigo tampoco pues simplemente se limitaba a presentar los modelos tributarios.

María, abrumada, buscó asesoramiento especializo y contactó con nosotros para solucionar este problema. Tuvimos que preparar todos los libros registro en base a la información que disponía María para contestar al requerimiento. No obstante, la Agencia Tributaria fue más allá y solicitó una serie de facturas de compra que María no pudo aportar por lo que tuvo que devolver el IVA deducido relacionado a esas partidas con la correspondiente sanción.

2 Idea de negocio

El emprendedor nace con una idea de negocio con la intención de producir y/o vender un producto o un servicio.

Todos en algún momento hemos tenido esa idea brillante que nos hace soñar momentáneamente en convertirnos en el nuevo Steve Jobs. Después de ese momento de euforia, viene la decepción con frases como "hoy en día todo está inventado" o "no sé ni cómo empezar" con lo que se diluye poco a poco esa euforia inicial.

Lo cierto es que, no todas las ideas de negocio pueden llegar a ser la base de una empresa rentable. Diversos estudios a nivel universitario, constatan que más del 50% de las ideas de negocio surgidas en un entorno docente como es la universidad se quedan tan sólo en eso, una idea. Más allá de eso, de las ideas que pasan a la siguiente etapa estimamos que menos del 5% llegan a iniciar la aventura empresarial, lo cual no significa que llegue a ser de éxito.

Estas cifras no deben desalentar la expendeduría, todo lo contrario, deben de retarnos y esta guía te ayudará a conocer los pasos necesarios en esta aventura.

Para que una idea pueda ser el origen de un negocio es preciso que el producto o el servicio satisfagan una necesidad de mercado, es decir, que cubra una carencia de potenciales clientes o que mejore la oferta disponible en la actualidad.

Para determinar si una idea puede ser una oportunidad de negocio es preciso valorarla, hacer lo que se denomina un análisis de viabilidad.

3 Análisis de viabilidad

Para valorar la idea de negocio y ver si es una auténtica oportunidad de negocio es preciso realizar:

1) **Análisis previo del mercado:** recoger y analizar la información disponible sobre los diversos aspectos del mercado en el que la idea de negocio va a operar (clientes potenciales, capacidad de compra y de pago, verificación de la existencia de una necesidad por parte del cliente, análisis de productos similares o sustitutivos, examen de los competidores, barreras de entrada al mercado, etc.).

2) **Análisis de los recursos disponibles:** estimar los recursos humanos, materiales y financieros con los que contamos y valorar si estos son suficientes para poner en marcha y desarrollar la idea de negocio.

Este es un paso fundamental antes de empezar el desarrollo de cualquier proyecto. Muchas veces la propia ilusión por el proyecto hace que se pierda cierta perspectiva. Aunque es bueno tener ilusión y fe en un nuevo proyecto, es también importante saber controlar las emociones y analizar bien su viabilidad para evitar dedicar tiempo y recursos a un proyecto que pueda no ser viable desde un inicio.

Resumimos a continuación las preguntas clave en este análisis de viabilidad:

Clientes Potenciales

1) ¿Quién pagará por mi producto o servicio?

2) ¿Por qué van a comprarlo? ¿Qué necesidad quieren satisfacer?

3) ¿Dónde están estas personas?

4) ¿Qué estilo de vida tienen estas personas?

5) ¿Cuál es su nivel adquisitivo?

6) ¿Cuánto están dispuestos a pagar?

7) ¿Cuál será su frecuencia de compra?

8) ¿Cómo afectarán las preferencias de los clientes (medioambientales, demográficas, etc.) y las regulaciones a la demanda del cliente?

Industria y mercado

1) ¿Cuál es el tamaño actual del mercado?

2) ¿Está creciendo el mercado?

3) ¿Por qué está creciendo (o por qué no)?

4) ¿Cómo llega el producto o servicio a los clientes potenciales (canales de distribución)?

5) ¿Tengo acceso al mercado? ¿Cómo? ¿A qué coste?

6) ¿Cuáles son las barreras de entrada al mercado?

Competencia

1) ¿Existe este producto o servicio en el mercado?

2) ¿Cuál es el posicionamiento competitivo objetivo dentro del mercado (por categoría de producto / servicio)?

3) ¿Cuáles son los principales desafíos competitivos y cuál es su impacto probable en el crecimiento?

4) ¿Cuáles son las fortalezas y debilidades clave?

5) ¿Existe un líder del mercado claramente identificado? ¿Qué impulsa, en última instancia, su ventaja?

6) ¿Están diferenciadas las ofertas de varios competidores? Si es así, ¿en qué dimensión?

7) ¿Qué valor añadido tienen mis productos o servicios frente a la competencia?

8) ¿Son nuestras ventajas competitivas sostenibles en el tiempo?

9) ¿Qué otros nuevos productos complementarios podrías ofrecer a este mismo público?

10) ¿Existe un historial de nuevos participantes en la industria?

Estructura interna y costes

1) ¿Cómo llegaré a mi público objetivo?

2) ¿Cómo vamos a vender, producir y entregar nuestros productos / servicios a los clientes (es decir, canales de venta y distribución, fabricación / operaciones)?

3) ¿Qué costes tendrá mi producto o servicio?

4) ¿Es la estructura diseñada (fabricación, operaciones y canales de distribución) escalable en el futuro?

5) ¿Cómo nos posicionaremos en el mercado (por ejemplo, calidad frente a costes, generalista frente a especialista...)?

6) ¿Serán rentables nuestros productos / servicios?

7) ¿Cuáles son los problemas / desafíos clave a los que nos podemos enfrentar? ¿Cómo les haremos frente?

8) ¿Qué recursos humanos, materiales y financieros necesito para arrancar el negocio?

9) ¿Dispongo de los recursos necesarios? ¿Puede acceder a ellos en caso de no disponerlos?

Si el resultado del análisis de viabilidad es positivo, es decir, si parece que hay hueco en el mercado para la idea y el emprendedor tiene o puede acceder a recursos suficientes para llevarla a cabo, entonces existe una Oportunidad de Negocio.

El siguiente paso es ver si el proyecto es viable, para lo que hay que realizar un Plan de Empresa. En el Plan de Empresa se analiza la viabilidad técnica, comercial, económica y financiera de la Oportunidad de Negocio.

> ⚠️ **CONSEJO DEL EXPERTO**
>
> *"Que los árboles no te impidan ver el bosque. No debemos de tener miedo en descartar un proyecto por no encontrar su viabilidad, por mucha ilusión que tengamos.*
>
> *Descartar un proyecto en esta fase es un éxito en sí mismo pues podremos dedicar tiempo y recursos en otro que sí pueda dar sus frutos a largo plazo."*
>
> **Carles Cornejo, CFA – Asesor en DAEM**

EL CASO DE PEPE

Pepe tuvo una idea que consistía en desarrollar una aplicación para vender al por mayores accesorios para teléfonos móvil. Tenía los contactos de grandes fabricantes en China y el acceso a una amplia red de distribución en España. Una vez desarrollado el análisis de viabilidad, descartó el proyecto pues se dio cuenta que existían en España muchos distribuidores ya establecidos, los márgenes eran muy estrechos y los costes que debía acometer de inicio eran muy elevados.

José, amigo de Pepe, le gustó la idea y desarrolló el negocio. Dos años más tarde, tras invertir más de 50.000 euros, José se ha dado de baja de actividad cerrando el negocio y volviendo a su puesto de trabajo por cuenta ajena previa al inicio de su aventura empresarial. Por el contrario, Pepe tiene un exitoso negocio con su mujer en el que venden prendas de vestir a través de las redes sociales.

4 Plan de empresa

El Plan de empresa – también llamado Plan de Negocio – es el documento que sirve como base de todo proyecto empresarial. Antes de iniciar un negocio, es imprescindible elaborar un Plan de empresa.

El Plan de empresa obliga a analizar en profundidad la oportunidad de negocio para determinar su viabilidad técnica, comercial, económica y financiera. Haber detectado una oportunidad de negocio no significa que sea viable. Por ejemplo, podemos detectar una oportunidad, pero los costes de producción pueden ser demasiado elevados como para que sea rentable.

El Plan de empresa es el documento donde el emprendedor detalla la información relevante acerca de su proyecto: el producto o servicio que va a producir, el racional de la oportunidad de negocio (basado en el análisis de viabilidad previo), los recursos con los que cuenta y las estrategias que piensa desarrollar para lograr los objetivos de la empresa. No existe un modelo estándar de Plan de empresa. No obstante, típicamente cuenta con diez secciones básicas:

1) **Introducción:** descripción del producto y/o servicio.

2) **Racional de la oportunidad:** descripción del problema que se pretende solucionar con nuestros productos y/o servicios y el porqué de la oportunidad de negocio.

3) **Recursos Humanos y Organización:** equipo de trabajo y esquema organizativo, con especial énfasis en los promotores del proyecto.

4) **Análisis de mercado:** debemos definir el mercado objetivo, cómo está evolucionando y cuál es nuestra estrategia de entrada.

5) **Entorno competitivo:** debemos conocer bien a nuestra competencia y explicar coherentemente nuestra principal ventaja o ventajas frente a ella.

6) **Plan de Ejecución:** en esta parte es donde definimos nuestro plan de producción, nuestro plan comercial y de marketing, así como el resto de

elementos logísticos necesarios para llevar el producto y/o servicio al público objetivo.

7) **Plan económico-financiero:** debemos de ser capaces de proyectar ingresos, gastos, inversiones y flujos de tesorería. Es recomendable añadir un análisis de punto muerto, es decir, el nivel de ventas al que debemos de aspirar para compensar nuestra estructura de costes.

8) **Necesidades de financiación:** fruto del plan económico-financiero surgirán necesidades de financiación para lo que debemos de tener un plan de captación de los recursos necesarios.

9) **Forma Jurídica:** una vez desarrollado los puntos anteriores y, tras un análisis pormenorizado de las diferentes alternativas jurídicas, podemos escoger la forma jurídica óptima para nuestro negocio.

10) **Conclusiones y próximos pasos:** resumen de las maneras de participar en el negocio, dependerá mucho de la finalidad del plan de negocio y estará adaptada en función de a quién presentemos en plan de negocio.

Estas secciones ayudarán, además, a que un tercero o potencial inversor pueda echar un vistazo rápido en cada uno de los aspectos de nuestro negocio.

 CONSEJO DEL EXPERTO

"El nivel de detalle al que queramos llegar con nuestro plan de negocio dependerá de la utilidad que le queramos dar. Sino tenemos una inmediata necesidad para presentar el proyecto a un inversor o a una entidad bancaria, entonces necesitaremos un documento interno que nos sirva para validar la oportunidad de negocio.

Es muy recomendable validar la oportunidad de negocio con nuestro entorno más próximo, aceptar las críticas de una manera constructiva y tener presente que cuatro ojos siempre verán mejor que dos."

Carles Cornejo, CFA – Asesor en DAEM

5 Financiación

Una vez validada la oportunidad de negocio y desarrollado el Plan de empresa, queda pendiente resolver una cuestión básica para poner en marcha el negocio, contar con los recursos financieros necesarios para iniciarlo.

Además, debemos de ir más allá de la inversión inicial para poder garantizar los recursos necesarios hasta que la futura empresa sea capaz de generar por ella misma los recursos suficientes para subsistir.

Los principales problemas de financiación para un emprendedor son:

1) Insuficiencia de recursos propios para arrancar.

2) Barreras de acceso a financiación bancaria.

3) Insuficiente información sobre las diferentes alternativas de financiación.

Para la gran mayoría de emprendedores, la ausencia de recursos financieros se acaba convirtiendo en la principal pesadilla en esta fase de desarrollo de su proyecto y muchos se acaban echando atrás por la escasez de financiación.

Existen tres grandes categorías de recursos financieros: financiación propia, financiación ajena y ayudas y subvenciones.

Financiación propia

Recursos de los socios promotores. Se dividen en dos grandes grupos en función del origen de los fondos:

1) **Capital:** fondos en dinero o en especie aportados por el emprendedor, sus socios y demás inversores en el proyecto. El capital puede estar integrado por participaciones o por acciones (según la forma jurídica que escojamos).

2) **Reservas:** futuros beneficios del negocio que no sean distribuidos entre los socios y permanezcan invertidos en el negocio.

Financiación ajena

Recursos procedentes de otras fuentes. Se dividen en dos grandes grupos en función del plazo de devolución:

1) **A largo plazo:** devolución en un plazo superior al año.

   o **Préstamos de instituciones financieras** (bancos y cajas de ahorros), de familiares, de amigos o de los propios socios.

   o **Préstamos participativos:** préstamos cuya devolución y/o rendimientos dependerán de los resultados del negocio. En algunos casos, pueden ser convertibles en acciones o participaciones de la empresa si se dan una serie de eventos. Al igual que un préstamo tradicional, es un pacto privado que se puede dar con instituciones financieras (bancos especializados), los propios socios o cualquier tercero.

   o **Arrendamiento financiero (leasing):** sistema de financiación para algunos activos del negocio (maquinaria, equipos) que consiste en que la empresa recibe el activo y paga a cambio una cuota (un alquiler) durante un plazo determinado.

   o **Renting:** sistema de financiación muy parecido al leasing, aunque en este caso se suelen incluir todos los gastos asociados al bien y no se exige una compra al final del periodo de arrendamiento (en el caso del leasing suele existir esta obligatoriedad), se trata de un alquiler puro.

2) **A corto plazo:** devolución en un plazo inferior al año.

   o **Préstamos de instituciones financieras** (bancos y cajas de ahorros), de familiares, de amigos o de los propios socios con un plazo inferior al año.

   o **Crédito comercial:** el número de días que conceden los proveedores por la propia operativa habitual del negocio para hacer efectivo el pago de servicios o productos que hayamos adquirido no deja de ser una vía de financiación para la empresa. Estos plazos varían mucho en función del sector y del tamaño relativo que tengamos frente proveedor (cuánto más grande sea el proveedor peores condiciones tendremos). En este punto, hay que tener presente que el plazo máximo legal es de 60 días.

o **Créditos** (línea de crédito): una entidad financiera pone una determinada cantidad de dinero a disposición de la empresa, una cuantía máxima que la empresa puede utilizar.

o **Descuento comercial** (letra, pagaré…): una entidad financiera entrega a la empresa la cantidad que le adeudan sus clientes, reducida por el importe del interés y los gastos. Estas deudas tienen que estar recogidas en un documento justificativo y la entidad financiera es la que, en última instancia, cobra al cliente.

o **Factoring:** una empresa de factoring (el factor) asume los derechos de cobro sobre los clientes de la empresa. El acuerdo con el factor puede ser que este gestione simplemente el cobro de las facturas y créditos a su favor (a cambio de una comisión), que adelante el pago anticipando, así como el capital (a cambio de un interés) o, incluso, que cubra el riesgo de impago de clientes y deudores de la empresa.

o **Confirming:** una entidad financiera se hace cargo del abono de las deudas de la empresa a proveedores y acreedores y acuerda con la empresa el plazo en que esta le devolverá el dinero adelantado (a cambio de un interés).

 CONSEJO DEL EXPERTO

"Debes pensar no sólo en la financiación para arrancar el negocio, sino en la financiación que vas a necesitar para poder operar el día a día."

Carles Cornejo, CFA – Asesor en DAEM

EL CASO DE ANA

Ana se dedica distribuir un nuevo producto de cosmética en España a salones de belleza. Empezó en enero de 2017, sin prácticamente recursos más allá de un ordenador portátil pues no preveía grandes necesidades de inversión. Ana lo hizo tan bien y el producto era tan innovador que tuvo una fuerte demanda nada más empezar (por encima incluso de sus mejores previsiones).

No obstante, se dio cuenta que necesitaba recursos para financiar los pedidos iniciales de producto pues su proveedor le exigía pago por adelantado, mientras ella tenía pactadas unas condiciones de cobro a 60 días con sus clientes.

Ana, con asesoramiento, encontró este equilibrio a nivel financiero. Al final, cerró una línea de crédito con una entidad bancaria para solucionar la tensión puntual que tenía y diseñó una estrategia a futuro basada en el factoring. No obstante, la falta de previsión le hizo perder alguna venta importante pues la tramitación de estas alternativas de financiación no es inmediata.

⚠️ **CONSEJO DEL EXPERTO**

"En la decisión de escoger una alternativa de financiación debemos de tener en cuenta varios factores más allá del capital y el tipo de interés. Debemos de tener presente el coste total de la financiación incluyendo comisiones, los potenciales avales o garantías que se exijan, así como la capacidad futura del negocio para devolverlo."

Carles Cornejo, CFA – Asesor en DAEM

Ayudas y subvenciones

En la financiación del negocio pueden jugar un papel clave las ayudas y subvenciones para emprender, distinguimos seis tipologías de ayudas:

1) **Pago único por desempleo (capitalización del paro):** se trata de una medida para fomentar y facilitar iniciativas empresariales a personas que

estén percibiendo la prestación por desempleo de nivel contributivo de la Seguridad Social.

La Seguridad Social abona el valor actual del importe de la prestación que reste por percibir a aquellas personas beneficiarias que pretendan:

o Desarrollar una actividad como personas trabajadoras autónomas.

No se incluirán en este caso quienes se den de alta como trabajadores/as autónomos/as económicamente dependientes (TRADE), firmando un contrato con una empresa con la que hubieran mantenido una relación contractual inmediatamente anterior a la situación legal de desempleo o que pertenezca al mismo grupo empresarial de aquella.

o Destinar el importe a realizar una aportación al capital social de una sociedad mercantil de nueva creación o creada en un plazo máximo de 12 meses anteriores a la aportación, siempre y cuando se vaya a poseer el control efectivo de la sociedad, se vaya a ejercer en la misma una actividad profesional y se produzca un alta en la Seguridad Social en el Régimen Especial de Trabajadores por Cuenta Propia (RETA) o en el Régimen Especial de Trabajadores del Mar.

o Incorporarse de forma estable como socios/as trabajadores/as o de trabajo en cooperativas o en sociedades laborales ya constituidas, o constituirlas, aunque se haya mantenido un contrato previo con las mismas.

Además, para acceder al pago único será necesario cumplir los siguientes requisitos:

o Ser beneficiario de una prestación contributiva por desempleo por cese total y definitivo de una relación laboral, pendiente de recibir a fecha de solicitud del pago único, al menos tres mensualidades. En el caso de beneficiarios por cese de actividad, es necesario que tengan pendiente de percibir como mínimo seis meses.

o No haber cobrado el pago único en los cuatro años inmediatamente anteriores.

o Iniciar la actividad en el plazo máximo de un mes desde la resolución que conceda el pago único, y siempre en fecha posterior a la solicitud. No obstante, una vez realizada la solicitud, se puede iniciar la actividad y darse de alta en la Seguridad Social antes de la resolución del pago.

o Si se ha impugnado ante la jurisdicción social el cese de la relación laboral, la solicitud del pago único debe ser posterior a la resolución del procedimiento.

o Quienes en los 24 meses anteriores a la solicitud del pago único hayan compatibilizado el trabajo por cuenta propia con la prestación por desempleo de nivel contributivo, no tendrán derecho a obtener el pago único para constituirse como trabajadores o trabajadoras por cuenta propia o como personas trabajadoras autónomas socias de una sociedad mercantil.

o En el caso de cooperativas y, en caso de existir periodo de prueba, la persona solicitante únicamente percibirá el pago único cuando presente ante el Servicio Público de Empleo Estatal (SEPE) el acuerdo del consejo rector de haber superado el periodo de prueba.

2) **Ayudas públicas:** existen multitud de ayudas, subvenciones y programas de financiación para el desarrollo de proyectos empresariales.

Estas ayudas las conceden las distintas Administraciones Públicas: Unión Europea, Administración del Estado, Comunidades Autónomas y Municipios.

El concepto de ayuda engloba aportaciones económicas a fondo perdido, ventajas fiscales, bonificaciones en cuotas de Seguridad Social o financiaciones con condiciones por debajo de mercado que pueda recibir el emprendedor para la puesta en marcha de su proyecto o una vez comenzada su actividad.

Para conocer los programas disponibles deberás de contactar con la Consejería encargada en tu Comunidad Autónoma.

Hay una gran cantidad de ayudas y programas que van apareciendo (y desapareciendo) por lo que se hace prácticamente imposible recogerlos todos, esta es una de las labores más importantes que deberás hacer como emprendedor, te dejamos un listado de páginas web donde puedes acceder para buscar más información y pueden resultarte de ayuda:

Comunidad Autónoma	Página web
Andalucía	https://www.juntadeandalucia.es
Aragón	https://www.aragon.es
Asturias, Principado de	https://www.idepa.es
Balears, Illes	http://www.caib.es
Canarias	https://www.gobiernodecanarias.org/principal
Cantabria	https://www.empleacantabria.es
Castilla y León	http://www.empresas.jcyl.es/
Castilla - La Mancha	http://empleoyformacion.jccm.es
Cataluña	https://web.gencat.cat/ca/inici
Comunidad Valenciana	https://www.gva.es
Extremadura	http://extremaduratrabaja.juntaex.es/
Galicia	https://xunta.gal/portada
Madrid, Comunidad de	http://www.comunidad.madrid/servicios/empleo/autoempleo-emprendimiento
Murcia, Región de	http://www.carm.es
Navarra, Comunidad Foral de	http://www.navarra.es
País Vasco	https://web.bizkaia.eus/eu/hasiera
Rioja, La	http://www.ader.es/inicio
Ceuta	https://www.ceuta.es
Melilla	https://www.melilla.es

A modo orientativo, destacamos las siguientes ayudas:

o   Los préstamos participativos concedidos por ENISA (Empresa Nacional de Innovación, SA):

www.enisa.es

- Programa de Apoyo Empresarial a las Mujeres (PAEM) a través del cual se ofrece asesoramiento y acompañamiento especializado a todas las mujeres emprendedoras:

  https://www.camara.es/creacion-de-empresas/apoyo-empresarial-las-mujeres-paem

- Las ayudas a emprendedores del Ayuntamiento de Madrid a través Madrid Emprende:

  https://www.madridemprende.es/es

- Las ayudas a emprendedores de la Generalitat de Catalunya a través del Institut Catala de Finances (ICF) o FISUC (base de ayudas y subvenciones de ACCIO).

  http://www.icf.cat/ca/inici

  http://www.accio.gencat.cat/ca/inici

- Las líneas de avales concedidos por Avalis (Catalunya) o Aval Madrid.

  https://www.avalis.cat/

  https://www.avalmadrid.es/

Adicionalmente, hasta el 31 de diciembre de 2024, encontramos la ayuda que el Gobierno ha diseñado en el marco de las ayudas europeas "Next Generation" para la transformación digital de pymes y autónomos. El programa, denominado "kit digital" proporciona un bono dirigido a empresas con bajo nivel de digitalización para que inviertan en su mejora a través de soluciones disponibles en el mercado. Las ayudas, llegan hasta 12.000 euros y permiten a las empresas invertir este dinero en servicios como: presencia en Internet y gestión de redes sociales, comercio electrónico, analítica de datos o ciberseguridad. Para más información:

https://www.acelerapyme.gob.es/kit-digital

3) **Subvenciones:** consisten en aportaciones económicas a fondo perdido, es decir, sin necesidad de devolverlas.

Pueden financiar inversiones para el inicio de una actividad, para su expansión o para gastos corrientes de la misma. Lo habitual es que no se reciba la subvención por adelantado sino, una vez que se ha producido el gasto o la inversión.

4) **Ventajas fiscales:** pueden ser deducciones en la base imponible de un impuesto (por ejemplo, impuesto de sociedades o impuesto sobre la renta de personas físicas) o bonificaciones en la tarifa.

En estos casos, destacan el apoyo del El Ministerio de Ciencia e Innovación con una reducción fiscal entre el 35% y el 60% para aquellos proyectos orientados a la investigación y el desarrollo tecnológico.

5) **Bonificaciones y reducciones en las cuotas de Seguridad Social:** tienen por finalidad disminuir las cantidades a pagar en concepto de Seguridad Social para el empresario, ya sea para fomentar la actividad empresarial, o bien para favorecer la contratación de determinados grupos de personas.

En este sentido, destaca la **tarifa plana** para autónomos que consiste en el pago mensual de 80,00 euros a la Seguridad Social en lugar de los 225 euros que constituyen la cuota mensual mínima (datos de 2024), la cuota queda de la siguiente manera:

- o Los primeros 12 meses: cuota mensual de 80,00 euros
- o Meses 12 a 24 (12 meses): si los ingresos no superan el Salario Mínimo Interprofesional (SMI), el autónomo podrá seguir disfrutando de los 80,00 euros. En caso contrario, se aplicará la misma normativa para el resto de autónomos, perdiendo los beneficios de la **tarifa plana**. El nuevo sistema de cotización aplicado desde enero de 2023 determina las cuotas en base a los ingresos netos anuales del trabajador por cuenta propia, con tramos que van desde los ingresos más bajos hasta los más altos, ajustando la cuota mensual a pagar según el tramo de ingresos en el que se encuentre el autónomo.

En lo que refiere a los autónomos societarios (aquellos que lo son fruto de haber constituido una sociedad mercantil) no podían beneficiarse de la tarifa plana hasta que en septiembre de 2020 el Tribunal Supremo sienta jurisprudencia para que los autónomos societarios también puedan beneficiarse de la tarifa plana, incluso con efectos retroactivos, algo que se venía demandando desde el colectivo de autónomos durante años.

En el capítulo 29 encontrarás más información referente a esta bonificación.

6) **Asesoramiento y formación:** no todas las ayudas tienen un carácter puramente económico, existen numerosas alternativas de asesoramiento y formación para el emprendedor. A parte de esta guía, existen tanto cursos y sesiones de asesoramiento presencial como páginas en Internet con información sobre trámites, planes de empresa, actualización de ayudas y subvenciones y otros recursos para la gestión empresarial. Eso sí, asegúrate bien de que la información esté actualizada y que la fuente sea fiable.

⚠ CONSEJO DEL EXPERTO

"El dinero no nos está esperando, debemos de ir a buscarlo. La clave del éxito en esta fase es la perseverancia."

Carles Cornejo, CFA – Asesor en DAEM

---

7) **Ley Startups:** a finales de 2022, se aprobó una nueva ley que agrupa diferentes beneficios al emprendimiento desde fiscales hasta de atracción del talento. Se trata de la Ley de Fomento del Ecosistema de Empresas Emergentes (Ley 28/2022, de 21 de diciembre), conocida coloquialmente como Ley Startups.

Esta ley introduce un marco normativo específico para apoyar la creación y el crecimiento de empresas emergentes. Esta legislación busca fomentar la innovación y el emprendimiento, facilitando un entorno favorable para la atracción de talento y capital tanto nacional como internacional.

Será elegibles empresas de base tecnológica e innovadora, con menos de cinco años desde su inscripción en el Registro Mercantil. No deben haber surgido de fusiones, escisiones o transformaciones de empresas no emergentes, ni cotizar en un mercado regulado ni distribuir dividendos. Además, deben tener sede o establecimiento permanente en España y que el 60% de su plantilla tenga contrato en España. Por último, deben de obtener un certificado de empresa innovadora emitido por la empresa pública ENISA. Más detalles de cómo certificar tu empresa en el siguiente enlace:

https://www.enisa.es/es/certifica-tu-startup/info/conoce-la-ley-de-startups

Si cumples estos requisitos se pueden optar a una serie de beneficios que te resumimos a continuación:

- o Impuesto de sociedades reducido: se reduce el tipo impositivo del impuesto sobre sociedades del 25% al 15% durante los primeros cuatro años de actividad, siempre y cuando se mantenga la condición de empresa emergente

- o Opciones sobre acciones: se mejora la fiscalidad de las opciones sobre acciones o "stock options" hasta 50.000 euros al año, frente a los 12.000 euros previos. Esto implica que la empresa puede dar acciones a sus trabajadores de tal manera que hasta 50.000 euros anuales estarán exentos de IRPF para el trabajador. Lo que implica una serie de ventajas para capturar el mejor talento.

- o Deducción por Inversión en Empresas de Nueva o Reciente Creación: los inversores en la empresa pueden deducir de su cuota íntegra del IRPF, el 50% de las cantidades invertidas hasta un máximo de 100.000 euros al año.

  Esta ayuda es realmente interesante y ayuda a captar capital. Sin embargo, para que una empresa sea elegible para estas deducciones por parte de sus inversores, el importe de la cifra de los fondos propios de la empresa no debe ser superior a 400.000 euros en el inicio del período impositivo en que el contribuyente adquiera las acciones o participaciones.

- o Además, si estás pensando en aplicarlo a ti mismo (por ejemplo, invertir 10.000 euros en tu negocio y deducirte 5.000 euros en tu próxima declaración de la renta), debes tener en cuenta que los inversores no pueden haber realizado, directa o indirectamente, una actividad económica similar a la de la empresa emergente en la que invierten, mediante otra entidad en los tres años anteriores a la inversión. Esta condición busca fomentar la inversión en nuevas iniciativas, evitando la reutilización de estructuras empresariales existentes para beneficiarse de las deducciones fiscales lo que incluye iniciar una actividad como autónomo y migrar posteriormente a estructura societaria.

- Trabajadores Desplazados a España: se simplifica el acceso al régimen especial de IRNR (Impuesto de la Renta de No Residentes) para trabajadores, reduciendo el periodo de no residencia requerido de 10 a 5 años y extendiendo la aplicación a ciertos trabajadores y administradores de empresas emergentes.
- Esta medida permite a ciertos trabajadores trasladarse a España por trabajo y beneficiarse de una serie de medidas fiscales como el tipo impositivo fijo de IRPF del 24% (lo que comúnmente se ha denominado como ("Ley Beckham").

Si estas pensando emprender y tienes un proyecto que crees puede atraer talento de fuera o puedes necesitar inversores y crees que puedes cumplir los requisitos de la Ley Startup, piensa bien la aplicación de estos beneficios pues pueden ser de interés.

PARTE II: Conoce las alternativas jurídicas para tu negocio

¡Demos forma jurídica a tu sueño!

Una vez tienes lo que hay que tener para ser un emprendedor de éxito, has validado tu idea de negocio y cuentas con los recursos para desarrollarlo, el siguiente paso consiste en escoger la forma jurídica para desarrollar tu actividad, ella marcará el marco legal – normas y regulaciones – que gobernará la actividad de tu futura empresa o negocio.

Las dos formas jurídicas más conocidas son el empresario individual (coloquialmente conocido como "autónomo") y la sociedad limitada, aunque existen muchas más que te recomiendo que, por lo menos, conozcas de su existencia.

Además, la elección entre empezar como autónomo o cómo sociedad no es trivial pues juegan numerosos factores que debes de tener presente, entre los que destacan el régimen fiscal al que estarás sometido (por lo tanto, la carga fiscal que tendrás), la responsabilidad que podrás asumir frente a las deudas que asumas en tu actividad, el acceso a financiación o los costes del día a día del negocio.

Por todo ello, es importante que conozcas cuál es el marco legal de la actividad que vas desarrollar para evitar problemas futuros. En esta segunda parte del libro podrás ver las diferencias entre las alternativas de forma jurídica que tienes a tu alcance para que puedas tomar la mejor decisión.

6 Factores importantes a considerar

Los principales factores a tener en cuenta antes de elegir la forma jurídica del negocio son:

- **Capital y financiación:** algunas formas jurídicas exigen para su constitución la aportación de un capital mínimo. Por otra parte, las entidades financieras suelen tener en cuenta, a la hora de otorgar financiación, cuál es el capital con el que la empresa podrá responder frente a sus deudas.

- **Número de promotores:** si son varias las personas que van a participar debemos de escoger una forma jurídica que lo permita como alternativa al empresario individual (comúnmente conocido como autónomo), la más utilizada es la sociedad mercantil, aunque no es la única. Por otro lado, tenemos que tener presente que la ley permite también la creación de sociedades mercantiles de un solo promotor.

- **Responsabilidad frente a terceros:** uno de los aspectos más relevantes es la asunción de responsabilidad pues algunas formas jurídicas societarias permiten limitar la responsabilidad de los promotores a las aportaciones realizadas a la sociedad. Por el contrario, el empresario individual (o autónomo) responde con todo su patrimonio de las deudas contraídas por la empresa (o negocio).

- **Aspectos fiscales:** las sociedades tributarán por el Impuesto de Sociedades, aplicándose un tipo fijo, mientras que, cuando no se haya adoptado forma societaria, se tributará por el Impuesto sobre la Renta de las Personas Físicas (IRPF) mediante la aplicación de un tipo progresivo reflejando la actividad de la empresa en la declaración anual de IRPF de cada individuo (declaración de la renta).

- **Aspectos socio-laborales:** en función de la forma jurídica que escojamos y, sobre todo, del control que tengamos sobre las decisiones de la actividad estaremos encuadrados en un régimen de la Seguridad Social distinto. Por ejemplo, si decidimos emprender por nuestra cuenta como empresario individual estaremos encuadrados en el Régimen

Especial de Trabajadores Autónomos (RETA); si decidimos apostar por una sociedad podremos estar encuadrados tanto en el Régimen General como en el RETA en función del control que tengamos sobre la sociedad.

- **Tipo de actividad:** para el desarrollo de determinadas actividades, la Ley puede exigir una forma jurídica determinada. Por ejemplo, para el ejercicio, a través de una sociedad, de una actividad profesional que requiera colegiación, se exige la constitución de una sociedad profesional.

- **Posibilidades de crecimiento:** la elección de una forma jurídica societaria facilita la participación en el futuro de nuevos inversores y suele tener acceso a una mayor variedad de fuentes de financiación. Por lo contrario, el empresario individual tiene mayores dificultades para asociarse y suele tener más dificultades de acceso a financiación ajena en términos generales.

De los aspectos mencionados anteriormente, los que suelen tener más peso en el momento de elección de la forma jurídica son la responsabilidad frente a terceros y los aspectos fiscales.

Merece especial mención la diferenciación de dos conceptos que se confunden a menudo, se trata de los conceptos de "empresa" y "sociedad". El concepto de "empresa" es un concepto genérico, según la Real Academia Española (RAE), es una "unidad de organización dedicada a actividades industriales, mercantiles o de prestación de servicios con fines lucrativos", en este libro lo utilizamos como sinónimo de "negocio" que es igualmente válido tanto para autónomos como para sociedades mercantiles. Por el contrario, la palabra "sociedad" es una forma jurídica de organizar la empresa, según la RAE, es una "agrupación comercial de carácter legal que cuenta con un capital inicial formado con las aportaciones de sus miembros" por lo que se limita la forma jurídica.

> ⚠️ **CONSEJO DEL EXPERTO**
>
> *"La elección de la forma jurídica no es una decisión trivial, debemos de pensar tanto en las necesidades actuales como en las necesidades futuras de la empresa. Una mala decisión ahora puede conllevar consecuencias indeseadas a futuro como pueden ser derivaciones de responsabilidad o una sobrecarga fiscal."*
>
> **Jordi Company – Asesor fiscal en DAEM**

EL CASO DE JOAQUÍN

Joaquín empezó su aventura empresarial con una pequeña tienda de productos para el hogar.

El negocio le iba bien, aunque no se decidía a dar el paso a constituir una sociedad limitada pues no necesitaba de asociarse con nadie y tenía su negocio controlado.

Al cabo de los años, decidió ampliar su negocio y abrir una segunda tienda física para lo que pidió un préstamo bancario, así como acumuló una gran cantidad de existencias. Por diversas razones, la nueva tienda no funcionó y, además, empezó a consumir mucho tiempo de Joaquín que, poco a poco, fue descuidando su primera tienda que sí funcionaba.

Al cabo de 12 meses de abrir la segunda tienda, Joaquín acumuló deuda por valor de más de 300.000 euros con proveedores, entidades financieras, Agencia Tributaria y Seguridad Social. Agobiado por toda la situación, buscó asesoramiento legal para cerrar la actividad y, aunque perdió todos sus ahorros, logró conservar su vivienda de propiedad y empezar de nuevo.

Si Joaquín hubiera dado el paso a una sociedad mercantil cuando su negocio empezaba a crecer, seguramente hubiera podido evitar perder todo su patrimonio. Incluso incorporando a un socio, que le ayudara en el día a día, podría haber salvado el negocio.

7 Formas jurídicas más comunes

Existen una gran cantidad de alternativas jurídicas para emprender.

Las claves para una buena elección de la forma jurídica radican en conocer bien nuestra actividad, tener un buen plan de negocio y conocer las características de las diferentes alternativas jurídicas.

Diferenciamos tres tipologías de formas jurídicas en función de su personalidad:

- **Personas físicas:**

  Es la forma más simple de empresa donde el propio individuo forma la empresa y no existe distinción entre su patrimonio personal o empresarial ni asociación entre dos o más personas. Es el caso del empresario individual o "autónomo".

- **Entidades sin personalidad jurídica propia**

  La empresa la forman dos o más personas (físicas o jurídicas) pero la propia empresa no tiene personalidad jurídica propia y cada una de las personas que la forman deberán de tributar por su cuenta en función de los resultados que obtengan y su régimen fiscal específico. Es el caso de comunidades de bienes o sociedades civiles.

- **Entidades con personalidad jurídica propia:**

  Aquellas que nacen como consecuencia de un acto jurídico (constitución).

  Se les reconoce por sí mismas la capacidad suficiente para contraer obligaciones y realizar actividades y tienen una serie de obligaciones mercantiles que no tienen las personas físicas o las entidades sin personalidad jurídica propia.

  La más común de ellas es la Sociedad Limitada.

En la página siguiente podemos ver un esquema resumen de las formas jurídicas más comunes en España.

PARTE II: Conoce las alternativas jurídicas para tu negocio

Tipo de empresa	Núm. socios (mín.)	Capital Mínimo (€)	Responsabilidad Limitada	Régimen fiscal	Régimen Seguridad Social
PERSONAS FÍSICAS					
Empresario individual (Autónomo)	1	⊗	⊗	IRPF/IVA	RETA
Emprendedor de Responsabilidad Limitada (E.R.L.)	1	⊗	⊗ (1)	IRPF/IVA	RETA
ENTIDADES SIN PERSONALIDAD JURÍDICA PROPIA					
Comunidad de bienes (C.B.)	2	⊗	⊗	IRPF/IS/IVA (2)	RETA(4)
Sociedad Civil	2	⊗	⊗	IRPF/IS/IVA (3)	RETA
ENTIDADES CON PERSONALIDAD JURÍDICA PROPIA (PERSONAS JURÍDICAS)					
Agrupación de Interés Económico (A.I.E.)	2	⊗	⊗	IS/IVA	RETA(5)
Sociedad Colectiva	2	⊗	⊗	IS/IVA	RETA
Sociedad Comanditaria simple	2	⊗	⊗	IS/IVA	RETA
Sociedad Comanditaria por acciones	2	60.000	⊗	IS/IVA	RETA(5)
Sociedad Responsabilidad Limitada (S.L.)	1	3.000	✓	IS/IVA	RETA(5)
Sociedad Limitada Nueva Empresa (S.L.N.E.)	1 - 5	3.000 - 120.000	✓	IS/IVA	RETA(5)
Sociedad Limitada de Formación Sucesiva	1	⊗	✓	IS/IVA	RETA(5)
Sociedad Limitada Laboral (S.L.L.)	2	3.000,00	✓	IS/IVA	RETA(5)
Sociedad Anónima (S.A.)	1	60.000	✓	IS/IVA	RETA(5)
Sociedad Anónima Laboral (S.A.L.)	2	60.000	✓	IS/IVA	RETA(5)
Sociedad Cooperativa (S. Coop.)	1er grado: 3 2º grado: 2	Fijado en Estatutos	✓	IS/IVA	Rég. Gen. Asimilado o RETA
Sociedad Cooperativa de Trabajo Asociado	3	Fijado en Estatutos	✓	IS/IVA	Rég. Gen. Asimilado o RETA
Sociedades Profesionales	1	Según forma social	✓	IS/IVA	Según la forma social
Sociedad Agraria de Transformación (S.A.T.)	3	⊗	✓	IS/IVA	RETA(5)
Asociación y entidades sin ánimo de lucro	2	⊗	✓	IS / IVA	RETA(5)
Sociedad de Garantía Recíproca (S.G.R.)	150 (socios partícipes)	10M	✓	IS/IVA	RETA(5)
Entidades de Capital Riesgo (E.C.R.)	Consejo de mínimo 3	SCR: 1,2M FCR: 1,65M	✓	IS/IVA	RETA(5)

1) Excluye vivienda habitual bajo determinadas condiciones.
2) Cada comunero tributa por IRPF o IS según su propia naturaleza jurídica.
3) Tributan en IS y tienen personalidad jurídica propia cuando tengan objeto mercantil
4) Todos los comuneros deben estar encuadrados en el RETA, a excepción de los comuneros que se dediquen únicamente a la administración de los bienes puestos en común.
5) Régimen de autónomos sólo para los socios con poder de decisión.

8 Asunción de responsabilidad

En la elección de la forma jurídica, uno de los aspectos que más preocupa a emprendedores es la responsabilidad que puedan asumir como consecuencia de la aventura empresarial y, en especial, la repercusión que pueden tener las deudas asumidas con terceros derivadas de la actividad empresarial en el patrimonio personal del emprendedor.

En efecto, es un punto crítico al que hemos dedicado este capítulo pues las decisiones que tomemos ahora pueden derivarnos en responsabilidades a futuro que debemos de conocer y asumir antes de iniciar nuestra aventura empresarial.

Responsabilidad ilimitada

No existe diferenciación entre el patrimonio personal y el empresarial por lo que los socios o empresarios responden económicamente con todo su patrimonio frente a las deudas originadas por la actividad.

El caso más común es la del empresario individual (autónomo) quién responderá con todo su patrimonio personal, no solo el de la empresa, frente a deudas que pueda contraer como consecuencia de su aventura empresarial.

Además, si el empresario está casado puede dar lugar a que la responsabilidad derivada de su actividad empresarial alcance a su cónyuge. Ello dependerá del régimen económico que rige el matrimonio y la naturaleza de los bienes en cuestión.

Otras formas jurídicas en la que la responsabilidad es ilimitada es la comunidad de bienes, la sociedad civil, la agrupación de interés económico, la sociedad colectiva y la sociedad comanditarias (responsabilidad ilimitada sólo para los socios colectivos).

Existe una peculiaridad en el caso del Emprendedor de Responsabilidad Limitada (ERL), donde el empresario responde igualmente de manera ilimitada, sin embargo, y a diferencia del Empresario Individual, se exceptúa su vivienda habitual siempre que cumpla las siguientes condiciones:

- Se inscriba en el Registro Mercantil con sus correspondientes obligaciones.

- La vivienda habitual deberá estar inscrita en el Registro de la Propiedad.

- La vivienda habitual no deberá estar relacionada con el negocio.

- La vivienda habitual no debe de superar el valor de 300.000 euros (450.000 euros en poblaciones de más de un millón de habitantes) conforme a la base imponible del Impuesto sobre Transmisiones Patrimoniales y Actos Jurídicos Documentales en el momento de inscripción en el Registro Mercantil.

- No podrá beneficiarse de la limitación de responsabilidad el deudor que hubiera actuado con fraude o negligencia grave en el cumplimiento de sus obligaciones con terceros, siempre que así conste por sentencia firme o en concurso declarado culpable.

Responsabilidad limitada

Existe diferenciación entre el patrimonio personal y el empresarial por lo que los socios o empresarios responden de las deudas de la empresa hasta el límite del capital que hayan aportado.

Las sociedades mercantiles tienen limitada su responsabilidad hasta la cuantía de su capital social (salvo las excepciones referidas a la sociedad civil, la agrupación de interés económico, la sociedad colectiva y las sociedades comanditarias), es decir, los bienes personales de los socios quedan exentos de responsabilidad.

En el caso de las cooperativas, la responsabilidad es limitada por norma general, salvo que en los estatutos se estipule lo contrario.

CONSEJO DEL EXPERTO

"Aunque elijamos una forma jurídica que proteja a los promotores a nivel de responsabilidad, no estamos exentos de ella en caso de incumplimiento de nuestras obligaciones como empresario.

El administrador o administradores de una sociedad deben de conocer el marco legal bajo el que opera la empresa y operar acorde a él, de lo contrario, se le pueden derivar responsabilidades subsidiarias en caso de incumplimiento."

Jordi Company – Asesor fiscal en DAEM

EL CASO DE AGUSTÍN

Agustín era uno de los tres socios y administrador único de una Sociedad Limitada dedicada a la explotación de una cadena de 4 tiendas de ropa multimarca en la localidad de Puerto Banús (Málaga).

La empresa tuvo una época gloriosa en la que generaba importantes beneficios. Acostumbrados a un alto nivel de vida, los socios decidían repartir más del 90% de los beneficios en dividendos para su disfrute personal.

Llegó la crisis financiera de 2008/2009. Pronto, la empresa entró en pérdidas y empezó a dejar de pagar a proveedores y acreedores. A mediados de 2010, la empresa acumuló tal nivel de pérdidas que entró en situación de quiebra técnica. No obstante, Francisco no tomó medidas al respecto y siguió con la esperanza de poder recuperarse hasta que, a finales de 2011, la situación era insostenible y su principal proveedor instó el concurso de acreedores.

Francisco incumplió con sus obligaciones como administrador, pues debió de haber declarado el concurso de acreedores mucho antes. Le derivaron responsabilidades en el concurso que le llevaron a la ruina, mientras sus socios simplemente perdieron su aportación inicial al negocio (recuperada con creces gracias a los importantes dividendos que habían recibido).

9 Obligaciones fiscales

El aspecto tributario es otro de los elementos más relevantes a tener en cuenta antes de iniciar una actividad económica, por ello le dedicamos este capítulo. En función de la forma jurídica que elijamos, nos afectarán unos impuestos u otros:

	Personas físicas	Personas jurídicas	Entidades sin personalidad jurídica
Antes de iniciar la actividad			
Declaración censal (alta, solicitud NIF): modelo 036/037	✓	✓	✓
IAE: modelo 840, 848	✗	✓	✓
Durante la actividad			
Declaración censal (modificación): modelo 036/037	✓	✓	✓
IAE: modelo 840, 848	✗	✓ En determinados casos	✓ En determinados casos
IRPF: modelo 100, 130, 131	✓	✗	✓ Atribución rentas
IRPF Retenciones: modelo 111, 190	✓	✓	✓
IS: modelo 202, 222, 200, 220	✗	✓	✓
IVA: modelo 303, 390	✓	✓	✓
Declaración anual de operaciones con terceros: modelo 347	✓	✓	✓
Después de la actividad			
Declaración censal (baja): modelo 036/037	✓	✓	✓
IAE: modelo 840	✗	✓	✓

Antes de iniciar cualquier actividad deberemos darnos de alta en el censo de empresarios, profesionales y retenedores a través de los modelos 036 o 037 (el alta en Hacienda) y darnos de alta en el Impuesto de Actividades Económicas (IAE).

Durante el desarrollo de la actividad, será necesario informar de cualquier modificación del censo, además de cumplir las obligaciones relativas a impuestos entre los que destacan los impuestos estatales, es decir, aquellos que dependen directamente de la Administración del Estado:

- **Impuesto Sobre la Renta de Personas Físicas (IRPF):** impuesto personal, progresivo y directo que grava la renta obtenida en un año natural por las personas físicas residentes en España. En el caso de no residentes, el impuesto equivalente es el Impuestos sobre la Renta de no Residentes (I.R.N.R).

- **Impuesto de Sociedades (IS):** tributo que grava la renta (beneficios netos antes de impuestos) de las sociedades y demás entidades residentes en todo el territorio español. Por normal general, consiste en un tipo fijo del 25% (o del 23% para las empresas con una cifra neta de negocios inferior a 1 millón de euros) sin considerar casos en los que se puede disminuir mediante deducciones (por ejemplo, la aplicación de un tipo reducido del 15% durante los dos primeros ejercicios con resultado positivo desde inicio de actividad – o cuatro años en casos de "startups" – siempre que se cumplan una serie de requisitos y para una base imponible inferior a 300.000 euros).

- **Impuesto sobre Valor Añadido (IVA):** es un tributo indirecto que recae sobre el consumo y grava, en la forma y condiciones previstas por la ley, las entregas de bienes y prestaciones de servicios efectuadas por empresarios o profesionales.

Las entidades con personalidad jurídica propia tributan por el impuesto de sociedades (IS) mientras que las personas físicas tributan por el IRPF como es el caso de los autónomos.

Las Comunidades de Bienes y las Sociedades Civiles no tributan por las rentas obtenidas, sino que su rendimiento se atribuye proporcionalmente a los comuneros o socios. Son estos últimos quienes liquidan el impuesto correspondiente (IRPF o IS) según corresponda por su propia naturaleza jurídica. No obstante, desde el 1 de enero de 2016, las sociedades civiles tributan en Impuesto de Sociedades y tienen personalidad jurídica propia cuando tengan objeto mercantil.

Por otro lado, en el desarrollo de nuestra actividad, podemos encontrarnos con otros impuestos que dependen de cada Comunidad Autónoma y que pueden afectarnos en función de las operaciones que realicemos:

- **Impuesto sobre Transmisiones Patrimoniales y Actos Jurídicos Documentales (ITP-AJD):** es un tributo indirecto que grava tres hechos imponibles distintos, las transmisiones patrimoniales onerosas, las operaciones societarias y los actos jurídicos documentados. Por ejemplo, la compraventa de un coche o de una vivienda de segunda mano en la que el vendedor es un particular estará sujeta a este impuesto.

- **Impuesto sobre Sucesiones y Donaciones (ISD):** grava las adquisiciones gratuitas.

- **Impuesto sobre Patrimonio (IP):** grava la tenencia de bienes.

Por último, encontramos otros impuestos de carácter local que dependen de cada Ayuntamiento y pueden tener impacto en la gestión del negocio:

- **Impuesto sobre Actividades Económicas (IAE):** deben presentarlo las empresas cuya cifra de negocios sea superior a un millón de euros.

- **Impuesto sobre Inmuebles (IBI):** grava el valor de la titularidad dominial y otros derechos reales que recaen sobre bienes inmuebles localizados en el municipio que recauda el tributo (locales, garajes, casas, pisos y en generales cualquier bien inmueble).

- **Impuesto sobre Vehículos de Tracción Mecánica (IVTM):** grava la titularidad de vehículos a motor aptos para circular por la vía pública, de manera independiente de su clase y naturaleza.

- **Impuesto sobre el Incremento de Valor de los Terrenos de Naturaleza Urbana (IIVTNU):** más conocido como "plusvalía municipal" que grava la revalorización de los terrenos urbanos en el periodo de tiempo en que han estado en poder del que los trasmite.

De la misma manera que hemos realizado en el alta, para dar de abaja una actividad es necesario presentar la declaración censal y de IAE correspondientes.

⚠ CONSEJO DEL EXPERTO

"Es muy importante establecer controles internos para evitar cometer fraude fiscal, muchas veces se incurren en delitos fiscales por no tener un buen control interno de la empresa. El desconocimiento de la normativa no nos exime de nuestra responsabilidad por cumplirla."

Jordi Company - Asesor fiscal en DAEM

EL CASO DE ANABEL

Anabel decidió emprender, viendo el auge del precio del oro, en una pequeña tienda de compraventa de oro. Estudió muy bien a su competencia, hizo un detallado análisis de mercado y un plan de negocio que convenció a todos sus familiares y a sus amigos más cercanos para animarla a emprender.

Anabel basó su estrategia en un gran volumen a precios muy competitivos y tuvo un fuerte éxito, tanto que se planteó abrir una nueva tienda.

Al cabo de 4 años, le llegó un requerimiento de la Agencia Tributaria exigiendo el pago del Impuesto sobre Transmisiones Patrimoniales correspondiente al 5% de sus compras de oro a particulares tanto del ejercicio en curso como de los tres ejercicios anteriores no prescritos. Anabel desconocía que debía abonar dicho impuesto. No obstante, su desconocimiento no le exime del cumplimiento de la regulación y tubo que abonar la deuda tributaria, además de replantear su estrategia pues el negocio ya no era tan rentable como parecía.

10 Obligaciones formales

Uno de los aspectos que no debemos de pasar por alto en la elección de la forma jurídica son todas aquellas obligaciones formales a las que estaremos sometidos en función de una u otra alternativa jurídica, que van más allá de la presentación y liquidación de los correspondientes impuestos.

Estas obligaciones nos pueden influenciar en la carga administrativa y, por consiguiente, en los gastos operativos del día a día del futuro negocio por lo que no debemos de pasarlas por alto. Además, si no cumplimos con ellas, corremos el riesgo de recibir sanciones administrativas e incluso derivación de responsabilidades.

En función de sus obligaciones formales, diferenciamos dos grandes grupos de entidades jurídicas:

- Obligaciones formales en personas físicas: empresarios y profesionales.
- Obligaciones formales en personas jurídicas (formas societarias) y en entidades sin personalidad jurídica.

Obligaciones formales en personas físicas

Si optamos por emprender como empresarios individuales (autónomos), tendremos que asumir una serie de obligaciones formales en función de nuestra actividad y del régimen fiscal al que estemos sometidos.

En este caso, distinguimos entre dos grandes categorías en función de la actividad que se desarrolle, podemos hablar de empresarios (normalmente quien desarrolla una actividad en el seno de una organización) o profesionales (normalmente quien desarrolla una actividad de forma directa o personal).

	EMPRESARIOS			PROFESIONALES
OBLIGACIONES CONTABLES	Estimación directa normal	Estimación directa simplificada	Estimación objetiva (módulos)	Estimación directa normal y simplificada
Contabilidad ajustada al Código de Comercio y al Plan General de Contabilidad	✓ (1)	✓ (2)	✓ (2)	✗
LIBROS REGISTRO IRPF	Estimación directa normal	Estimación directa simplificada	Estimación objetiva (módulos)	Estimación directa normal
Libro registro de ventas e ingresos	✗	✓	✓ (3)	✗
Libro registro de compras y gastos	✗	✓	✗	✗
Libro registro de bienes de inversión	✗	✓	✓ (4)	✓
Libro registro de ingresos	✗	✗	✗	✓
Libro registro de gastos	✗	✗	✗	✓
Libro registro de provisiones de fondos y suplidos	✗	✗	✗	✓

	EMPRESARIOS			PROFESIONALES	
LIBROS REGISTRO IVA	Régimen general	Régimen simplificado	Recargo de equivalencia	Régimen especial (REAGP)(5)	Régimen general
Libro registro de facturas expedidas	✓	✗	✗	✗	✓
Libro registro de facturas recibidas	✓	✓	✓ (6)	✓ (7)	✓
Libro registro de bienes de inversión	✓	✗	✗	✗	✓
Determinadas operaciones intracomunitarias	✓	✗	✗	✗	✓
Libro registro de operaciones en REAGP	✗	✗	✗	✓	✗

1) En actividades mercantiles.
2) En actividades mercantiles es opcional.
3) Si el rendimiento neto se calcula por volumen de operaciones.
4) Si se practican amortizaciones.
5) Régimen Especial de Agricultura, Ganadería y Pesca.
6) Por actividades desarrolladas en otros regímenes.
7) Por actividades en régimen simplificado o recargo de equivalencia.

Adicionalmente a los libros registro, empresarios y profesionales estarán obligados a conservar, durante el plazo máximo de prescripción (por lo general, cuatro años), los justificantes y documentos acreditativos de las operaciones, rentas, gastos, ingresos, reducciones y deducciones de cualquier tipo.

Por lo que refiere a las entidades en régimen de atribución de rentas que desarrollen actividades económicas, llevarán unos únicos libros obligatorios correspondientes a la actividad realizada, sin perjuicio de la atribución de rendimientos que corresponda efectuar en relación con sus socios, herederos, comuneros o partícipes.

Los contribuyentes que lleven contabilidad de acuerdo a lo previsto en el Código de Comercio (por ejemplo, empresarios en Estimación Directa Normal), no estarán obligados a llevar los libros registros establecidos fiscalmente (son libros auxiliares).

En el capítulo 26 encontrarás más información referente a las obligaciones contables y mercantiles.

Obligaciones formales en personas jurídicas y entidades sin personalidad jurídica

Si optamos por emprender en forma societaria en la cualquiera otra forma diferente de la de empresario individual, estaremos obligados a llevar, además de los libros registro de IVA, una contabilidad ajustada al Código de Comercio y los denominados libros contables y societarios.

OBLIGACIONES CONTABLES	
Contabilidad ajustada al Código de Comercio (C.C.) y al Plan General de Contabilidad (P.G.C.)	✓ En actividades mercantiles
LIBROS CONTABLES Y SOCIETARIOS	
Libro de inventarios y cuentas anuales	✓
Libro diario	✓
Libro de actas	✓
Libro registro de socios (sociedades limitadas)	✓
Libro de acciones nominativas (sociedades anónimas y comanditarias por acciones)	✓
LIBROS REGISTRO IVA	
Libro registro de facturas emitidas	✓
Libro registro de facturas recibidas	✓
Libro registro de bienes de inversión	✓
Determinadas operaciones intracomunitarias	✓

Las personas jurídicas y las entidades sin personalidad jurídica, al igual que las personas físicas en régimen de estimación directa normal, deben de llevar la contabilidad ajustada al Código de Comercio y al Plan General de Contabilidad y llevar libros registro de IVA. La gran diferencia, y una de las desventajas de las sociedades, son las obligaciones respecto a libros contables y societarios, inexistentes en el caso de personas física.

En el capítulo 26 encontrarás más información referente a las obligaciones contables y mercantiles.

PARTE III: Bienvenido al mundo del autónomo

¡Bienvenido! Ahora empieza tu aventura como autónomo.

Has decidido emprender y unirte a los 2 millones de personas que ejercen su actividad como empresarios individuales. En este capítulo te contaremos las principales características de este apasionante mundo.

El empresario individual, coloquialmente conocido como autónomo, es la forma jurídica más utilizada en España para emprender.

Muchos empresarios inician su aventura empresarial como "autónomos" y, en función de la evolución del negocio, migran su operativa a una sociedad mercantil.

En esta tercera parte del libro, haremos una introducción a la figura del empresario individual o autónomo, la compararemos con la forma jurídica de sociedad mercantil, repasaremos los conceptos clave para evaluar la migración a forma societaria (partiendo de la base que hemos empezado la actividad como autónomos), incidiéremos en el concepto de Responsabilidad Ilimitada y sus consecuencias y, por último, revisaremos dos conceptos de autónomo que se suelen confundir, el Trabajador Autónomo Económicamente Dependiente (TRADE) y el "falso autónomo".

11 Características generales

La figura del autónomo es fundamental para la economía española. Según el Ministerio de Trabajo, Migraciones y Seguridad Social existen en España, a 30 septiembre de 2022, 3.334.762 afiliados por cuenta propia en la Seguridad Social en el Régimen Especial de Trabajadores Autónomos incluyendo 2.027.994 millones de autónomos personas físicas o empresarios individuales (no integrados en sociedades mercantiles, cooperativas u otras entidades societarias, tampoco colaboradores familiares ni registrados como parte de algún colectivo especial de trabajadores).

Se define como empresario individual (coloquialmente conocido como autónomo) a toda persona física que ejercita de forma habitual y en nombre propio una actividad empresarial, industrial o profesional a título lucrativo, con o sin trabajadores por cuenta ajena a su cargo.

Tal y como hemos visto anteriormente en este libro, su régimen carece de regulación legal específica pues la empresa no tiene personalidad jurídica propia (como sí la tienen las tienes las sociedades mercantiles).

Merece especial mención la diferencia técnica entre "empresario individual" y "autónomo" pues son términos que se confunden.

- El término "empresario individual" se refiere al concepto de empresa unipersonal en la que no hay distinción legal entre el propietario (o empresario) y el negocio (o empresa).

- El concepto de "autónomo" hace referencia al encuadramiento en el Régimen Especial de la Seguridad Social de Trabajadores Autónomos (RETA) al que se adhieren los empresarios individuales, aunque también otro tipo de colectivos como son los administradores de sociedades mercantiles (con ciertas limitaciones que no son objeto de este libro).

En este libro utilizaremos ambos conceptos (empresario individual y autónomo) indistintamente para hacer referencia al empresario individual.

A su vez, existe una variante del empresario individual, el emprendedor de responsabilidad limitada (ERL). Esta figura fue introducida en la Ley 14/2013 de apoyo a los emprendedores y su internacionalización. Las dos disponen de muchos puntos en común, pero, a la vez, tienen determinados factores que las diferencian (sobre todo a nivel de responsabilidad) y que justifican una regulación específica.

Por otro lado, podemos dividir a los autónomos en dos categorías en función de la actividad desarrollada: empresarios y profesionales. Mientras el empresario típicamente desarrolla una actividad en el seno de una organización (por ejemplo, comercio al por menor de ropa), un profesional ejerce su actividad de forma directa o personal (por ejemplo, un arquitecto). Todos ellos, en un término amplio, son empresarios individuales o autónomos.

Pueden ser empresarios individuales:

- Los mayores de edad que tengan la libre disposición de sus bienes.

- Los menores emancipados, con los límites que establece el Código Civil.

- Los menores de edad y los incapacitados, a través de sus representantes legales.

⚠ CONSEJO DEL EXPERTO

"En la práctica, la figura del Emprendedor de Responsabilidad Limitada (ERL) es una figura muy poco utilizada pues conlleva obligaciones mercantiles similares a las de una sociedad y sus correspondientes costes que reducen las ventajas de la figura del empresario individual frente a una forma societaria (como se ha explicado en el capítulo 8).

No obstante, muy pocos empresarios tienen en cuenta el efecto que la actividad empresarial puede tener en su cónyuge al darse de alta de autónomos, es un aspecto relevante a considerar y no pasar por alto."

Sergi Cornejo – Asesor en DAEM

EL CASO DE JUAN

Juan se dedicaba a ofrecer servicios de artes gráficas (tarjetas corporativas, catálogos de productos, etc.) a pequeñas y medianas empresas desde 1984.

La crisis de 2008, así como la continua evolución del sector de la imprenta hacia modelos más digitales, hizo caer el negocio de Juan en una espiral de deudas de la que no conseguía salir hasta que tuvo que cerrar el negocio.

Gracias a sus más de 30 años de duro trabajo y su visión del ahorro, había acumulado, junto a su mujer, importantes ahorros pensado en su jubilación. Todo ello se vio amenazado por las deudas que llegó a acumular el negocio de Juan y, a sus 65 años, vio que todos sus planes de jubilación corrían serio peligro.

Al no a haber protegido el patrimonio de común del matrimonio, lo perdieron todo y tuvieron que vender su vivienda principal en el centro de la ciudad de Madrid para poder hacer frente a las deudas. Se compraron una nueva vivienda más modesta a las afueras de la capital y se tuvieron que conformar con la pensión pública de jubilación para vivir desde entonces.

Si hubieran protegido su vivienda habitual del negocio de Juan, mediante una estructura jurídica como el Emprendedor de Responsabilidad Limitada, podrían haber conservado su vivienda.

12 Ventajas y desventajas frente a la alternativa societaria

Las principales ventajas del empresario individual (frente a las formas societarias) son:

- **Gastos reducidos al inicio de la actividad**: los costes de inicio de actividad son mínimos al no exigirse escritura pública ni inscripción en el Registro Mercantil.

- **Sin capital mínimo inicial**: no se exige capital mínimo para iniciar la actividad más allá de la aportación que el empresario desea realizar.

- **Control:** el empresario tiene el control total de la empresa, asumiendo personalmente su gestión.

- **Sin obligaciones registrales:** no tiene obligaciones registrales al carecer de entidad jurídica propia.

- **Obligaciones contables reducidas:** sometiéndose al régimen de estimación objetiva puede minorar estas sus obligaciones contables (en el capítulo 23 puedes encontrar más información sobre este régimen).

- **Tributación reducida con beneficios reducidos:** en el caso de beneficios reducidos, tendrá un régimen fiscal (I.R.P.F.) más ventajoso que el que correspondería a una sociedad en el Impuesto de Sociedades (I.S.).

- **Alternativas de régimen de IVA:** posibilidad de tributar en el IVA en régimen simplificado o en el de régimen especial de recargo de equivalencia.

- **Exención del Impuesto sobre Actividades Económicas.**

Los principales inconvenientes del empresario individual (frente a las formas societarias) son:

- **Responsabilidad:** es la principal desventaja pues el empresario responde de las deudas de la empresa con todo su patrimonio. Esta responsabilidad puede extenderse a los bienes comunes del matrimonio, ya que se presume que el cónyuge presta su consentimiento para que estos bienes respondan de las deudas del negocio. No obstante, el cónyuge puede evitarlo revocando su consentimiento en escritura pública siempre y cuando se inscriba en el Registro Mercantil, o adoptando otro régimen matrimonial otorgando capitulaciones matrimoniales.

- **Tributación alta con beneficios altos:** por la propia naturaleza progresiva del impuesto de IRPF, si los beneficios son elevados, la tributación puede ser muy gravosa en comparación con la tributación por Impuesto de Sociedades (a tipo fijo).

- **Acceso a financiación limitado:** menor facilidad de financiación ya sean inversores privados o entidades bancarias. Al no existir obligaciones mercantiles, las cuentas son menos claras y precisas lo que mengua la confianza económica frente a terceros. No obstante, los avales y garantías pueden contrarrestar esta limitación, aunque también se debe valorar sus posibles consecuencias en el avalista o garante (perdiendo una de las principales ventajas del autónomo, la limitación de responsabilidad).

- **Imagen:** las sociedades ofrecen una imagen comercial del negocio más profesional, más grande y más solvente.

- **Empresarios y socios trabajadores:** las sociedades dan cabida a múltiples socios en su capital social quienes se reparten los gastos iniciales mientras que el empresario individual es un único empresario.

En definitiva, ejercer cómo empresario individual es recomendable cuando el volumen de beneficios esperado es reducido, no se tiene o no se prevé tener socios, se desea tener el control, se tiene acceso a la financiación necesaria y se estima que el riesgo de derivación de responsabilidades frente a terceros de la actividad que desarrolla es reducido y manejable.

13 Cuando migrar la operativa de autónomo a sociedad

Habiendo optado por iniciar la aventura empresarial como autónomo, una de las preguntas que se hacen muchos empresarios es a partir de cuándo puede optimizar su negocio constituyendo una sociedad mercantil (más allá del beneficio fiscal, de lo contrario estaríamos hablando de evasión fiscal muy perseguida por la Agencia Tributaria).

La solución a esta pregunta no es trivial y se tienen que tener en cuenta diversos factores:

- Características personales de cada individuo (lugar de residencia, número de hijos y edades, ascendientes a su cargo, discapacidades, etc.) que afectarán a la declaración de IRPF (declaración de la renta).

- Desarrollo previo de la actividad pues afectará al tipo impositivo del impuesto sobre sociedades los dos primeros ejercicios.

  Siempre y cuando no hayamos desarrollado previamente la misma actividad, para sociedades de nueva creación el tipo se reduce al 15% (en lugar del 25%) los primeros dos ejercicios desde que tenemos resultados positivos (con un límite de 300.000 euros de beneficio neto por ejercicio).

  En el caso que optemos por iniciar la actividad como autónomo y decidamos migrar a la operativa societaria posteriormente, no podremos aplicar esta bonificación y la tributación de la sociedad será del 25% desde el primer año de operativa (o 23% para las empresas que tengan una cifra neta de negocios inferior a 1 millón de euros anuales).

- Separación entre los rendimientos de la empresa y los rendimientos por nuestro trabajo.

  En una sociedad, los rendimientos y activos de la empresa son de la sociedad y no pueden ser libremente utilizados por el empresario a título privativo. Para poder hacer uso a título privativo de fondos de una sociedad mercantil, debemos de hacerlo mediante salario por nuestro trabajo (aplicará el régimen general de IRPF al igual que la tributación del empresario individual) o mediante dividendos (aplicará el régimen del ahorro del IRPF que oscila entre el 19% y el 28%). En cualquier caso, tanto uno como otro concepto deben de estar debidamente justificados (salario acorde al trabajo y dividendos acordes a la inversión realizada). En el caso de empresarios individuales, al no existir diferencia entre la personalidad jurídica de la empresa y la del empresario, los fondos generados por la empresa pueden ser utilizados por el empresario a título particular.

• Por si fuera poco, en el caso de sociedades mercantiles, el salario del empresario por su trabajo se considera gasto deducible en impuesto de sociedades pues también se debe de considerar este factor.

 CONSEJO DEL EXPERTO

"En España ha habido un abuso de las sociedades unipersonales para tributar menos impuestos. Ahora, se comprueba con más intensidad si las empresas unipersonales de verdad tienen una actividad real o no.

Por todo ello, recomendamos justificar muy bien la creación de una sociedad mercantil pues debe aportar más que la propia actividad del autónomo. Además, es importante diferenciar la retribución del trabajo y la retribución como accionistas o socios de una sociedad."

Jordi Company – Asesor fiscal en DAEM

EL CASO DE MAXIMO

Máximo era un reconocido profesional de las artes escénicas con unos ingresos que superaban los 200.000 euros al año.

Para reducir la carga fiscal, Máximo constituyó una sociedad limitada unipersonal con la única finalidad de derivar toda su actividad artística para tributar al 23% por impuestos de sociedades en lugar de por IRPF que, en su caso, llegaría hasta el 47%. La Agencia Tributaria detectó el fraude y tuvo que afrontar el pago de una liquidación total de 365.938 euros por los ejercicios en los que cometió el fraude, además de un recargo del 50% de multa y los correspondientes intereses de demora.

14 Responsabilidad frente a terceros

El Empresario Individual y el Emprendedor de Responsabilidad Limitada asumen el riesgo directamente de la actividad empresarial de manera universal y deben responder con todo su patrimonio ante las deudas contraídas en el ejercicio de su actividad.

En estos casos, no se diferencia entre el patrimonio mercantil (el de la actividad económica) y el civil (el suyo personal); por lo tanto, la responsabilidad frente a terceros, derivada de su actividad empresarial, es ilimitada (salvo la vivienda habitual en el caso del Emprendedor de Responsabilidad Limitada).

Además, si el empresario está casado puede dar lugar a que la responsabilidad derivada de sus actividades alcance a su cónyuge. Por ello, hay que tener en cuenta el régimen económico que rige el matrimonio y la naturaleza de los bienes en cuestión. En este sentido, conviene aclarar lo siguiente:

- En el régimen de bienes gananciales, cuando se trata de bienes comunes del matrimonio, para que éstos queden obligados será necesario el consentimiento de ambos cónyuges.

  No obstante, este consentimiento se presume cuando se ejerce la actividad empresarial con conocimiento y sin oposición expresa del cónyuge y también cuando, al contraer matrimonio, uno de los cónyuges ejerciese la actividad y continuase con ella sin oposición del otro.

- Los bienes privativos del cónyuge del empresario no quedan afectos al ejercicio de la actividad empresarial, salvo que exista un consentimiento expreso del cónyuge.

- El cónyuge puede revocar libremente el consentimiento tanto expreso como presunto.

Aunque el empresario individual no está obligado a inscribirse en el Registro Mercantil, puede ser conveniente inscribirse para registrar los datos relativos al cónyuge, el régimen económico del matrimonio, las capitulaciones, así como el consentimiento, la revocación u oposición del cónyuge a la afección a la actividad empresarial de los bienes comunes o los privativos.

 CONSEJO DEL EXPERTO

"Para limitar la responsabilidad frente a terceros, es recomendable contratar un seguro de responsabilidad civil que cubra las deudas que se puedan contraer frente a una demanda de responsabilidad civil por los daños causados en el ejercicio de la actividad, sobre todo si se tiene un establecimiento abierto al público. En algunas profesiones, como por ejemplo las sanitarias y la abogacía, este seguro es obligatorio."

Jordi Company – Asesor fiscal en DAEM

EL CASO DE JUAN

Juan es un autónomo que explota un restaurante especializado en tapas en una céntrica calle de Granada.

Uno de los platos estrella de Juan es el bocadillo de tortilla con mayonesa. Un fatídico día, tres de sus clientes, que consumieron el famoso bocadillo la noche anterior, sufrieron gastroenteritis y fueron diagnosticados con intoxicación por salmonela.

Los clientes denunciaron a Juan quien fue condenado a pagar 3.500 euros más los intereses por los días hospitalarios y los días de baja o impeditivos, así como por las secuelas producidas por la gastroenteritis, por cada uno de sus clientes.

Juan tenía un seguro de responsabilidad civil que se hizo cargo de las indemnizaciones.

15 Trabajador Autónomo Económicamente Dependiente (TRADE)

El Trabajadores Autónomos Económicamente Dependientes (TRADE) es un tipo particular de empresario individual y se define como que aquel que realiza una actividad económica o profesional a título lucrativo y de forma habitual, personal, directa y predominante para una persona física o jurídica (denominada cliente), del que depende económicamente por percibir de él, al menos, el 75% de sus ingresos por rendimientos de trabajo, en dinero o en especie, y de actividades económicas o profesionales.

El contrato puede celebrarse para la ejecución de una obra o una serie de ellas o para la prestación de uno o más servicios.

La duración del contrato puede ser por tiempo indefinido o definido, en este último caso cuando finaliza la obra o servicio.

El contrato deberá formalizarse siempre por escrito y deberá ser registrado en el Servicio Público de Empleo Estatal (SEPE), sin perjuicio de la encomienda de gestión que puedan solicitar los órganos correspondientes de las Comunidades Autónomas.

Para el desempeño de la actividad económica o profesional como TRADE, el empresario deberá reunir simultáneamente las siguientes condiciones:

- No tener a su cargo trabajadores por cuenta ajena ni contratar o subcontratar parte o toda la actividad con terceros, tanto respecto de la actividad contratada con el cliente del que depende económicamente como de las actividades que pudiera contratar con otros clientes. No obstante, esta condición no será de aplicación en determinados supuestos que se describen a continuación (recogidos en el artículo 11 de la Ley 20/2007):

1) Riesgo durante el embarazo y lactancia natural de un menor de 9 meses.

2) Ciertos períodos de descanso por nacimiento, adopción, guarda con fines de adopción y acogimiento familiar.

3) Por cuidado de menores de siete años que tengan a su cargo.

4) Por tener a su cargo un familiar hasta el segundo grado inclusive, en situación de dependencia, debidamente acreditada.

5) Por tener a su cargo un familiar hasta el segundo grado inclusive, con una discapacidad igual o superior al 33%, debidamente acreditada.

- Ejecutar la actividad de manera diferenciada de los trabajadores que presten servicios bajo cualquier modalidad de contratación laboral por cuenta del cliente.

- Disponer de infraestructura productiva y material propios, necesarios para el ejercicio de la actividad e independientes de los de su cliente, siempre y cuando en dicha actividad sean relevantes económicamente.

- Desarrollar su actividad con criterios organizativos propios, sin perjuicio de las indicaciones técnicas que pudiese recibir de su cliente.

- Percibir una contraprestación económica en función del resultado de su actividad, de acuerdo con lo pactado con el cliente y asumiendo riesgo y ventura de aquélla.

No tendrán en ningún caso la consideración de trabajadores autónomos económicamente dependientes, los titulares de establecimientos o locales comerciales e industriales y de oficinas y despachos abiertos al público y los profesionales que ejerzan su profesión conjuntamente con otros en régimen societario o bajo cualquier otra forma jurídica admitida en derecho.

16 "Falso autónomo"

Los denominados "falsos autónomos" han crecido de manera exponencial en los últimos años como una fórmula irregular para abaratar costes de personal en las empresas.

La figura del falso autónomo no tiene nada que ver con el trabajador autónomo económicamente dependiente (TRADE) y las fronteras entre uno y otro están muy bien delimitadas, empezando por el amparo normativo del TRADE.

El falso autónomo es un trabajador que, bajo la apariencia formal de trabajador por cuenta propia (inscrito en el RETA) esconde una verdadera relación laboral por cuenta ajena. Se trata de una relación en claro fraude de ley.

Al no ser una figura regulada, no existen unas directrices claras, pero sí existe jurisprudencia que nos puede indicar que si se detectan las siguientes circunstancias podemos estar ante una situación de "falso" autónomo:

- Dependencia: se desarrolla la actividad en el seno de una organización y con una dirección que ejerce el empresario y se materializa en una serie de directrices fijadas como horarios, retribución, medios de producción, lugar de trabajo, etc.

- Riesgo: el coste del trabajo lo asume el empresario (el contratante).

- Resultados: el resultado del mismo se incorpora al patrimonio de la empresa, consignándose como ganancia o pérdida.

Si la Inspección de Trabajo detecta esta irregularidad puede obligar a:

- Dar de alta inmediata al trabajador en el Régimen General de la Seguridad Social.

- Liquidar cuotas de Seguridad Social por el régimen general, con arreglo a las bases que realmente corresponda y que podría retrotraerse a los últimos cuatro años completos.

- Asumir las consecuencias derivadas de un eventual accidente de trabajo, como pueden ser el recargo de prestaciones o la responsabilidad civil derivada del mismo.

- Liquidación de diferencias salariales no prescritas.

- Sanciones administrativas sin descartar acciones penales por un delito contra los trabajadores.

PARTE IV: Ponte en marcha

¡Empecemos!

Una vez conoces lo que significa ser autónomo y estás dispuesto a empezar, debes de conocer todos los trámites necesarios para ponerte en marcha e iniciar tu actividad.

A pesar de que únicamente deberás de realizar los trámites administrativos correspondientes al ejercicio de tu actividad y no necesitarás adoptar ninguna forma jurídica societaria como las sociedades mercantiles, es muy importante realizar correctamente, en tiempo y forma, todos los trámites necesarios para evitar sorpresas desagradables a futuro.

En esta parte del libro veremos todos los pasos que debes de realizar para iniciar tu actividad con garantías (Seguridad Social, Hacienda, licencias de Ayuntamientos, cumplimiento con la Agencia Española de Protección de Datos e inscripción en el Registro de Patentes y Marcas).

Para ello, en esta parte del libro, te mostraremos todos los trámites a realizar para la puesta en marcha de tu actividad, te enseñaremos cómo puedes realizarlos por tu cuenta en su modalidad de tramitación electrónica y te explicaremos cómo funcionan los trámites más habituales a través de gestorías y asesorías.

17 Alta en la Seguridad Social

En caso de desarrollar una actividad con carácter habitual, es necesario darse de alta en el Régimen Especial de Trabajadores Autónomos (RETA) en un plazo de 60 días antes del inicio de actividad (marcada por el alta en Hacienda). En cualquier caso, las cotizaciones a la seguridad social empezarán el día en que se tramita el alta en Hacienda.

La legislación de la Seguridad Social establece la obligación de darse de alta si se realiza de forma habitual, personal y directa una actividad económica a título lucrativo, sin sujeción a contrato de trabajo y aunque utilice el servicio remunerado de otras personas, sea o no titular de empresa individual o familiar.

El problema surge porque la obligatoriedad de darse de alta en autónomos es independiente del nivel de ingresos, al tiempo dedicado a esa actividad o la regularidad de la misma. Ejemplo de autónomos que pueden tener que darse de alta a pesar de tener unos ingresos reducidos por la actividad:

- Personas que trabajan por cuenta propia a tiempo parcial o bien un determinado número de horas a la semana o al mes. En la mayoría de ocasiones estas personas también tienen un trabajo por cuenta ajena (inscritos en el Régimen General de la Seguridad Social).

- Emprendedores al inicio de su actividad que les va a llevar unos meses alcanzar el punto de equilibrio, es decir, el nivel de ventas necesario para cubrir su estructura de gastos.

- Autónomos cuyos negocios atraviesan una situación de crisis o declive.

- Autónomos discontinuos que desarrollan únicamente su actividad unos meses al año.

El concepto "habitual" es estricto al considerarse tanto al que dedica 40 horas a la semana a su negocio como el profesor que da clases dos horas a la semana. No obstante, el criterio de habitualidad es un concepto jurídico indeterminado y la falta de precisión ha hecho inevitable la intervención de jurisprudencia que viene estimando a través de sentencias la superación del umbral del Salario Mínimo Interprofesional (SMI) como indicador de este criterio de habitualidad que, para 2024, es de 15.876 euros al año (salvo que se apruebe una subida a lo largo del año según reclaman algunos sindicatos).

En el caso de trabajadores de temporada, la habitualidad queda referida a la duración normal de la temporada. De tal manera que la habitualidad puede ser cíclica, no supone que la actividad económica se desarrolle de forma continuada.

 CONSEJO DEL EXPERTO

"No te fíes del criterio del salario mínimo interprofesional (SMI). Por ejemplo, se suele presumir el alta si se tiene un establecimiento abierto al público, aunque no se supere el umbral del SMI."

Quim Isern - Asesor laboral en DAEM

CASO REAL: El caso de Beatriz

Beatriz tenía cierta habilidad en la creación de pulseras, colgantes y bolsos de piel desde que era pequeña. Siempre los había hecho para sus amigos y familiares de una manera informal hasta que, animada por éstos, decidió dar un paso más allá y empezar a comercializar dichos productos en un pequeño espacio dentro de una tienda de ropa que le cedió una amiga suya.

No obstante, Beatriz no se dio de alta ni en Hacienda ni en Seguridad Social ya que tenía en previsión no superar el SMI, tampoco contó con asesoramiento más que el de sus amigos y familiares.

Un día inesperado, recibió la visita de un Inspector de Trabajo que le solicitó, entre otra documentación, la correspondiente afiliación al RETA. Una vez examinada la documentación aportada, se la obligó a darse de alta en el RETA con fecha de efectos retroactivos a cuando inició su actividad pues no acreditaba que era una actividad puntual, sino que era habitual, además de ser el único sustento económico que Beatriz podía acreditar. A consecuencia de ello, Beatriz tuvo que declarar los ingresos obtenidos en Hacienda, con las correspondientes sanciones, pues no los había declarado hasta entonces.

Hoy en día, por suerte, cuenta con asesoramiento, cumple con sus obligaciones como empresaria y tiene su propia marca de productos de marroquinería.

Están expresamente comprendidos en el RETA, los siguientes casos:

- Los trabajadores por cuenta propia o autónomos que cumplan el requisito de habitualidad.

- El cónyuge y los parientes del trabajador por cuenta propia o autónomo por consanguinidad o afinidad.

- Quienes ejerzan una actividad por cuenta propia que requiera la incorporación en un colegio profesional, cuyo colectivo no haya sido integrado en el RETA.

- Quienes ejerzan las funciones de dirección y gerencia que conlleva el desempeño del cargo de consejero o administrador, o presten otros servicios para una sociedad de capital, a título lucrativo y de forma habitual, personal y directa, siempre que posean el control efectivo, directo o indirecto de aquella.

- El Trabajador Autónomo Económicamente Dependiente (TRADE).

- Los trabajadores incluidos en el sistema especial para trabajadores por cuenta propia agrarios.

- Los socios trabajadores de las cooperativas de trabajo asociado dedicados a la venta ambulante que perciban ingresos directamente de los compradores.

- Los socios trabajadores de las sociedades laborales, en los términos señalados en la normativa aplicable.

- Los socios industriales de sociedades regulares colectivas y de sociedades comanditarias.

- Los comuneros de las comunidades de bienes y los socios de sociedades civiles irregulares, salvo que su actividad se limite a la mera administración de los bienes puestos en común.

- Los miembros de los Cuerpos de Notario y de Registradores de la Propiedad, Mercantiles y de Bienes Muebles, así como los del Cuerpo de Aspirantes.

Para el alta de autónomo en la Seguridad Social (en su modalidad presencial), puedes acudir a una oficina de la Seguridad Social con el modelo oficial TA0251 y tu documento identificativo. Para ello necesitarás la siguiente información:

- Datos del solicitante: nombre y apellidos, número de la Seguridad Social (N.S.S.) o número de afiliación. Si fuera el caso, grado de discapacidad.

- Tipo de documento identificativo: documento Nacional de Identidad (DNI) o Tarjeta de Extranjero o Pasaporte.

- Información sobre tu domicilio: tu lugar de residencia habitual.

- Datos telemáticos: es recomendable indicar que sí deseas recibir información por correo electrónico y teléfono móvil.

- Modelo oficial TA0521, deberás indicar la actividad o actividades a las que te vas a dedicar.

- Afiliación a la seguridad social (en caso de no estarlo, deberás de afiliarte).

Es importante que la fecha de inicio de actividad que figure en el alta de Hacienda (modelo 036 o 037, como veremos en el próximo capítulo) sea simultanea o hasta 60 días posterior al alta en la Seguridad Social. Antiguamente era preciso darse de alta en Hacienda antes que darse de alta en la Seguridad Social, lo que conlleva a bastante confusión en la actualidad pues ahora es precisamente lo contrario.

Además, junto con el alta en la Seguridad Social, deberás de inscribirte en alguna de las entidades gestoras o mutuas colaboradoras de la Seguridad Social que cubren el riesgo por enfermedad profesional y accidente de trabajo (en el capítulo 30 encontrarás más información referente a las mutuas colaboradoras).

 CONSEJO DEL EXPERTO

"No menosprecies el trabajo que supone realizar el alta. Comunicar incorrectamente un dato puede suponer consecuencias terribles a futuro como no poder acceder a alguna de las prestaciones en caso de necesidad, incorporarte a un régimen de IVA que no te corresponda o no poder deducirte ciertos gastos de tu actividad."

Jordi Company - Asesor fiscal en DAEM

18 Alta en Hacienda

El alta en Hacienda es obligatoria siempre que se ejerza una actividad económica, independientemente del alta en Seguridad Social.

Por consiguiente, antes de desarrollar una actividad por cuenta propia es necesario presentar una declaración censal, ya sea en su modalidad ordinaria (modelo 036) o simplificada (modelo 037).

Como excepción a lo anterior, encontramos una serie de casuísticas en las que no será preciso darse de alta ni en la Seguridad Social ni en Hacienda: cuando se trate de colaboraciones puntuales para impartir cursos, conferencias, coloquios, seminarios y similares, o derivados de la elaboración de obras literarias, artísticas o científicas, siempre que se ceda el derecho a su explotación (los pagos denominados en Clave F a los que se aplica una retención del 15%).

 CONSEJO DEL EXPERTO

"Evita caer en un error muy común que es darse de alta en Hacienda olvidándose de darse de alta también en la Seguridad Social. Esto puede tener unas consecuencias financieras terribles pues se deberán abonar las cuotas atrasadas a la Seguridad Social con un recargo del 20% y se pierde el derecho a bonificaciones de cuota como puede ser la tarifa plana."

Jordi Company – Asesor fiscal en DAEM

EL CASO DE PABLO

Pablo se dio de alta en Hacienda en julio de 2021 para iniciar su actividad de manera habitual pero no fue hasta septiembre cuando, al gestionar su primera declaración de impuestos con un asesor, se dio cuenta que no estaba dado de alta en la seguridad social.

El problema se pudo solucionar y se corrigió el alta anterior para que pudiera beneficiarse de las bonificaciones a la seguridad social a las que podía tener acceso (tarifa plana), lo que le supuso un ahorro de más de 200 euros al mes de cuota.

Pablo tuvo suerte pues lo habitual en estos casos es no poder aplicar las bonificaciones ya que la ley es muy clara al respecto, el alta en la seguridad social debe de ser previa al alta en hacienda.

Aspectos que incluyen la declaración censal

En la declaración censal se notifican:

- **Inicio de actividad:** se puede indicar una alta previa al inicio de actividad o el propio inicio de la actividad.

- **Datos identificativos:** nombre y apellidos, NIF o DNI, domicilio y datos de contacto para avisos de la Agencia Tributaria.

- **Actividad económica:** actividad a realizar (según la Clasificación Nacional de Actividades Económicas o CNAE).

- **Locales:** ubicación física del local donde se desarrollará la actividad económica (se puede desarrollar una actividad económica con o sin local).

- **Régimen aplicable a efectos de IVA:** puede ser general o especiales (recargo de equivalencia, bienes usados, agencias de viajes, agricultura, ganadería y pesca, simplificado, oro de inversión, criterio de caja).

- **Régimen aplicable a efectos de IRPF:** para un empresario individual (o autónomo) pueden ser estimación directa normal, estimación directa simplificada o estimación objetiva (módulos).

- **Registros:** si se inscribirá en los registros de devolución mensual o en el de Operadores Intracomunitarios (ROI).

- **Obligaciones e impuestos:** relación de impuestos a los que se afectará el negocio, así como las obligaciones de los retenedores con respecto a la presentación de los determinados modelos de retenciones e ingresos a cuenta.

Actividad económica a desarrollar

Es muy importante determinar el tipo de actividad que vas a desarrollar y buscar cuál es el epígrafe del Impuesto sobre Actividades Económicas o IAE (el código de la actividad para Hacienda) que le corresponde pues este código determinará las obligaciones fiscales que tendremos. Por ejemplo, puede suponer la aplicación de retención en las facturas, la presentación obligatoria de pagos a cuenta del IRPF o del régimen simplificado de IVA.

Las actividades económicas para la determinación de las tarifas del Impuesto sobre Actividades Económicas se clasifican en 3 secciones:

- **Actividades empresariales:** incluyen las actividades ganaderas, mineras, industriales, comerciales y de servicios.

- **Actividades profesionales**: incluyen profesionales relacionados con los diferentes sectores económicos.

- **Actividades artísticas:** abarca todas las actividades relacionadas con el cine, el teatro, el circo, el deporte, el baile, la música y los taurinos.

A menudo se confunden los términos IAE y CNAE:

- El código IAE (Impuesto sobre Actividades Económicas) es un impuesto y determina la actividad económica a desarrollar. Existe una exención del pago del impuesto, salvo aquellos casos en los que se supere el millón de euros al año de facturación.

- El CNAE (Clasificación Nacional de Actividades Económicas) es un código que se utiliza con fines estadísticos.

Tanto los códigos como la definición de las actividades del IAE y CNAE no coinciden en ningún caso.

Para conocer el código IAE que puede aplicar a tu negocio deberás de consultar el listado completo de códigos. Puedes consultar tu código en la página web de la propia Agencia Tributaria.

Vivienda afecta a la actividad

Si vas a realizar la actividad empresarial en tu propio domicilio, y quieres deducirte parte de los gastos de la misma, debes comunicárselo a Hacienda en la declaración censal indicando en qué porcentaje está el domicilio afecto a la actividad.

En estos casos, podrás deducirte los gastos de suministros de tu vivienda en una parte proporcional al espacio utilizado para realizar la actividad económica (en el capítulo 25 encontrarás más información referente a gastos deducibles).

Operaciones intracomunitarias

Si tienes previsto realizar compras a proveedores comunitarios, o tienes algún cliente en la Unión Europea, solicita la inclusión en el Registro de Operadores Intracomunitarios (ROI), también conocido como VIES, al tramitar el alta de autónomo.

Con ello, podrás ahorrarte no pagar el IVA de tus compras y podrás emitir facturas a tus clientes comunitarios sin IVA (lo que puede suponer una importante ventaja comercial). Para ello, ambos operadores debéis de estar dados de alta como operadores intracomunitarios, de lo contrario la operación no estará exenta de IVA.

La responsabilidad, según Hacienda, recae sobre el vendedor quién deberá de comprobar que el comprador está dado de alta, es decir, aunque estemos dados de alta en el ROI, deberemos de comprobar que nuestro cliente comunitario también lo está para poder emitirle una factura con IVA exento. Para realizar esta comprobación, se puede hacer la consulta en la página web que la Comisión Europea tiene habilitada al respecto en https://ec.europa.eu/taxation_customs/vies

La concesión no es instantánea y la administración tributaria cuenta con un plazo de tres meses para aceptar la inclusión en el censo. Además, en este caso, el silencio administrativo transcurrido este plazo viene a decir que la solicitud ha sido denegada.

Es frecuente que Hacienda realice comprobaciones previas a aceptar un alta en el ROI para verificar la necesidad de ser incluido en el registro, Hacienda persigue el fraude en este tipo de operaciones. Estas comprobaciones pueden incluir la visita de un inspector de Hacienda a la sede la empresa en las semanas posteriores a la solicitud. En otras ocasiones, pueden limitarse a una solicitud de documentación que acredite la existencia de proveedores o clientes que conlleven operaciones intracomunitarias.

Si no hay incidencias, Hacienda te asignará un NIF-IVA formado por el prefijo de España (ES) en primer lugar y seguido del Número de Identificación Fiscal (NIF). En caso de que Hacienda rechace tu alta en el ROI, no podrás emitir o recibir facturas exentas de IVA por operaciones intracomunitarias.

El principal problema de muchos empresarios radica en cómo gestionar la operativa desde el momento en que solicitamos el alta en el ROI y el momento en el que nos lo conceden. En este sentido, cabe señalar que el alta en el ROI es un mero requisito formal, aunque obligatorio y sancionado con una multa pecuniaria fija de 400 euros (200 euros si se presenta fuera de plazo sin requerimiento previo de Hacienda). No obstante, no es motivo suficiente para que en una futura inspección o procedimiento de comprobación se deniegue la exención en las entregas intracomunitarias ni la deducción del IVA auto repercutido en las adquisiciones intracomunitarias, ni se inicie un procedimiento sancionador paralelo basado en estas supuestas infracciones.

Existe jurisprudencia que indica que la Administración tributaria no nos puede exigir el IVA repercutido en una entrega intracomunitaria por el simple hecho de que nosotros o el destinatario de la operación no se encuentre incluido en el Registro de Operadores Intracomunitario. Por otro lado, como la obligación es del vendedor, al comprar productos o contratar servicios a operadores de la UE sino estamos dados de alta en el ROI dependerá de éste emitirnos factura exenta o no de IVA.

 CONSEJO DEL EXPERTO

"Aunque lo ideal es esperar a la resolución favorable de alta en el ROI, si nuestra operativa intracomunitaria es clara, la práctica habitual es emitir facturas exentas a clientes intracomunitarios (siempre y cuando éstos estén dados de alta en el ROI/VIES) y recibir facturas exentas de IVA (siempre y cuando el proveedor / acreedor así lo permita) desde el inicio. En cualquier caso, ésta operativa debe de entenderse como provisional hasta que obtengamos el NIF-IVA y no está exenta de riesgos. En caso que se deniegue el alta en el ROI, tendríamos que presentar declaraciones sustitutas con las correspondientes liquidaciones de IVA."

Jordi Company – Asesor fiscal en DAEM

Alta previa de actividad

Si estás preocupado por tener que cotizar mientras estas poniendo el negocio en funcionamiento antes generar ingresos y, a la vez, quieres poder deducirte los gastos iniciales de desarrollo del negocio (por ejemplo, inversiones y gastos de reforma de un local, inversiones de desarrollo de un negocio online, gastos de estudio de mercado y planes de negocio, gastos de formación, etc.) puedes solicitar una alta previa de actividad.

Con una alta previa al inicio de actividad puedes deducirse estos gastos o inversiones incluyendo el IVA soportado siempre y cuando los destines a la futura actividad económica (hecho que debe de probarse).

A partir del alta previa, se pasa a ser a todos efectos empresario para la Agencia Tributaria con todas las obligaciones que ello conlleva, simplemente se indica que todavía no generarás ingresos referidos a dicha actividad con lo que, en los modelos tributarios, va a ser normal tener solo IVA soportado a devolver o gastos en el IRPF trimestral.

Es importante que, cuando se vaya a empezar a entregar bienes o servicios, se presente una nueva declaración censal comunicando el inicio de actividad.

Es importante destacar que el alta en la seguridad social debe de ser anterior (máximo 60 días antes) o simultánea a la fecha de inicio de actividad indicada en el alta en Hacienda (la del alta definitiva). Este asunto no es menor y crea mucha confusión y, en realidad, en muchas Tesorerías toman como referencia el día desde que se dio de alta inicialmente (alta previa) lo que conlleva controversia y confusión al respecto.

 CONSEJO DEL EXPERTO

"Si prevés un periodo inicial de varios meses antes de facturar, date de alta previa en Hacienda y, cuando vayas a empezar a vender, date de alta definitiva en Hacienda (con el alta previa en Seguridad Social)."

Jordi Company - Asesor fiscal en DAEM

EL CASO DE ANDREA

Andrea empezó su aventura empresarial en mayo de 2019 para explotar un salón de peluquería. Durante los primeros cuatro meses, tuvo una serie de gastos e inversiones relacionadas con la puesta a punto del salón antes de su apertura al público prevista para septiembre.

En octubre de 2020 acude a su asesor para darse de alta como autónoma y empezar a ejercer su actividad. Para sorpresa de Andrea, técnicamente ya no podía deducirse los gastos o inversiones iniciales con el correspondiente impacto fiscal que ello lo podía suponer. Revisado el caso, presentamos un escrito a la Agencia Tributaria y pudimos solucionarlo. No obstante, no es la práctica habitual y depende mucho de cada caso en particular.

El problema que se encuentran muchos autónomos resulta en que, si no se han dado de alta en Hacienda, no están realizando, a ojos de la Agencia Tributaria, ninguna actividad empresarial y, por tanto, los gastos que tenga no serían deducibles por mucho que sean para el negocio. Sólo serán deducibles las facturas con fecha posterior a al alta en Hacienda (siempre y cuando pueda justificar que son gastos e inversiones que serán destinadas a la actividad).

No obstante, existe jurisprudencia donde el Tribunal Superior de Justicia ha determinado el criterio para proceder con las deducciones de IVA soportado antes de iniciar operaciones, siempre y cuando el emprendedor pueda demostrar que, al incurrir en dichos gastos, tenía plena intención de iniciar una actividad económica.

Declaración censal simplificada (modelo 037)

Existe una modalidad simplificada de alta censal que contiene menos campos y, por lo tanto, es más sencilla de completar.

Podrán utilizar la declaración simplificada (modelo 037), por normal general, aquellas personas físicas que cumplan todos y cada uno de los siguientes requisitos:

- Sean residentes en España.

- Tengan asignado un Número de Identificación Fiscal (NIF).

- No actúen por medio de representante.

- Su domicilio fiscal coincida con el de gestión administrativa.

- No estén incluidos en los regímenes especiales del Impuesto sobre el Valor Añadido (IVA), a excepción del Régimen simplificado, Régimen especial de la agricultura ganadería y pesca, o Régimen especial de recargo de equivalencia o Régimen especial del criterio de caja.

- No figuren inscritos en el Registro de operadores intracomunitarios (ROI) o en el registro de devolución mensual.

- No realicen ninguna de las adquisiciones no sujetas (previstas en el artículo 14 de la Ley del Impuesto sobre el Valor Añadido).

- No realicen ventas a distancia.

- No tengan la condición de gran empresa.

- No sean sujetos pasivos de Impuestos Especiales, ni del Impuesto sobre Primas de Seguros.

- No satisfagan rendimientos de capital mobiliario.

Obtención del Número de Identificación Fiscal (NIF)

Una vez cursada el alta en la declaración censal, la Agencia Tributaria asigna al contribuyente el Número de Identificación Fiscal (NIF), que, con carácter general, es el número de su Documento Nacional de Identidad (DNI).

19 Licencias otorgadas por ayuntamientos

En función de la actividad económica a desarrollar, serán necesarios trámites adicionales como la solicitud de las licencias pertinentes ante el ayuntamiento del municipio en el cual se ejercerá la actividad.

Actualmente, hay muchos planes de uso y muchas suspensiones de licencias que restringen cierto tipo de actividades por lo que será muy importante verificar si, en el establecimiento donde queremos ejercer nuestra actividad, se pueda obtener la licencia de obras y la licencia de actividad.

Esta comprobación previa se realiza en el Ayuntamiento correspondiente mediante la solicitud del denominado informe de compatibilidad urbanística, el cual acostumbra a tener una validez de 6 meses y nos indicará si podemos realizar o no nuestra actividad en ese establecimiento.

Una vez tenemos el informe de compatibilidad urbanística positivo, es decir, estamos seguros de que esa actividad se puede ejercer en ese local, tenemos que tramitar el permiso o la licencia de obras.

Licencia de instalaciones y obras

La licencia de instalaciones y obras es un permiso municipal necesario para poder realizar obras de acondicionamiento o mejora en un local, oficina o nave.

La licencia podrá ser de obra menor o mayor dependiendo de la envergadura del proyecto, lo que influirá en la cuantía de las tasas a pagar:

- En el caso de obras mayores, será necesario presentar un proyecto técnico firmado y visado por un perito o arquitecto técnico autorizado.

- En el caso de obras menores, aquellas que no modifiquen la estructura del edificio ni fachada, que se realicen en el interior de un edificio o propiedad y que no modifiquen su distribución, el trámite es más sencillo pues será necesario una comunicación previa al Ayuntamiento sin documentación adicional.

Licencia de apertura

El permiso de apertura es un permiso que concede el Ayuntamiento correspondiente para proceder a la apertura de un local en el que se vaya a ejercer una actividad económica. Lo habitual es dirigirse al departamento de urbanismo, aunque ello depende de cada Ayuntamiento.

El coste de la licencia de apertura se calcula para cada local teniendo en cuenta tres factores: relevancia comercial de la calle, tamaño del local y tipo de actividad.

Por regla general, estarás obligado a solicitar una licencia de apertura para todos los locales comerciales que superen los 300 metros cuadrados, así como para todas aquellas actividades que puedan dañar al medio ambiente o al patrimonio histórico, que supongan un riesgo ambiental o que puedan perjudicar la seguridad o la salud públicas.

Para el resto de actividades que no cumplan estas características, es suficiente con realizar una Declaración Responsable, un trámite mucho más sencillo y rápido (suele poder hacerse por internet en la web del Ayuntamiento correspondiente), aunque es muy recomendable contar un arquitecto o ingeniero que acredite el cumplimiento de la normativa y la idoneidad de la actividad.

Para solicitar la licencia de apertura, lo primero que debemos de tener presente es el tipo de actividad que vamos a desarrollar en el local. En este sentido, se distinguen dos tipos de actividades:

- **Inocuas:** aquellas que se considera que no generan molestias, impacto medioambiental ni riesgo para bienes o personas.

- **Calificadas:** aquellas consideradas como molestas, insalubres, nocivas y/o peligrosas (hostelería, actividades industriales, determinados comercios y servicios).

Muchas actividades, sobre todo las calificadas, requieren de permisos especiales y/o un informe técnico por un ingeniero o arquitecto.

Los pasos más habituales a seguir para la tramitación de una licencia de apertura son:

- Informe técnico de licencia de apertura.

- Supervisión y certificación del proyecto por el Colegio Oficial.

- Pago de tasas municipales.

- Declaración responsable firmada por el propietario del establecimiento.

- Solicitud de licencia de apertura, proyecto técnico y resguardo abono de tasas municipales.

- Visita del técnico del Ayuntamiento.

Una vez realizados todos estos trámites, la resolución y entrega de la licencia de actividad puede tardar todavía varios meses dependiendo del Ayuntamiento (podría llegar incluso al año).

Es precisamente esta demora, unos de los problemas más habituales con el que se encuentran muchos empresarios. Durante este tiempo, normalmente tienen que asumir costes recurrentes (por ejemplo, gastos de alquiler) sin poder generar ingresos.

Por ello, la práctica habitual de muchos empresarios, no exenta de riesgos, es empezar a funcionar una vez que se ha presentado la solicitud, eso sí, habiendo asegurado de que se cumplen todos los requisitos necesarios para desarrollar la actividad ya que, de lo contrario, se tendría que cerrar o subsanar las deficiencias detectadas, además de recibir una sanción por parte del

Ayuntamiento. Todo ello, aparte del riesgo de tener cualquier accidente o percance en el local mientras no se ha concedido la licencia.

> ## ⚠ CONSEJO DEL EXPERTO
>
> *"Cuando vayas a alquilar un local comercial, y antes de firmar el contrato de alquiler, asegúrate de que vas a poder desarrollar tu actividad. Puedes hacerlo solicitando el informe de compatibilidad urbanística positivo.*
>
> *Sino lo haces, te puedes encontrar con haber alquilado un local en el que no puedes desarrollar tu actividad."*
>
> **Carles Cornejo, CFA – Asesor en DAEM**

EL CASO DE VALERIA

Valeria decidió dar un vuelco a su vida profesional, dejó su trabajo como administrativa para iniciar su aventura empresarial abriendo una pequeña cafetería y tienda de alimentación para veganos. Encontró el "local ideal" para ello y no se lo pensó dos veces firmando el contrato de alquiler obligándose a cumplir un mínimo de un año de contrato.

Una vez firmado el contrato, empezó su aventura con arquitectos e ingenieros para iniciar las obras y obtener las licencias correspondientes. Debido a diversos problemas con el local y después de meses peleándose con la administración, no obtuvo la licencia de apertura.

Fue en este punto cuando acudió a nosotros en busca de ayuda y la ayudamos a reorientar su negocio. Actualmente el negocio le funciona bien, pero, si hubiera revisado este aspecto antes, se hubiera ahorrado muchos disgustos.

Traspaso de licencias

Muchas veces, la opción de hacer el traspaso de un establecimiento es la más rápida, a veces la más cómoda, aunque no siempre es la más económica.

Esta es una opción no exenta de riesgos si no tenemos en cuenta una serie de premisas:

- En primer lugar, tenemos que comprobar que el establecimiento no tiene abierto ningún expediente de infracción urbanística, de quejas de vecinos o de algún tipo de infracción municipal.

- En segundo lugar, tenemos que comprobar que, en este establecimiento, no se hayan hecho modificaciones, sin legalizar, respecto de la licencia vigente.

Es imprescindible hacer estas dos comprobaciones, de lo contrario podemos tener sorpresas desagradables al cabo de cierto tiempo.

Para saber si el establecimiento tiene algún tipo de infracción o expediente municipal, es necesario acudir al Ayuntamiento correspondiente y preguntarlo en los Servicios Técnicos, o en los Servicios de Inspección. Esta visita nos servirá también para verificar que el establecimiento está en condiciones de ser traspasado, en casi todos los ayuntamientos hay una condición de traspaso: que el local no tenga expedientes de inspección en curso o de infracción urbanística con el Ayuntamiento.

Para saber si el establecimiento ha hecho modificaciones sin legalizar hay que pedir, en los Servicios Técnicos o en el archivo de ese Ayuntamiento, los planos de concesión de la licencia. El siguiente paso es comparar los últimos planos de licencia con la realidad (mediante visita física) para comprobar que no se hayan hecho modificaciones que no se hayan legalizado.

20 Inscripción en registros oficiales

Por ley, las empresas están obligadas a notificar a la Agencia Española de Protección de datos la posesión de ficheros con datos de carácter personal (en el Anexo II encontrarás más información referente a la Ley de Protección de datos).

En caso de tener patentes, modelos, diseños industriales, marca, rótulos o nombres comerciales que deseamos proteger, podemos hacer una solicitud de reserva en el Registro de Propiedad Industrial correspondiente.

En el caso querer proteger nuestra marca o nombre comercial, podemos hacer la solicitud de reserva de marca o nombre comercial se realiza en la Oficina Española de Patentes y Marcas (OEPM) en su página web https://www.oepm.es/es/index.html

El registro de una marca o un nombre comercial otorga a la empresa el derecho exclusivo a impedir que terceros comercialicen productos o servicios idénticos o similares con el mismo signo distintivo.

21 Trámite electrónico o CIRCE

El Centro de Información y Red de Creación de Empresas (CIRCE) es un sistema que ofrece la posibilidad de realizar los trámites de constitución de la sociedad limitada por medios telemáticos, a excepción de la firma de escritura pública ante notario que necesariamente se trata de una actividad presencial..

Podrás realizar el alta tú mismo o través de los Puntos de Acceso al Emprendedor (PAE) donde se encargan de facilitar la creación de nuevas empresas, el inicio efectivo de su actividad y su desarrollo, a través de la prestación de servicios de información, tramitación de documentación, asesoramiento, formación y apoyo a la financiación empresarial.

Los PAE pueden depender de entidades públicas o privadas, colegios profesionales, organizaciones empresariales o cámaras de comercio. Estos centros firman un convenio con el Ministerio de Industria, Comercio y Turismo para poder actuar como tales.

La Dirección General de Industria y de la Pequeña y Mediana Empresa dispone de un buscador para localizar el PAE que más le convenga al emprendedor. Por ejemplo, la asesoría DAEM es uno de estos PAE (www.daem.es).

En cualquier caso, deberás de cumplimentar el Documento Único Electrónico (DUE) el cual permite presentar conjuntamente el alta en Hacienda y en la Seguridad Social ajustándose a los tiempos marcados por Ley.

Una vez presentado el DUE, podrás consultar a través de internet y previa autentificación, el estado del expediente. Además de poder recibir, si lo deseas, notificaciones a tu teléfono móvil.

Los trámites que incluye el DUE son:

Seguridad Social

El DUE se envía a la Tesorería General de la Seguridad Social o al Instituto Social de la Marina (TGSS/ISM) según corresponda a tu caso. Una vez recibido, estos organismos generan:

- Los Códigos de Cuenta de Cotización.

- La afiliación del empresario y el alta del empresario en el Régimen Especial de Trabajadores Autónomos (RETA).

- La afiliación y el alta de los trabajadores, si los hubiere.

- La TGSS/ISM devuelve al STT-CIRCE los Códigos y números correspondientes.

Con el DUE se realiza un encuadramiento previo en el Régimen de Seguridad Social correspondiente en función de los datos introducidos, facilitando considerablemente la realización de los trámites que competen a la Tesorería General de la Seguridad Social y al Instituto Social de la Marina.

Agencia tributaria

En el momento en el que se envía el DUE, también se comunica el inicio de actividad del empresario individual a la Administración Tributaria competente, mediante el envío de la Declaración Censal.

Trámites complementarios

Por otro lado, si se han proporcionado los datos necesarios cuando se ha cumplimentado el DUE, es posible realizar los siguientes trámites complementarios:

- Inscripción de ficheros de carácter personal en la Agencia Española de protección de datos.

- Solicitud de reserva de Marca o Nombre Comercial en la Oficina Española de Patentes y Marcas.

- Solicitud de Licencias en el Ayuntamiento: en aquellos ayuntamientos que colaboran con CIRCE o están adheridos al proyecto Emprende en 3, se podrá realizar la solicitud de licencias o la declaración responsable en función del tipo de actividad de la empresa.

- Comunicación de los contratos de trabajo al Servicio Público de Empleo Estatal (SEPE): este trámite consiste en realizar la legalización o alta de los contratos de trabajo de los trabajadores por cuenta ajena, si los hubiera.

Trámites no incluidos

Existen una serie de trámites necesarios para constituir la figura del Empresario individual que todavía no están cubiertos por CIRCE:

- La comunicación de la apertura del Centro de Trabajo (trámite incluido en el procedimiento telemático únicamente para la Región de Murcia) en caso de tener contratados trabajadores.

- Inscripción, en su caso, en otros organismos oficiales y/o registros.

Documentación e información necesaria para cumplimentar el DUE

Documentación:

- Fotocopia del D.N.I. del empresario y de los trabajadores (si los hubiera).

- Fotocopia de la Tarjeta de la Seguridad Social del empresario y de los trabajadores, si los hubiera, u otro documento que acredite el número de afiliación a la Seguridad Social.

- Extranjeros sin DNI: NIE Comunitario o NIE y permiso de residencia y trabajo por cuenta propia.

- Si el empresario está casado: DNI o NIE del cónyuge y régimen del matrimonio.

- Para contratación de trabajadores: contrato o acuerdo de contratación o autorización para cursar el alta en la Seguridad Social.

Información necesaria:

- Epígrafe IAE (Actividades Económicas).

- Código de actividad según la Clasificación Nacional de Actividades Económicas (CNAE).

- Datos del domicilio de la empresa y de la actividad empresarial (incluido: metros cuadrados del lugar de la actividad, código postal y teléfono).

- Para adscripción al Régimen Especial de Trabajadores Autónomos: base de cotización elegida, Mutua de IT (incapacidad temporal) y si optará a la cobertura por accidente de trabajo y enfermedad profesional (AT-EP).

Estos trámites electrónicos son cada vez más comunes, sobre todo después de la pandemia de la Covid-19 que ha hecho más evidente la necesidad de digitalizar ciertos trámites administrativos. Todo ello ayudando a descongestionar las oficinas tanto de la Seguridad Social como de la Agencia Tributaria.

22 Trámite habitual a través de gestorías y asesorías

Lo más habitual, es acudir a un gestor para que realice todos los trámites por ti y te asesore en todo este proceso. La ventaja principal de buscar asesoramiento es que eliminas el riesgo de realizar incorrectamente una gestión o de no realizarla por desconocimiento.

En este sentido, lo más habitual y recomendable, es la realización de los trámites de manera telemática a través de la clave PIN o el certificado digital evitando así desplazamientos innecesarios, por lo que lo primero que deberás de hacer es obtener tu clave PIN o certificado electrónico, en caso de que no dispongas de él (en el capítulo 50 encontrarás más información referente a los medios de identificación digitales). Si la gestoría es punto PAE, como por ejemplo DAEM, el trámite es todavía más ágil tal y como hemos visto en el capítulo anterior.

Contar con alguno de estos métodos de identificación es la manera más ágil para comunicarnos con la administración y realizar cualquier trámite, desde el alta en Hacienda hasta la solicitud de alguna subvención o abonar una multa de tráfico en el Ayuntamiento. '

Cuando acudimos a un gestor el procedimiento más habitual es el siguiente:

• Reunión inicial para entender tus necesidades y dónde el gestor recopilará toda la documentación e información que necesita.

• Obtención del certificado electrónico. Hay asesorías que actúan como oficinas emisoras y pueden emitir directamente certificados digitales, lo que simplifica mucho la gestión pues evita desplazamientos y citas previas en la Agencia Tributaria o en la Seguridad Social. Por ejemplo, la asesoría DAEM es una de estas oficinas emisoras (www.daem.es).

Alternativamente, también podemos utilizar nuestro DNI electrónico para identificarnos.

- Alta en la seguridad social.

- Alta censal en Hacienda.

- Alta en el Régimen de Operadores Intracomunitarios (en caso que se prevea operativa intracomunitaria).

- Resto de trámites opcionales según tu actividad (licencias de ayuntamientos, alta de trabajadores, etc.).

 CONSEJO DEL EXPERTO

"Recomendamos que obtengas el certificado digital pues será tu llave maestra para realizar cualquier trámite con la administración. Si lo que te preocupa es pedir cita previa y desplazarte a la Agencia Tributaria o a la Seguridad Social, acude a una gestoría que actué como oficina emisora de certificados electrónicos pues ellos mismos te podrán validar tu identidad y emitirte el certificado.

El sistema clave es más sencillo de obtener, aunque no siempre funciona correctamente o no puedes realizar todos los trámites que sí te permite el certificado digital."

Jordi Company - Asesor fiscal en DAEM

PARTE V: El papel de Hacienda en tu aventura empresarial

¡Conoce a tu principal "socio"!

Una vez iniciada tu aventura empresarial, debes de conocer en profundidad a tu "socio" principal: la Agencia Estatal de Administración Tributaria (Agencia Tributaria o AEAT).

Sí, he dicho socio… Pues la Agencia Tributaria estará presente en todas las operaciones que realices y se llevará gran parte del pastel.

Por definición, la Agencia Estatal de Administración Tributaria (AEAT) es la entidad de la Administración General del Estado español encargada de la gestión del sistema tributario y aduanero estatal.

Como autónomos, tendremos que aprender a convivir con las palabras: IRPF, IVA, gastos deducibles, gasto no deducible, retención, factura con IVA, factura exenta de IVA, entre otros conceptos...

Todos estos conceptos tienen una gran repercusión en el desarrollo de tu actividad y deberás de conocer cuál es tu papel en cada uno de ellos y cuáles son tus obligaciones al respecto para evitar sorpresas desagradables.

23 Impuesto Sobre la Renta de Personas Físicas (IRPF)

El Empresario Individual y el Emprendedor de Responsabilidad Limitada están sujetos al Impuesto de la Renta de las Personas Físicas (IRPF).

El Impuesto sobre la Renta de las Personas Físicas es un tributo de carácter personal y directo que grava, según los principios de igualdad, generalidad y progresividad, la renta de personas físicas de acuerdo con su naturaleza y sus circunstancias personales y familiares.

Es el tributo más común al que estamos sujetos todos los residentes españoles que generamos rendimientos económicos, afecta a personas físicas, empresarios, profesionales y miembros de entidades en régimen de atribución de rentas.

Además, como residentes en España, tributamos por nuestra renta mundial, es decir, debemos de declarar en España las rentas que obtengamos en cualquier parte del mundo, sin perjuicio de lo que se disponga en el convenio para evitar la doble imposición internacional suscrito entre España y el país de origen de la renta.

Como contribuyentes del IRPF, debemos de integrar todas las rentas que hayamos percibido en el ejercicio fiscal (en España, coincide con el año natural) sea cual fuere su naturaleza, a excepción de las exentas. Estas rentas se clasifican en función del origen mediante el cual han sido obtenidas:

- **Rendimientos del trabajo:** todas las contraprestaciones (dinerarias o en especie), que deriven del trabajo personal o de la relación laboral o estatutaria y no tengan el carácter de rendimientos de actividades económicas. Por ejemplo, sueldos y salarios.

- **Rendimientos del capital inmobiliario:** todos los rendimientos que se deriven del arrendamiento de inmuebles propiedad del contribuyente (incluida cesión de derechos de uso o derechos reales), siempre y cuando no se hallen afectos a actividades económicas realizadas por el propio contribuyente. Por ejemplo, rendimientos de alquiler de una vivienda propiedad del contribuyente y no afectos a su actividad económica.

- **Rendimientos del capital mobiliario:** todas las contraprestaciones que provengan de elementos patrimoniales (incluidos bienes o derechos) de naturaleza mobiliaria propiedad del contribuyente, siempre y cuando no se hallen afectos a actividades económicas realizadas por el mismo. Por ejemplo, dividendos sobre acciones de una sociedad limitada del que el contribuyente es accionista.

- **Rendimientos de actividades económicas:** rendimientos que, procediendo del trabajo personal y del capital conjuntamente (o de uno solo de estos factores) supongan por parte del contribuyente la ordenación por cuenta propia de medios de producción y de recursos humanos, o de uno de ambos, con la finalidad de intervenir en la producción o distribución de bienes o servicios.

- **Imputaciones de rentas:** rentas que se deben incluir en la base imponible por ser propietario o titular de un derecho real de disfrute sobre determinados bienes y derechos. Por ejemplo, la atribución del 50% del rendimiento de una Comunidad de Bienes de la que el contribuyente es titular del 50%.

- **Ganancias y pérdidas patrimoniales:** las variaciones en el valor del patrimonio del contribuyente que se pongan de manifiesto con ocasión de cualquier alteración en la composición de aquél, salvo que se califiquen como rendimientos.

Además, será necesario integrar las imputaciones de renta que se establezcan por ley (rentas inmobiliarias, transparencia fiscal internacional, cesión de derechos de imagen, etc.). Todo ello con independencia del lugar donde generemos los rendimientos y cualquiera que sea la residencia del pagador.

En este libro, nos centraremos en los rendimientos por actividades económicas que corresponde con el desarrollo de una actividad por cuenta propia. La Ley del IRPF define los rendimientos de actividades económicas como aquéllos en los que concurren la existencia de una organización autónoma con la finalidad de intervenir en la producción o distribución de bienes y servicios.

Se distinguen dos tipos de rendimientos de actividades económicas:

- **Rendimientos de actividades profesionales:** los obtenidos, mediante el ejercicio libre de una profesión, siempre que dicho ejercicio suponga la ordenación por cuenta propia de medios de producción y de recursos humanos.

- **Rendimientos de actividades empresariales:** los derivados, entre otras, de las siguientes actividades: de fabricación, confección, construcción, comercio al por mayor, comercio al por menor, servicios de alimentación, de transporte, de hostelería, etc.

El arrendamiento de bienes inmuebles se califica de actividad económica si para ello se cuenta con al menos una persona empleada con contrato laboral y a jornada completa.

Para obtener el rendimiento sobre el que se le aplicará el IRPF en el apartado de rendimientos de actividades económicas, habrá que tener en cuenta el régimen fiscal al que el empresario está adscrito que depende de la actividad desarrollada.

 CONSEJO DEL EXPERTO

"Salvo que seas asesor fiscal de profesión, no intentes presentar por tu cuenta una declaración de impuestos pues tienes unas probabilidades muy altas de equivocarte (ya sea por acción u omisión) y ello te puede resultar mucho más caro que contratar a un asesor en el que delegar estas funciones. Además, tu asesor conocerá todas las bonificaciones y deducciones posibles para que puedas beneficiarte de ellas y estará siempre al día de cambios normativos que puedan impactar en tu fiscalidad."

Sergi Cornejo - Asesor en DAEM

EL CASO DE FRANCISCO

Francisco tiene una agencia de comunicación y marketing. Gracias a sus conocimientos informáticos, utiliza un programa de gestión online que permite la emisión de facturas y la introducción de facturas de compra generando un completo resumen periódico de ingresos y gastos (incluyendo base imponible, IVA, retenciones de IRFF, cuentas de explotación y balances). Con ello Francisco se presentaba sus propias declaraciones de impuestos de manera telemática con su certificado electrónico hasta que recibió el primer requerimiento de la Agencia Tributaria y acudió a asesoramiento especializado.

Lo primero que tuvimos que hacer es revisar en profundidad las declaraciones de impuestos presentadas en los periodos de referencia del requerimiento y nos dimos cuenta de los siguientes errores: al darse de alta no solicitó la bonificación que le correspondía en la Seguridad Social, tenía facturas de profesionales a los que no estaba aplicando retención alguna cuando tenía la obligación de ello, tenía la obligación de presentar el modelo 130 pues menos del 70% de sus facturas emitas llevaban retención, no estaba dado de alta como operador intracomunitario a pesar de estar emitiendo facturas a clientes de la Unión Europea exentas de IVA y no estaba presentando sus modelos anuales de impuestos (modelo 390, 190 y 347).

Para solucionarlo atendimos al requerimiento de Hacienda relacionado con las retenciones mal practicadas lo que le supuso una sanción de 3.000 euros y corregimos el resto de errores a tiempo antes de recibir un nuevo requerimiento. A partir de entonces, Francisco delega la gestión fiscal y está mucho más tranquilo.

Estimación directa

En el método de estimación directa se distinguen dos modalidades:

- **Normal:** se aplica cuando se da alguna de las siguientes circunstancias:
    - Se aplica, con carácter general, a los empresarios y profesionales que no estén acogidos a la modalidad simplificada o al método de estimación objetiva.
    - En cualquier caso, se aplicará si el importe neto de la cifra de negocios (ingresos) del año anterior supere los 600.000 euros al año.

- **Simplificada:** se aplica cuando concurran las siguientes circunstancias:
    - Las actividades no estén acogidas al método de estimación objetiva.
    - Importe neto de la cifra de negocios del año anterior no supere los 600.000 euros al año. Cuando en el año inmediato anterior se hubiese iniciado la actividad, el importe neto de la cifra de negocios se elevará al año.
    - Ninguna actividad desarrollada por el contribuyente se encuentre en la modalidad normal del método de estimación directa.
    - No haber renunciado a la aplicación de este método.

En estimación directa, el rendimiento neto de la actividad se calcula por diferencia entre ingresos computables y gastos deducibles.

Uno de los problemas más habituales de los autónomos radica en saber si podemos deducirnos un gasto pues muchas veces se tiene a mezclar gastos personales con gastos del negocio. Aunque puedes consultar el capítulo 25 de este libro que hemos dedicado a ello, a continuación, puedes encontrar las condiciones generales que deben cumplir los gastos para ser considerados deducibles de nuestra actividad:

- Deben estar vinculados a la actividad económica que desarrollada.

- Deben estar debidamente justificados (por ejemplo, con la correspondiente factura o ticket).

- Deben encontrarse correctamente registrados en la contabilidad en los libros correspondientes.

Estimación objetiva ("módulos")

El método de estimación objetiva se conoce comúnmente como "módulos" pues el rendimiento de la actividad económica se calcula mediante la aplicación de unos índices o módulos que son específicos para cada actividad.

Esto supone una gran diferencia con el método de estimación directa ya que el cómputo del impuesto no se realiza en base a un rendimiento real sino a uno estimado y simplifica mucho la gestión fiscal y contable del autónomo.

Podrán acogerse a este régimen los empresarios que cumplan todas y cada una de las siguientes condiciones:

- Realicen una de las actividades incluidas en la Orden del Ministerio de Hacienda y Administraciones Públicas que lo desarrolla (en el Anexo III encontrarás más información referente a las actividades incluidas en el régimen de estimación objetiva).

- No incurran en ninguna causa de exclusión.
  - o No desarrollar la actividad económica total o parcialmente fuera del territorio español.
  - o El volumen de rendimientos íntegros (ventas o ingresos) en el año inmediato anterior no supere cualquiera de los siguientes importes: 250.000 euros al año, considerando todas las actividades desarrolladas (excepto las agrícolas, ganaderas y forestales) o 125.000 euros al año, cuando corresponda a operaciones por las

que estén obligados a expedir factura al ser el destinatario un empresario o un profesional.

o El volumen de compras en bienes y servicios (compras o gastos) en el ejercicio anterior (excluidas las adquisiciones de inmovilizado) no supere la cantidad de 250.000 euros al año (IVA excluido).

o No haber renunciado expresa o tácitamente a la aplicación de este régimen.

o No haber renunciado o estar excluidos del régimen simplificado del IVA, y del régimen especial simplificado del Impuesto General Indirecto Canario (IGIC).

o No haber renunciado al régimen especial de la agricultura, ganadería y pesca del IVA ni al régimen especial de la agricultura y ganadería del IGIC.

o No determinar el rendimiento neto de alguna otra actividad económica que desarrolle en el método de estimación directa, en cualquiera de sus modalidades.

El importe a pagar se determina con base en unos parámetros objetivos o módulos fijados por Hacienda para cada actividad que tienen que ver con una serie de parámetros (número de trabajadores, personal no asalariado, potencia eléctrica instalada, superficie del local, etc.) a los que se aplican unos coeficientes de minoración (por incentivos al empleo y a la inversión) y una serie de índices correctores (población del municipio, duración de la temporada de la actividad, nuevas actividades y exceso sobre determinados límites). Además de poder deducir amortizaciones de inmovilizado (para lo que habrá que llevar un control separado de todos estos bienes).

Cabe especial mención que los autónomos que tributen en módulos están obligados a acogerse a uno de los siguientes regímenes especiales de IVA:

• Régimen simplificado del IVA.

• Régimen Especial de Agricultura, Ganadería y Pesca.

• Recargo de Equivalencia.

En el capítulo 24 encontrarás más información referente a los diferentes regímenes de IVA.

 CONSEJO DEL EXPERTO

"El sistema de módulos es un sistema pensado para simplificar la gestión. Aunque la posibilidad de emitir facturas y no estimar el rendimiento neto en base a ellas lo ha convertido en una herramienta de fraude muy vigilada por la Agencia Tributaria. Como consecuencia de ello, las condiciones de exclusión del régimen de módulos se endurecen continuamente por lo que debemos de revisarlas anualmente

Si vamos a acogernos a este régimen, revisar anualmente los parámetros de exclusión pues es posible que pasemos a incurrir en una de las cláusulas de exclusión de un año a otro."

Jordi Company - Asesor fiscal en DAEM

Retenciones e ingresos a cuenta (modelos 111 y 115)

El IRPF es un impuesto que se devenga normalmente (salvo en caso de fallecimiento del contribuyente) el día 31 de diciembre de cada año natural (periodo impositivo). Es, en la declaración anual de la renta (presentada a partir del 1 abril del siguiente año), el momento en que se calcula el importe final del impuesto.

No obstante, la Agencia Tributaria tiene establecido un mecanismo para anticipar un pago a cuenta del impuesto, a través de retenciones y pagos fraccionados del IRPF.

Las retenciones de IRPF se definen como cantidades que son sustraídas por el pagador de determinadas rentas para ingresarlas directamente en la Administración Tributaria, como anticipo de la cuota definitiva del impuesto (que se calcula en la declaración anual de la renta). Ejemplos típicos son las retenciones que practica una empresa a las nóminas de sus empleados (que se declaran en el modelo 111) y las retenciones que practica una empresa al abonar el alquiler de un local cuyo propietario es una persona física (que se declaran en el modelo 115).

En este sentido y, similar a las retenciones en nómina a trabajadores por cuenta ajena, cuando un autónomo ejerce una actividad profesional y emite una factura, incluirá una retención que será ingresada por el pagador de la factura directamente en hacienda a cuenta del IRPF del autónomo, declarándolo en el modelo 111 (de la misma manera que una empresa lo hace en nombre de sus trabajadores).

No aplicaremos retenciones cuando nuestro cliente sea un particular sin actividad empresarial ni profesional pues no está obligado a presentar la declaración correspondiente para liquidarla. Tampoco aplicaremos retenciones en los pagos a sociedades mercantiles pues no les es de aplicación el régimen de IRPF.

Las rentas sometidas a retención o ingreso a cuenta son, principalmente, las siguientes:

- **Rendimientos del trabajo:** será el resultado de aplicar al total de las retribuciones que se satisfagan a cada empleado el tipo de retención que corresponda, atendiendo a sus circunstancias personales. No obstante, el tipo de retención no podrá ser inferior al 2% para contratos o relaciones de duración inferior al año ni inferior al 15% para relaciones laborales especiales de carácter dependiente. Por ejemplo, sueldos y salarios.

- **Rendimientos del capital mobiliario:** con carácter general, el tipo de retención será del 19%. Por ejemplo, dividendos.

- **Rendimientos derivados de actividades económicas (actividades profesionales):** con carácter general, el tipo de retención será del 15%. En caso de inicio de una actividad profesional, en el año de inicio y en los dos siguientes, será del 7%. Por ejemplo, factura de un notario.

- **Ganancias patrimoniales:** El tipo de retención será del 19%.

- **Otras rentas:** arrendamientos de inmuebles (19%), premios en metálico (19%), etc.

En el Anexo V encontrarás más información referente a los diferentes tipos de retención.

En caso de que hayamos realizado algún pago sujeto a retención, es decir, retengamos dinero del pago a nuestros trabajadores, acreedores o proveedores, deberemos de presentar una declaración y liquidar este impuesto a Hacienda. Como autónomos, nos encontraremos fundamentalmente dos modelos tributarios para declarar trimestralmente estas retenciones:

- **Modelo 111:** a través del que se declaran e ingresan las retenciones que se han practicado durante el trimestre a trabajadores, profesionales o empresarios.

  Su correspondiente declaración anual informativa es el Modelo 190.

- **Modelo 115:** a través del que se declaran e ingresan las retenciones que se han practicado durante el trimestre relacionadas a particulares, profesionales o empresarios arrendadores o subarrendador de inmuebles urbanos (alquileres).

  Su correspondiente declaración anual informativa es el modelo 180.

Estas declaraciones deben de presentarse entre los días 1 y 20 de los meses de abril (para el primer trimestre del año), julio (segundo trimestre) y octubre (tercer trimestre). La declaración correspondiente al cuarto trimestre hay que presentarla entre los días 1 y 30 de enero del año natural siguiente (en el Anexo VI encontrarás más información referente el calendario fiscal del autónomo).

Además, anualmente es necesario presentar una declaración informativa sobre las retenciones practicadas. Estas declaraciones no resultan en ninguna liquidación, son informativas pero obligatorias. El plazo para presentarlas es normalmente el mes de enero del año siguiente.

Un aspecto que genera mucha confusión es el hecho de que el obligado a practicar la retención e ingresarla en Hacienda es el pagador y el emisor de una factura no está obligado a informar en ella si está sometida o no a retención, ni del porcentaje que se debe retener.

Por lo tanto, es importante revisar bien la situación de los acreedores y proveedores con los que trabajamos pues, si no aplicamos bien la retención en las facturas que pagamos, Hacienda pueda reclamarnos cantidades no abonadas con los correspondientes recargos.

 CONSEJO DEL EXPERTO

"Por regla general, si recibes una factura por la prestación de servicios revisa el tipo de retención, pues:

-Si te aplican un 15% no deberías de tener problemas;

-Si te aplican el 7%, solicita el modelo 036 a tu proveedor y, si la fecha de emisión de la factura está dentro de los primeros tres ejercicios desde el inicio de su actividad, es correcta;

-Si te aplican el 1% y tu proveedor es un transportista, es correcto;

-Si no te aplican retención, deberías de comprobar también el modelo 036 de tu proveedor, en concreto, revisa la página correspondiente al IRPF donde debería figurar la obligación de presentar el modelo 130 (pagos a cuenta)."

Jordi Company - Asesor fiscal en DAEM

A diferencia de lo señalado anteriormente, cuando se trate de empresarios cuyo volumen de operaciones supere los 6.010.121,04 al año (caso prácticamente inexistente en un empresario individual), la declaración de las cantidades retenidas y de los ingresos a cuenta deberá presentarse en los 20 primeros días naturales de cada mes (excepto la declaración correspondiente al mes de julio, que puede presentarse del 1 de agosto al 20 de septiembre), correspondiendo la declaración al mes natural anterior.

Además, como retenedores se tiene la obligación de emitir una certificación acreditativa de la retención o ingreso a cuenta practicado, antes de la apertura del plazo de declaración de la renta (normalmente el 1 de abril). No hacerlo puede acarrear una sanción.

En caso de que se emitan facturas a particulares, no podrá aplicarse la correspondiente retención, dado que las personas físicas no pueden retener, en cuyo caso, el contribuyente estaría obligado a presentar el Modelo 130 (o modelo 131 en el caso de módulos) a través del cual se realizan pagos a cuenta (una autoliquidación), tal y como veremos en el siguiente apartado.

 CONSEJO DEL EXPERTO

"Cuando una persona física te emita una factura de alquiler sin retención, solicita el certificado de exención al propietario del inmueble.

En caso de aplicar retención, asegúrate de aplicarla correctamente sobre el propietario y no sobre el administrador de fincas."

Jordi Company - Asesor fiscal en DAEM

EL CASO DE CLARA

Clara es abogada y tiene una oficina alquilada a un particular. No obstante, Clara no tiene contacto con el propietario pues paga el alquiler a través de un administrador de fincas que lleva la gestión de la oficina.

Clara declara trimestralmente, a través del modelo 115, las retenciones practicadas del 19% sobre el alquiler. No obstante, introduce los datos del administrador de fincas en lugar de los del propietario. Al emitir el certificado anual de retenciones y enviarlo al administrador de fincas, Clara se da cuenta del error y presenta una complementaria rectificando el error.

Pagos fraccionados (modelos 130 y 131)

Los pagos fraccionados consisten en una autoliquidación para anticipar recursos a la Hacienda Pública a cuenta del impuesto definitivo.

Los pagos fraccionados forman, junto con las retenciones y los ingresos a cuenta, los denominados pagos a cuenta. No obstante, a diferencia de las retenciones, la obligación de los pagos fraccionados es del propio contribuyente a través de una autodeclaración.

Estarán obligados a realizar pagos fraccionados los autónomos que ejerzan una actividad económica.

No estarán obligados a realizar pagos fraccionados los autónomos que ejerzan:

- **Actividades profesionales:** si, en el año natural anterior, al menos el 70% de los ingresos de la actividad fueron objeto de retención o ingreso a cuenta.

- **Actividades agrícolas o ganaderas:** si, en el año natural anterior, al menos el 70% de los ingresos procedentes de la explotación, con excepción de las subvenciones corrientes y de capital y de las indemnizaciones, fueron objeto de retención o ingreso a cuenta.

- **Actividades forestales:** si, en el año natural anterior, al menos el 70% de los ingresos procedentes de la actividad, con excepción de las subvenciones corrientes y de capital y de las indemnizaciones, fueron objeto de retención o ingreso a cuenta.

En caso de inicio de la actividad, se tendrá en cuenta el porcentaje de ingresos que hayan sido objeto de retención o ingreso a cuenta durante el período a que se refiere el pago fraccionado.

Los contribuyentes que tengan la obligación de presentar pagos fraccionados, realizarán cuatro pagos fraccionados trimestrales, a cuenta de su declaración anual de IRPF (declaración de la renta), a través del modelo 130 (estimación directa) o del modelo 131 (estimación objetiva).

Esta declaración debe de presentarse entre los días 1 y 20 de los meses de abril (para el primer trimestre del año), julio (segundo trimestre) y octubre (tercer trimestre). La declaración correspondiente al cuarto trimestre hay que presentarla entre los días 1 y 30 de enero del año natural siguiente y, en caso de que en alguno de los trimestres no resulte cantidad a ingresar, debe de presentarse declaración negativa (en el Anexo VI encontrarás más información referente el calendario fiscal del autónomo).

En el caso de estimación directa, el importe de cada uno de los pagos fraccionados se calculará del siguiente modo:

- **Actividades empresariales:** 20% del rendimiento neto desde el inicio del año hasta el último día del trimestre al que se refiera el pago. Se deducirán los pagos fraccionados que habría correspondido ingresar por los trimestres anteriores del mismo año. Se deducirán, en la actividad de arrendamiento de inmuebles y de cesión de derechos de imagen, las retenciones y los ingresos a cuenta, desde el primer día del año al último del trimestre a que se refiere el pago fraccionado.

- **Actividades profesionales:** 20% del rendimiento neto, desde el inicio del año hasta el último día del trimestre al que se refiera el pago. Se deducirán los pagos fraccionados que habría correspondido ingresar por los trimestres anteriores del mismo año. Se deducirán también las retenciones y los ingresos a cuenta desde el inicio del año hasta el último día del trimestre al que se refiere el pago fraccionado.

- **Actividades agrícolas, ganaderas, forestales y pesqueras:** 2% del volumen de ingresos del trimestre, excluidas las subvenciones de capital y las indemnizaciones. Se deducirán las retenciones y los ingresos a cuenta del trimestre.

En el caso de estimación objetiva, el importe de cada uno de los pagos fraccionados se calculará del siguiente modo:

- **Actividades empresariales (excepto agrícolas y ganaderas):** se aplicarán las siguientes cuotas sobre los rendimientos generados de la aplicación de los módulos:

  o 2% del rendimiento resultante de la aplicación de los módulos en función de los datos base a 1 de enero (si algún dato base no pudiera determinarse a 1 de enero, se tomará el del año anterior; si no pudiera determinarse ningún dato base, el pago fraccionado será el 2% del volumen de ventas o ingresos del trimestre). Cuando se inicie una actividad, los datos base serán los del día de inicio.

  o 3% cuando se tenga una persona asalariada.

  o 4% cuando se disponga de dos o más personas asalariadas.

- **Actividades agrícolas, ganaderas y forestales:** 2% del volumen de ingresos del trimestre, excluidas las subvenciones de capital y las indemnizaciones.

Del importe a ingresar se deducirán las retenciones e ingresos a cuenta del periodo.

Estos porcentajes se reducirán a la mitad para las actividades económicas que tengan derecho a la deducción en la cuota prevista para rentas obtenidas en Ceuta y Melilla.

Las actividades económicas desarrolladas tanto en régimen de estimación directa como en estimación objetiva podrán deducir del importe a ingresar por el pago fraccionado, las retenciones e ingresos a cuenta del trimestre y, además, una minoración adicional, entre 25 y 100 euros cuando los rendimientos netos de actividades económicas del ejercicio anterior sean iguales o inferiores a 12.000 euros.

De la misma manera que ocurre con las retenciones y, a diferencia de lo señalado anteriormente, cuando se trate de entidades cuyo volumen de operaciones supere los 6.010.121,04 euros al año, la declaración de los ingresos a cuenta (y de las cantidades retenidas) deberá presentarse en los 20

primeros días naturales de cada mes (excepto la declaración correspondiente al mes de julio, que puede presentarse del 1 de agosto al 20 de septiembre), correspondiendo la declaración al mes natural anterior.

 CONSEJO DEL EXPERTO

"No dejes la presentación de impuestos para el último día y se meticuloso y ordenado en la documentación de tu negocio. Ello te puede ahorrar tiempo, errores y dinero, pero, sobre todo, te puede liberar de disgustos innecesarios.

Los periodos de liquidación de impuestos suelen ser de elevada carga de trabajo en gestorías y los propios servidores de la Agencia Tributaria pueden causar fallos por sobrecarga el último o en los últimos días de los plazos legales para presentar. A pesar de ello, serás tú el último responsable de lo que presentes (o no presentes)."

María José - Asesor contable en DAEM

EL CASO DE ANTONIO

Antonio se dedica a ofrecer servicios de marketing digital pequeñas y medianas empresas. Es una persona muy creativa y muy buena para su trabajo, pero en todo lo relacionada con la gestión de papeles y tareas administrativas es algo desastre y siempre lo deja todo para última hora.

Fruto de ello, Antonio presentó su declaración correspondiente al modelo 130 del tercer trimestre fuera de plazo y tuvo que afrontar un recargo del 5%, algo que podría haber evitado perfectamente pues su volumen de facturas no supera las 20 trimestrales.

Declaración Anual de Renta (modelo 100)

La declaración de la renta o IRPF (Impuesto sobre la Renta de las Personas Físicas) es la declaración que tenemos la obligación de presentar todos los contribuyentes del impuesto a la Agencia Tributaria, en relación con los ingresos obtenidos durante un año. Es la principal fuente de ingresos de Hacienda junto con el IVA.

La declaración se presenta, normalmente, desde el 1 de abril hasta 30 de junio del año siguiente al ejercicio que se declara (para el ejercicio 2021, el plazo es del 1 de abril al 30 de junio de 2022). Si resulta a pagar, se puede domiciliar en cuenta bancaria hasta el 27 de junio y se puede efectuar el ingreso en uno (30 de junio) o dos plazos (30 de junio y 5 de noviembre). Si el segundo plazo no se domicilia, debe presentarse el modelo 102 y efectuar el ingreso hasta el 5 de noviembre del año en que se presenta la declaración.

Las personas que realicen una actividad económica por cuenta propia estarán obligados a presentar la declaración de la renta. Únicamente se permite la excepción para aquellos autónomos que presenten unos rendimientos por debajo de los 1.000 euros anuales por su actividad económica y no se beneficien de las deducciones que en ella se aplican. En práctica, casi todos los autónomos presentan la declaración.

Para el cálculo del impuesto a liquidar es importante diferenciar entre dos tipos de rentas:

- La renta general: en la que se incluyen rendimientos del trabajo, rendimientos del capital mobiliario, los rendimientos del capital mobiliario (exclusivamente los previstos en el apartado 4 del Art. 25 LIRPF y los procedentes de entidades vinculadas); los rendimientos derivados del ejercicio de actividades económicas y las imputaciones de rentas.

- La renta del ahorro: en la que se incluyen los rendimientos del capital mobiliario (los derivados de la participación de fondos propios de cualquier tipo de entidad; los obtenidos por la cesión a terceros de capitales propios; los procedentes de operaciones de capitalización y de contratos de seguros de vida o invalidez; las rentas derivadas de la imposición de capitales) y las ganancias y pérdidas patrimoniales (que se pongan de manifiesto con ocasión de transmisiones de elementos patrimoniales adquiridos) salvo que tengan el origen en elementos afectas a una actividad económica.

Para ello, hay que tener en cuenta que el IRPF es un impuesto progresivo que funciona por tramos en los que va aumentando según crece la base. Por lo tanto, para calcular el resultado de la declaración de la renta, es necesario aplicar la tabla de tramos de IRPF que se mostrará a continuación.

Los tramos de IRPF para el ejercicio 2021 que hay que aplicar para la base de la renta general son los siguientes:

Tramos IRPF	Tipo estatal	Tipo autonómico [1]	Tipo total
Hasta 12.450 euros	9,5%	9,5%	19%
De 12.450 20.200 euros	12%	12%	24%
De 20.200 a 35.200 euros	15%	15%	30%
De 35.200 a 60.000 euros	18,5%	18,5%	37%
De 60.000 euros a 300.000 euros	22,5%	22,5%	45%
Más de 300.000 euros	24,5%	22,5%	47%

1) En la columna de "tipo autonómico" figuran los tipos aplicables a los contribuyentes por IRPF que no residen en España. Los contribuyentes que residen en territorio español deberán sustituirlos por la escala que haya aprobado la comunidad autónoma en que tenga que declarar.

Los tramos de IRPF para el ejercicio 2024 que hay que aplicar para la base de la renta del ahorro son los siguientes:

- Primer tramo: hasta 6.000 euros, 19%

- Segundo tramo: desde 6.000 hasta 49.999 euros, 21%

- Tercer tramo: desde 50.000 hasta 199.999 euros, 23%

- Cuarto tramo: desde 200.000 hasta 299.000 euros, 27%

- Quinto tramo: más de 300.000 euros, 28%

En esta declaración, se regularizará el importe final del impuesto a liquidar descontando los pagos a cuenta y retenciones que se hayan practicado durante el ejercicio.

24 Impuesto sobre el Valor Añadido (IVA)

El Empresario Individual y el Emprendedor de Responsabilidad Limitada están sujetos al Impuesto sobre el Valor Añadido (IVA) siempre y cuando la actividad que lo desarrollen esté sujeta a dicho impuesto.

A diferencia del IRPF, que grava directamente nuestra actividad empresarial, el IVA es un impuesto indirecto que recae sobre el consumo y grava las entregas de bienes y prestaciones de servicios realizadas por empresarios y profesionales, las adquisiciones intracomunitarias (dentro del mercado único de la Unión Europea) y las importaciones de bienes.

El empresario o profesional que realice entregas de bienes o prestaciones de servicios repercutirá el tipo impositivo del IVA (el general del 21%, el reducido del 10% o el superreducido del 4%) que corresponda al importe de la operación, salvo que esté exenta o no sujeta (que se determinan por la propia ley de IVA).

Por consiguiente, como autónomo no solo vas a pagar los impuestos que te corresponden personalmente por tu actividad (IRPF) sino que vas a realizar una labor de recaptación de impuestos para el estado que gravan el consumo mediante el IVA.

En la operativa habitual del negocio, el IVA estará presente:

- Debemos de añadirlo a nuestras facturas para que nuestros clientes lo paguen. El denominado IVA repercutido o IVA devengado.

- Lo pagamos cuando adquirimos productos o servicios de terceros. El denominado IVA soportado.

Todo ello con la única finalidad de ingresarlo en la Agencia Tributaria, haciendo una labor pura de intermediación.

CONSEJO DEL EXPERTO

"Debemos de tener muy presente que el IVA que ingresamos de clientes no nos pertenece y deberemos de ingresarlo en la Agencia Tributaria. Un error muy común es no tener presente la partida de IVA y, llegado el momento de liquidarlo, no se disponen de recursos.

Si ingresas más de lo que gastas, probablemente tendrás que ingresar IVA a Hacienda. "

Sergi Cornejo - Asesor en DAEM

Uno de los problemas más habituales de los autónomos radica en saber si podemos deducirnos el IVA soportado de ciertos gastos pues muchas veces se tiende a mezclar gastos personales con gastos del negocio. Aunque puedes consultar el capítulo 25 de este libro que hemos dedicado a ello, aquí puedes encontrar requisitos y condiciones generales que deben cumplir los gastos para poder deducirte el IVA:

- Deben estar vinculados a la actividad económica que desarrolla.

- Deben estar debidamente justificados (por ejemplo, con la correspondiente factura).

- Deben encontrarse correctamente registrados en la contabilidad en los libros correspondientes.

Tipos de IVA

En España existen tres tipos de IVA en función de la actividad a desarrollar:

- General 21%.

- Reducido 10%.

- Superreducido 4%.

Los tipos reducido y superreducido se aplican exclusivamente a las operaciones enumeradas expresa y limitativamente por la ley. Las demás operaciones se gravan al tipo general.

Las principales actividades que, por regla general, aplican el IVA Reducido (10%) son:

- Hostelería, balnearios, restaurantes y, en general, el suministro de comidas y bebidas para consumir en el acto (a excepción de bebidas alcohólicas y tabaco).

- Agua apta para el consumo humano, animal o para el riego.

- Flores, plantas, semillas, bulbos, esquejes, etc.

- Los servicios efectuados en favor de titulares de explotaciones agrícolas, forestales o ganaderas (plantación, siembra, injertado, abonado, cultivo y recolección, cría, guarda y engorde de animales, etc.). Se excluyen las cesiones de uso o disfrute y el arrendamiento de bienes.

- Servicios de recogida, almacenamiento, transporte, valorización o eliminación de residuos, limpieza de alcantarillados públicos y desratización, y la recogida de aguas residuales.

- Los transportes de viajeros y sus equipajes.

- La entrada a bibliotecas, archivos, centros de documentación, museos, galerías de arte, pinacotecas.

- Los espectáculos deportivos de carácter aficionado.

- Exposiciones y ferias de carácter comercial.

- Las ejecuciones de obras de renovación y reparación realizadas en viviendas (con algunas excepciones que irían al 21%).

- Los arrendamientos con opción de compra de viviendas, incluidas un máximo de 2 plazas de garaje y anexos.

Las principales actividades que, por general, aplican el IVA Superreducido (4%) son:

- Productos: pan común, harinas panificables, leche, queso, huevos, frutas, verduras, hortalizas, legumbres, tubérculos y cereales.

- Libros, periódicos y revistas que no contengan únicamente publicidad y los suplementos que se entreguen de forma conjunta. Se entenderá que los libros, periódicos y revistas contienen fundamentalmente publicidad cuando más del 75% de los ingresos que proporcionen a su editor se obtengan por este concepto.

- Medicamentos de uso humano.

- Los vehículos para personas con movilidad reducida y las sillas de ruedas para uso exclusivo de personas con discapacidad.

- Los vehículos destinados a usarse como autotaxis o autoturismos especiales para el transporte de personas con discapacidad en silla de ruedas, así como los vehículos a motor que transporten habitualmente a este tipo de usuarios o con movilidad reducida.

- Las prótesis, ortesis e implantes internos para personas con discapacidad.

- Las viviendas de protección oficial de régimen especial o de promoción pública, incluidos los garajes y anexos que estén en el mismo edificio.

- Los servicios de reparación de los vehículos y de las sillas de ruedas para personas con discapacidad y los servicios de adaptación de autotaxis y autoturismos anteriores.

- Los arrendamientos con opción de compra de edificios o partes de los mismos destinados solo a viviendas de protección oficial de régimen especial o de promoción pública.

- Los servicios de teleasistencia, ayuda a domicilio, centro de día y de noche y atención residencial a las personas en situación de dependencia.

 CONSEJO DEL EXPERTO

"Si tienes dudas sobre qué régimen de IVA aplica a tus productos o servicios, consúltalo con la propia Agencia Tributaria o con tu asesor. "

María José - Asesor contable en DAEM

EL CASO DE JULIA

Julia se dedica a las pequeñas reparaciones y reformas de viviendas y siempre ha aplicado el tipo reducido del 10% pues la mayor parte de su coste es mano de obra de los operarios que contrata. No obstante, en una obra de un apartamento de lujo en la que los materiales subieron más del 40% del importe total (que según la ley de IVA debería haber repercutido un IVA del 21%) siguió tributando al 10%, obra que además supuso la gran mayoría de sus ingresos ese ejercicio y le originó una comprobación por la que tuvo que abonar, de su bolsillo, el 11% de infra tributación.

Como novedad en 2023, encontramos tipos del 5% para determinados productos como aceites de oliva, semillas y pastas alimenticias o electricidad, gas y combustibles naturales.

Regímenes de IVA

Existen diferentes maneras de liquidar el IVA, las cuales listamos a continuación:

- **Régimen general de IVA:** aplicado a los sujetos pasivos del IVA, siempre y cuando no corresponda ningún régimen especial o haber renunciado al régimen simplificado.

- **Régimen simplificado:** aplica en caso de tributación en IRPF por estimación objetiva. Este régimen de IVA tiene la facultad de ser escogido, es decir, se puede renunciar a este tipo de IVA en cualquier momento.

  La principal característica de este régimen de IVA es que se calcula una cuota anual mínima según la cual se van a hacer unos ingresos trimestrales fijos. Se simplifica mucho la operativa pues se liquidará una cantidad fija, independientemente de las ventas y la facturación. No obstante, al final del ejercicio, se regulariza la cantidad final haciendo un ajuste según el volumen de negocio real obtenido.

Este régimen solo es compatible con el régimen de agricultura, ganadería y pesca y con el recargo de equivalencia.

La renuncia de la estimación objetiva del IRPF también produce una renuncia en el régimen de IVA simplificado, y viceversa.

- **Regímenes especiales:** existen otros regímenes en función de la actividad que enumeramos a continuación.

  o Régimen especial de la agricultura, ganadería y pesca.
  o Régimen especial de los bienes usados, objetos de arte, antigüedades y objetos de colección.
  o Régimen especial aplicable a las operaciones con oro de inversión.
  o Régimen especial de las agencias de viaje.
  o Régimen especial de recargo de equivalencia.
  o Regímenes especiales aplicables a los servicios de telecomunicaciones, de radiodifusión o de televisión y a los prestados por vía electrónica.
  o Régimen especial del grupo de entidades.
  o Régimen especial del criterio de caja.

Aunque queda fuera del alcance de este libro profundizar en cada uno de estos regímenes especiales (en el Anexo IV encontrarás más información referente a los diferentes regímenes especiales del IVA).

 CONSEJO DEL EXPERTO

"En caso de que creas que puedes acceder a alguno de los Regímenes especiales de IVA, compruébalo con la Agencia Tributaria o con tu asesor."

María José - Asesor contable en DAEM

El Recargo de equivalencia

El recargo de equivalencia es un régimen especial del IVA que afecta a los comerciantes minoristas. Te será de aplicación obligatoria este régimen de IVA si eres autónomo, comerciante minorista y cumples con las siguientes condiciones:

- La actividad económica la tienes que realizar por tu cuenta comprando bienes para después venderlos. Estos bienes no los puedes fabricar, modificar, tratar, ni transformar.

- El 80 % de las operaciones totales de las ventas que has realizado durante el año anterior tienen que haber sido a clientes que no sean empresarios o profesionales.

- No desarrollas ni vendes los siguientes productos o servicios: automóviles, embarcaciones y buques, aviones y demás aeronaves, joyas, peleterías, arte, bienes usados, aparatos de avicultura y apicultura, productos petrolíferos, maquinaria de uso industrial, materiales de construcción, minerales (excepto el carbón), metales no manufacturados y oro de inversión.

Si estás en este régimen se te va a simplificar la gestión del IVA pues no tendrás que presentar su declaración trimestral ya que, por cada compra que hagas, pagaras directamente a tu proveedor un recargo de IVA que varía en función del producto que vendas.

Tus proveedores incluirán en la factura de los productos que adquieras la cuantía del IVA correspondiente más el recargo de equivalencia que te corresponda. Será el proveedor quien, mediante la presentación de su modelo 303, ingrese en Hacienda el IVA correspondiente de los productos que venderás al consumidor final.

Resumiendo, con este régimen, tendrás que abobar un importe más alto en tus compras, pero estarás liberado de la obligación de presentar y liquidar el IVA de manera trimestral. Además, estarás liberado de la obligación de emitir facturas a tus clientes finales.

El recargo de equivalencia a aplicar, en función del tipo de IVA del producto o servicio es de:

- IVA 21%: recargo del 5,2%.

- IVA 10%: recargo de 1,4%.

- IVA 4%: recargo de 0,5%.

- Tabaco: recargo del 1,75%.

El principal problema de este régimen es la no deducibilidad del IVA de los gastos que asumas pues no realizas declaraciones para ello.

 CONSEJO DEL EXPERTO

"Revisa bien tus obligaciones de IVA y el régimen que te corresponde pues puedes estar en más de un régimen diferente de IVA en función de la actividad o de los productos o servicios que vendas. Por ejemplo, si tienes una tienda al por menor de prendas de vestir y, a la vez, ejerces de intermediario de comercio; la primera actividad irá por recargo de equivalencia y la segunda en el régimen general. "

Sergi Cornejo - Asesor en DAEM

Liquidación de IVA (modelo 303)

El autónomo, mediante el modelo 303, declara tanto el IVA soportado (por compras) como el repercutido (por ventas).

El resultado de restar al IVA repercutido, el IVA soportado, es el importe a ingresar en Hacienda en cada declaración.

Existen una serie de limitaciones del derecho a deducir IVA soportado, estableciendo que no se entenderán afectos directa y exclusivamente a la actividad empresarial o profesional, entre otros:

- Los bienes que se destinen habitualmente a dicha actividad y a otras de naturaleza no empresarial ni profesional por períodos de tiempo alternativos.

- Los bienes o servicios que se utilicen simultáneamente para actividades empresariales o profesionales y para necesidades privadas.

- Los bienes o derechos que no figuren en la contabilidad o registros oficiales de la actividad empresarial o profesional.

- Los bienes y derechos adquiridos que no se integren en el patrimonio empresarial o profesional.

- Los bienes destinados a ser utilizados en la satisfacción de necesidades personales o particulares de los empresarios o profesionales, de sus familiares o del personal dependiente de los mismos, con excepción de los destinados al alojamiento gratuito en los locales o instalaciones de la empresa del personal encargado de la vigilancia y seguridad de los mismos, y a los servicios económicos y socio-culturales del personal al servicio de la actividad.

El problema al que se enfrentan muchos autónomos radica en aquellos bienes de utilización mixta (o que Hacienda presupone de utilización mixta) como puede ser un vehículo.

Las fechas de liquidación del IVA en Régimen General serán las siguientes en función de las fechas de devengo:

- Primer trimestre. Se liquida entre el día 1 a 20 de abril.

- Segundo trimestre. Se liquida entre el día 1 a 20 de julio.

- Tercer trimestre. Se liquida entre el día 1 a 20 de octubre.

- Cuarto trimestre. Se liquida entre el día 1 a 30 de enero del año siguiente.

Debemos de tener en cuenta que si se queremos domiciliar los pagos de IVA en nuestra cuenta bancaria deberemos de hacerlo, por regla general, antes del día 15 de cada periodo de liquidación, salvo el mes de enero que será el día 25 (en el Anexo VI encontrarás más información referente el calendario fiscal del autónomo).

Si, por lo contrario, no deseamos domiciliar o se nos ha pasado el plazo para ello, también se puede pagar directamente en el banco. Aunque no es necesario llevar al banco el modelo tributario en cuestión y se puede tramitar por la banca electrónica, sí que van a solicitar una serie de datos que debemos de tener presente como: el modelo tributario (303 en el caso del IVA), el ejercicio, el periodo, el NIF, nuestro apellido y el importe exacto del ingreso.

⚠ CONSEJO DEL EXPERTO

"Si se nos ha pasado el plazo de presentación del IVA, y de cualquier modelo tributario, debemos darnos prisa en corregir el error antes de que Hacienda nos avise. Si pagamos antes de que la Administración nos reclame no tendremos sanción administrativa, sí que nos aplicarán unos recargos en función el tiempo que tardemos en hacerlo (e intereses de demora si tardamos más de 12 meses). En caso de que sea Hacienda quien nos lo reclame, el recargo oscilará entre el 5% y el 20% (más intereses de demora), además de una sanción que puede alcanzar, en los casos más graves, el 150% del importe no ingresado."

Jordi Company - Asesor fiscal en DAEM

En la liquidación del IVA, el resultado puede ser:

- **Positivo**: debemos de ingresar el dinero en Hacienda por lo que, en caso de domiciliación bancaria, nos lo cargarán el último día de presentación de impuestos (día 20 de cada mes o el día 30 en caso de enero). En caso de no domiciliar, nos lo cargarán en el mismo momento en que realicemos el pago voluntario.

- **Negativo**: resulta un saldo a nuestro favor y podemos solicitar una compensación. De esta manera, tendremos ese dinero "guardado" para el siguiente trimestre y podremos restarlo de la cantidad que toque pagar.

No obstante, si en los siguientes trimestres el IVA sigue saliendo negativo, iremos acumulando un saldo a nuestro favor que, en el caso de que deseemos recuperarlo antes de poder compensarlo, podemos solicitar la devolución de IVA.

La devolución solo la podremos solicitar si, en el último trimestre del año, el IVA sigue saliendo a nuestro favor y lo haremos con la presentación del modelo 303 del cuarto trimestre (en el mes de enero del año siguiente) y la Agencia Tributaria tiene un plazo máximo de 6 meses, a contar desde el último día del periodo voluntario del mes que se presente, para efectuar la devolución (a partir del cual se devengaran intereses a favor del contribuyente).

- **Resultado cero:** el resultado de la liquidación sale neutro. En este caso, debemos de presentar igualmente el modelo 303 aunque el resultado sea cero pues es una obligación formal que no podemos eludir.

⚠️ CONSEJO DEL EXPERTO

"Cuando solicitemos la devolución del IVA tenemos que tener presente tres aspectos fundamentales: primero, sólo lo podremos hacer 1 vez al año (entre el 1 y el 30 de enero); segundo, es más que probable que Hacienda inicie una comprobación en la que nos solicitarán libro registro de facturas emitidas y recibidas; y, tercero, el abono de este saldo no es inmediato, Hacienda tiene un plazo de 6 meses para ello a partir del último día de presentación oficial del plazo voluntario (30 de enero). A partir de ese momento se empiezan a devengar intereses a nuestro favor (3,75% de tipo anual en 2022)."

María José - Asesor contable en DAEM

EL CASO DE FRANCISCA

Francisca, que explota un salón de peluquería, realizó fuertes inversiones durante el mes de enero de 2017, primer ejercicio de su actividad, acumulando un IVA a su favor de alrededor de 30.000 euros. No fue hasta enero de 2018 cuando pudo solicitar la devolución de ese IVA, en aquel momento la cantidad a su favor había disminuido ligeramente hasta los 27.000 euros (gracias a la compensación que había realizado en el segundo y tercer trimestre de 2017 y al resultado de la liquidación del cuarto).

No obstante, la Agencia Tributaria no efectuó la devolución hasta el 31 de julio de 2018 (plazo máximo sin generar intereses a favor de Francisca), 18 meses más tarde de haber realizado el fuerte desembolso inicial, pasando, además, por un proceso de comprobación.

Durante todo este periodo, Francisca tuvo problemas financieros, pues contaba con ese dinero de margen para su operativa diaria, hasta que le recomendamos solicitar una línea de crédito bancaria con lo que se quedó más tranquila, sabiendo además que era un problema puntual de liquidez a la espera de la devolución.

IVA mensual

Aunque la gran mayoría de autónomos presentan la liquidación de IVA trimestralmente, muchos desconocen la opción de poder hacerlo voluntariamente de manera mensual, a través del sistema denominado Registro de Devolución Mensual (REDEME) y presentar la declaración el día 20 de cada mes.

Puede ser interesante hacerlo si se pretende evitar el coste financiero que representa el diferimiento en la percepción de las devoluciones (recordemos que sólo se pueden solicitar una vez al año), especialmente cuando:

- Hay periodos en los que se realizan fuertes inversiones.

- Al inicio de una actividad cuando se tienen más gastos que ingresos.

- Por la propia actividad de la empresa (por ejemplo, exportación), se genera más IVA soportado que devengado (repercutido).

Para poder entrar en este sistema, deberás darte de alta en el REDEME y presentar mensualmente el modelo 340 de Declaración Informativa de operaciones en libros de registro de IVA que incluye una lista con todas las facturas emitidas y recibidas, a excepción de si se está inscrito en el sistema de Suministro Inmediato de Información (SII) por el que se informa de manera cuasi inmediata los libros registros de IVA a la Agencia Tributaria (para empresas que facturen más de 6 millones de Euros).

Entre las ventajas de este sistema encontramos:

- Mayor liquidez, pues es posible recuperar el IVA mensualmente cuando la declaración resulta con saldo a nuestro favor (en lugar de anualmente cuando las declaraciones son trimestrales).

- Evitar errores en facturas, pues el hecho de tener que presentar la declaración mensualmente permite detectar y corregir errores rápidamente lo que reduce posibles sanciones.

Entre los inconvenientes de este sistema encontramos:

- Mayor carga administrativa y, por lo tanto, mayores costes, pues se deben de presentar declaraciones de IVA mensuales en lugar de trimestrales (modelo 303), además de la obligación de presentar el libro registro de IVA (modelo 340).

- Menor liquidez en caso de resultado a favor de Hacienda, pues en lugar de pagar a Hacienda trimestralmente se hará el abono mensual.

Por el volumen habitual que tienen los autónomos, prácticamente nunca compensa la mayor carga administrativa con el efecto positivo en tesorería de practicar el IVA mensual. Es un método pensado más para grandes empresas que además tienen actividad exportadora elevada, se encuentran en un proceso de fuertes inversiones o tienen diferentes tipos de IVA de manera habitual (un soportado mayor que el repercutido).

Por otro lado, no todos los autónomos pueden acogerse al REDEME, solo los que cumplan los siguientes requisitos:

- No realizar actividades que tributen en el régimen simplificado.

- Estar al corriente de sus obligaciones tributarias

- No encontrarse en alguno de los supuestos que podrían dar lugar a la baja cautelar en el registro de devolución mensual o a la revocación del número de identificación fiscal.

- No haber sido excluido del Registro en los 3 años previos al de presentación de solicitud de alta.

Si cumples estos requisitos puedes hacer tu declaración de IVA mensual. Para ello deberás solicitar la inscripción en el registro en el mes de noviembre (para aplicación al año siguiente), mediante la presentación de la declaración censal 036. En el caso de no haberlo presentado en noviembre, podrás igualmente solicitar tu inscripción en el registro durante el plazo de presentación de las declaraciones-liquidaciones periódicas. Esto significa que, si queremos inscribirnos, deberemos presentar el modelo 036 entre el 1 y el día 20 del mes en el que debemos presentar la correspondiente liquidación de IVA.

El plazo para resolver sobre la solicitud de inscripción es de tres meses, rigiendo el silencio negativo, es decir, si no recibes ninguna notificación, puedes entender desestimada la solicitud.

Declaración anual (modelo 390)

Además de las declaraciones trimestrales, tenemos la obligación de presentar anualmente, entre el 1 y el 30 de enero, una declaración informativa con el resumen anual del IVA, incluyendo el total de las operaciones sujetas a este impuesto durante todo el ejercicio, independientemente de la cantidad declarada.

Es muy importante que esta declaración informativa cuadre con las cuatro declaraciones presentadas del modelo 303 durante el ejercicio pues cualquier incoherencia será motivo de comprobación por parte de la Agencia Tributaria.

Declaración informativa (modelo 347)

De la misma manera que en el modelo 390, tenemos la obligación de presentar la declaración informativa anual correspondiente al Modelo 347.

En este caso se trata de informar de operaciones con terceros cuando el volumen de la operativa con ellos sea superior durante todo el ejercicio a

3.005,06 euros, tanto por facturas emitidas como recibidas. Esta declaración se presenta entre el día 1 a 28 de febrero del año siguiente.

25 Gastos fiscalmente deducibles

Es muy importante conocer los criterios por los que podremos deducirnos gastos en el ejercicio de nuestra actividad. Un defecto en los gastos que deducimos implica un incremento de la carga impositiva y un exceso puede generar indeseables sanciones y recargos por parte de la Agencia Tributaria.

Los gastos deducibles son los gastos que un autónomo realiza para desarrollar su actividad y que Hacienda permite contabilizar en las declaraciones del IVA y de IRPF. Los requisitos que deben cumplir los gastos para tener la consideración fiscal de deducibles son:

- Que estén vinculados a la actividad económica desarrollada, esto es, que sean necesarios y exclusivos de la propia actividad.

- Que se encuentren justificados, es decir, debemos de conservar la factura o el ticket.

- Que se hallen registrados en la contabilidad o en los libros registro que con carácter obligatorio deben llevar los autónomos que desarrollan actividades económicas.

⚠ CONSEJO DEL EXPERTO

"Para que sea deducible, un gasto tiene que ser necesario y con afectación exclusiva a la actividad de forma obvia. Si te genera dudas, seguramente no lo será y, ante la duda, Hacienda siempre barre para casa."

María José - Asesor contable en DAEM

Debemos de diferenciar la deducibilidad en IRPF, que afectará al cálculo del rendimiento neto sobre el que calcularemos el IRPF a pagar, de la deducibilidad de IVA, que nos afectará a la declaración de IVA en el periodo en el que tengamos el gasto como mayor IVA soportado.

Dentro de los gastos deducibles podemos destacar los siguientes:

Consumos de explotación

Compras de mercaderías, materias primas y demás adquisiciones corrientes de bienes efectuadas a terceros, consumidas en el ejercicio fiscal.

Ejemplo para un abogado: material de oficina como papel o cartuchos de impresora.

Sueldos y salarios

Retribuciones a los empleados por sueldos, pagas extraordinarias, dietas y asignaciones por gastos de viaje, retribuciones en especie (incluido el ingreso a cuenta siempre que no se haya repercutido a los perceptores). No se incluye el propio sueldo del autónomo (si tuviera asignado uno).

Ejemplo para un abogado: salario bruto de un ayudante.

Seguridad Social a cargo de la empresa (incluidas las cotizaciones del titular)

La Seguridad Social a cargo de la empresa, así como las cotizaciones correspondientes al propio autónomo titular del negocio.

Como norma general, no son deducibles las aportaciones a Mutualidades de Previsión Social (entidades aseguradoras de carácter voluntario como complemento al sistema de Seguridad Social obligatorio) del propio empresario o profesional, sin perjuicio de que puedan ser objeto de reducción de la parte general de la base imponible.

No obstante, sí serán deducibles las aportaciones a Mutualidades de Previsión Social en el caso de profesionales que no estén integrados en el régimen especial de la Seguridad Social para autónomos, en la parte que cubra las contingencias atendidas por la Seguridad Social (en este caso, la Mutua sustituye a la Seguridad Social), con el límite de la cuota máxima por contingencias comunes que esté establecida, en cada ejercicio económico.

Ejemplo para un abogado: seguridad social a cargo de la empresa de un ayudante y las aportaciones a la mutua de la abogacía que sustituye a la Seguridad Social (con el límite de la cuota máxima por contingencias comunes del RETA).

 CONSEJO DEL EXPERTO

"Separar la operativa de la empresa de las finanzas personales, incluso en el caso de ser autónomo, ayuda desde un punto de vista organizativo, para ello es recomendable operar con cuentas bancarias separadas."

Sergi Cornejo - Asesor en DAEM

EL CASO DE PAULA

Paula es una profesional del sector de los servicios profesionales con un trabajador a su cargo que no diferenciaba entre su cuenta bancaria personal y su cuenta bancaria profesional. Por consiguiente, continuamente tenía problemas para hacer frente a las liquidaciones de impuestos cuando éstas llegaban y estaba continuamente agobiada por este aspecto pues no tenía claro cuánto ganaba o dejaba de ganar.

En ese momento acudió a nosotros para que le ayudáramos. Lo primero fue abrir una segunda cuenta bancaria donde desvió toda la operativa empresarial, además de una segunda tarjeta de crédito exclusiva para sus gastos empresariales. Finalmente, establecimos un sueldo ficticio para establecer una transferencia periódica desde su cuenta de empresa a la personal para sus gastos privados. Todo esto, ha ayudado mucho a Paula para realmente saber lo que genera su negocio, además le evita problemas de tesorería cuando le llega el pago de impuestos.

Arrendamientos y cánones

Gastos originados por el alquiler de bienes muebles o inmuebles, así como las cantidades satisfechas por el derecho de uso de patentes, marcas y demás manifestaciones de la propiedad industrial.

En caso de desarrollar la actividad desde nuestra vivienda, podremos deducirnos parte de los gastos de la vivienda:

- Si la vivienda es de alquiler, se podrá deducir la parte proporcional que se corresponda con el espacio dedicado efectivamente al desarrollo de la actividad. En caso de que el propietario repercuta gastos adicionales (ej. IBI o gastos de comunidad), también se podrán deducir en su parte proporcional.

- Si la vivienda es de propiedad, se podrá deducir la parte proporcional de los gastos de comunidad, la amortización del inmueble, los intereses de la hipoteca, el seguro del hogar y los impuestos locales como el IBI o los servicios de recogida de residuos urbanos.

 CONSEJO DEL EXPERTO

"Para deducirte una parte del alquiler y parte de los gastos asociados será necesario que conste en el contrato de arrendamiento que la vivienda va a tener un uso mixto, pues muchos contratos especifican que el uso será exclusivo como vivienda. Además, será necesario comunicarlo previamente a Hacienda a través de la declaración censal."

Jordi Company - Asesor fiscal en DAEM

Ejemplo para un abogado: el 20% del recibo de alquiler (destina una habitación de 20m² de una vivienda de 100m²).

Suministros

Abastecimientos cuyo consumo y facturación es efectuada a partir de los datos suministrados por contadores (agua, electricidad, gas, etc.) o compañías de telecomunicaciones (teléfono fijo, móvil, wifi, etc.).

En caso de ejercer la actividad económica en la vivienda habitual, tanto si es de propiedad como de alquiler, los gastos de suministros pueden ser gastos deducibles. El importe deducible será el importe resultante de aplicar un 30% a la proporción existente entre los metros cuadrados de la vivienda destinados a la actividad respecto a su superficie total (excepto que pueda probarse un porcentaje superior).

El caso del teléfono móvil difiere ligeramente pues conlleva bastante controversia. En casos de uso compartido, la Dirección General de Tributos viene aplicando reiteradamente la no deducibilidad de gasto alguno.

Ejemplo para un abogado: el 6% de los recibos de agua, luz, electricidad y teléfono fijo (resultado de multiplicar 30% por el 20% de coeficiente de uso pues destina una habitación de 20m^2 de una vivienda de 100m^2). No podrá deducirse gasto alguno de la línea móvil pues no tiene una exclusiva para su actividad.

Reparaciones y conservación

Gastos para el sostenimiento del inmovilizado, no incluyéndose los de ampliación y mejora (que se consideran inversiones amortizables).

Se entiende por reparación el proceso por el que se vuelve a poner en condiciones de funcionamiento un elemento del inmovilizado. Por su parte, la conservación tiene por objeto mantener el activo en buenas condiciones de funcionamiento, manteniendo su capacidad productiva.

Ejemplo para un abogado: reparación de un ordenador.

Servicios de profesionales independientes

Importe que se satisface a los profesionales por los servicios prestados a la empresa.

Comprende los honorarios de economistas, abogados, auditores, notarios, especialistas informáticos, así como las comisiones de agentes mediadores independientes.

Ejemplo en un abogado: gestoría que le prepara las declaraciones de impuestos.

Marketing y publicidad

Todo lo que se invierta en marketing y publicidad para que el negocio crezca puede ser contabilizado como gasto deducible: anuncios en Google, folletos, catálogos, etc.

Ejemplo en un abogado: anuncios en Google AdWords para promocionar sus servicios.

Gastos de representación

Este es de los puntos que mayor controversia genera. Se consideran gastos de atención a clientes y proveedores y los regalos que se entregan en nombre del negocio (por ejemplo, camisetas, bolígrafos o calendarios corporativos).

Estos gastos son deducibles, pero solo pueden sumar un máximo del 1% de la facturación del negocio.

Ejemplo para un abogado: regalo de bolígrafos personalizados a clientes.

Dietas y alojamientos

El concepto de las dietas es otro de los puntos que más problemas y controversia genera, éstos incluyen las consumiciones realizadas en hoteles, bares, restaurantes y estaciones de servicio.

Son gastos muy habituales y resulta difícil distinguirlos de un gasto personal. Por ejemplo, resulta difícil distinguir entre una cena de trabajo con una cena entre amigos. Por este motivo, Hacienda los controla constantemente.

Para evitar problemas y que no haya duda de que son gastos deducibles legítimos, puedes aplicar las siguientes claves que ayudarán en una posible comprobación:

- Paga con tarjeta de crédito asociada a una cuenta en la que sólo registres tus gastos empresariales.

- Solicita factura a tu nombre. En establecimientos de hostelería y restauración es habitual recibir facturas simplificadas, que son perfectamente válidas, pero solicita que la expidan a tu nombre. Si no fuera posible obtener la factura a tu nombre, conserva el ticket.

- En el caso de dietas, no sobrepasar los siguientes importes: 26,67 euros al día si estás en territorio español (54,34 euros al día en caso de pernoctación fuera de casa), 48,08 euros al día si te desplazas al extranjero (91,35 euros al día en caso de pernoctación fuera de casa).

- Si puedes relacionarlo con una venta y añadir el detalle de estos gastos en la factura que emites a tu cliente, mucho mejor. Te servirá para justificar la correlación ingreso – gasto.

- En el caso de gastos de alojamiento en hoteles y apartamentos turísticos, aunque no exista un importe específico marcado por Hacienda, busca la coherencia entre ingresos y gastos. Por ejemplo, si ingresas una media de 1.500 euros al mes, no parece coherente presentar gastos en hoteles por 2.000 euros al mes, aun cuando se puedas demostrar que sean derivados de tu actividad.

Ejemplo para un abogado: 50 euros (+IVA) de gastos de comidas y 90 euros (+IVA) de una noche de hotel de un desplazamiento nacional para visitar a un cliente a quien se le factura una minuta de 1.500 euros (+IVA).

Desplazamientos y viajes

Los desplazamientos en taxi o transporte público para acudir a una reunión o realizar visitas de trabajo, también son desgravables. Es importante para su debida justificación, como con el resto de conceptos, conservar siempre el ticket o factura.

Es recomendable llevar un registro de las visitas y correlacionarlo en la medida de lo posible con los ingresos y las facturas de venta.

Los gastos de viaje a otras ciudades, ya sea en coche, tren, autobús o avión también son deducibles, tanto del IVA como del IRPF.

Ejemplo para un abogado: billetes de tren de ida y vuelta para visitas a un cliente nacional.

Vehículo y kilometraje

Los gastos derivados de la compra o el uso de turismos, remolques, ciclomotores y motocicletas se consideran deducibles, tanto del IVA como del IRPF.

En estos casos, resulta muy difícil demostrar el grado de utilización personal frente al profesional por lo que, por norma general, se presume un 50% de deducción (salvo prueba en contrario), siempre y cuando se demuestre que se utiliza con fines profesionales y exista cierta proporcionalidad entre ingresos y la actividad desarrollada y los gastos del vehículo (un abogado que ingrese, por el ejercicio de su profesión, 2.000 euros de media al mes difícilmente podrá justificar la utilización de un vehículo de gama alta valorado en 70.000 euros).

No obstante, se presumen afectos a la actividad al 100% los casos de vehículos mixtos, autoescuela, vigilancia, y los utilizados por los fabricantes en ensayos o pruebas, así como los utilizados en los desplazamientos profesionales de los representantes y agentes comerciales.

En la misma proporción serán deducibles los bienes accesorios, peajes, combustibles, carburantes, lubricantes, servicios de aparcamiento, renovaciones y reparaciones de estos vehículos.

Ejemplo para un abogado: deducción del 50% de los gastos de renting de un turismo de gama media que utiliza tanto para fines personales como profesionales, así como el 50% de las reparaciones, aparcamientos y combustibles asociados. En este caso, el abogado puede demostrar que se desplaza habitualmente con el vehículo a visitar clientes y a acudir a juzgados, de lo contrario no se podría deducir cantidad alguna.

Seguros

Todos los seguros relacionados con la actividad profesional como el seguro de responsabilidad civil, seguros materiales, el de vida o el seguro médico privado se consideran gastos deducibles.

En cuanto a los seguros de responsabilidad civil, serán deducibles al 100% siempre y cuando estén asociados a la actividad económica que desempeñe el empresario.

En lo que refiere a seguros médicos, existe una limitación de 500 euros al año por cada persona de la unidad familiar (se incluyen hijos menores de 25 años que convivan con el empresario) o 1.500 euros si existe un grado reconocido de discapacidad. Por ejemplo, en una unidad familiar de 4 personas, incluidos 2 hijos menores de 25 años que convivan, la deducción puede alcanzar los 2.000 euros al año.

Ejemplo para un abogado: seguro de responsabilidad civil y 1.000 euros de su seguro médico privado y el de su esposa (tienen un gasto de 2.000 euros al año, pero se les aplica el límite de 1.000 euros de deducción).

Gastos financieros

Los gastos de comisiones de tarjetas, cuentas o transferencias, o los intereses generados por préstamos y créditos también son deducibles, siempre y cuando tengan relación con la actividad empresarial.

Ejemplo para un abogado: intereses y comisiones bancarias generadas en la cuenta que tiene separada para el desarrollo de su actividad profesional.

Bienes de inversión y amortizaciones

En los bienes de inversión, es decir, aquellos que su disfrute se realizará durante más de un año, la deducción en IRPF se hará en la medida en que se vayan a utilizar en el desarrollo de actividades empresariales o profesionales, o, lo que es lo mismo, en proporción a la afectación.

Son bienes de inversión aquellos que por su naturaleza o función estén normalmente destinados a ser utilizados por un periodo de tiempo superior a un año y cuyo valor de adquisición supere los 3.005,06 euros. Por ejemplo, maquinaria, equipos informáticos, mobiliario de oficina, etc.

Estos bienes tienen una vida útil y se van deteriorando con el tiempo, por lo que, en lugar de deducir directamente el gasto en el momento de su adquisición, se deduce poco a poco a lo largo de su vida útil, lo que se conoce como amortización fiscal del bien.

En estos casos, la amortización únicamente se aplica para la deducción en IRPF, no afecta al IVA que se trata un IVA soportado en una adquisición más.

Para conocer en detalle la vida útil y la amortización fiscal anual permitida por la Agencia Tributaria en función del tipo de bien, revisa la tabla en el Anexo VII.

Ejemplo para un abogado: 200 euros al mes de un ordenador portátil que compró hace dos años por un importe de 1.000 euros (más 210 euros de IVA). Se aplican 200 euros anuales de amortización durante 5 años en lugar de deducir directamente los 1.000 euros en el momento de la compra cuando sí se aplicó directamente el IVA soportado de 210 euros en la declaración de ese periodo.

Gastos de difícil justificación

Los gastos de difícil justificación son esos gastos que, a priori, parece complicado deducir pues no se tiene forma de justificarlos a pesar de estar relacionados con la actividad.

Por ello, Hacienda permite, en algunos autónomos, una reducción automática de la base del IRPF que se aplica en la Declaración de la Renta, siempre que cumpla estos dos requisitos:

- Utilizar la modalidad de estimación directa simplificada.

- Tener beneficios en su actividad, es decir, que los ingresos sean superiores a los gastos.

Cuando se cumplen estas dos condiciones, se aplicará la reducción por gastos de difícil justificación de la siguiente manera:

- Al rendimiento neto, diferencia entre ingresos y gastos, se le resta el 5% para obtener el rendimiento neto reducido. En ningún caso este 5% puede superar el límite de 2.000 euros.

CONSEJO DEL EXPERTO

"Debemos tener especial cuidado en una serie de gastos que Hacienda controla continuamente y no suele permitir su deducibilidad (salvo que la actividad lo justifique) como son la compra de joyas y alhajas; vehículos de alta gama; alimentos, bebidas y tabaco; los espectáculos y servicios de carácter recreativo y los destinados a atenciones a clientes o terceras personas; así como los servicios de desplazamiento o viajes, hostelería y restauración salvo que estén justificados con los correspondientes ingresos"

Jordi Company - Asesor fiscal en DAEM

Gastos no deducibles

Como gastos no deducibles más comunes se pueden indicar los siguientes:

- Multas, sanciones y recargos.

- Donativos y liberalidades. En todo caso, se aplicará la deducción en función del tipo de donación o liberalidad siempre mediante la justificación del certificado fiscal emitido por la entidad a la que se ha realizado la aportación.

- Pérdidas del juego.

- Gastos realizados con personas o entidades residentes en paraísos fiscales.

- IVA soportado que resulte deducible en la declaración de IVA.

Limitación de pagos en efectivo

Desde hace años, la Agencia Tributaria, en su lucha contra el fraude fiscal, controla nuestros ingresos y nuestros gastos.

En este sentido, desde el 11 de julio de 2021, existe limitación de pagos en efectivo a partir de una cuantía igual o superior a 1.000 euros (o su contravalor en moneda extranjera) por operación, siempre que alguna de las partes intervinientes en las operaciones actúe en calidad de empresario o profesional. En el caso de pagos entre particulares, el límite es de 2.500 euros, aunque previsiblemente no tardarán en aprobar medidas para reducirlo.

Por tanto, como empresarios o profesionales, no podremos realizar operaciones que involucren pagos o cobros en efectivos cuyo importe exceda de dicha cuantía, siempre que actuemos en el marco de la actividad económica.

No obstante, quedan excluidos o exceptuados de la limitación de los pagos en efectivo los siguientes casos:

- Pagos o ingresos realizados en entidades de crédito; y

- En caso de que el pagador sea una persona física no residente en España y que, además, no sea empresario o profesional, el límite de los pagos en efectivo se incrementará a 10.000 euros.

En este sentido, para el cálculo de las cuantías máximas citadas se sumarán los importes de todas las operaciones o pagos en que se hayan podido fraccionar las entregas de bienes o prestaciones de servicios.

Es importante remarcar que esta limitación se aplica a la operación, no al pago en efectivo en sí. Es decir, si tenemos que pagar una operación de 1.200 euros y pagamos en efectivo 300, estaríamos incumpliendo la norma.

El incumplimiento de las limitaciones a los pagos en efectivo es constitutivo de infracción administrativa, de la que responden de forma solidaria tanto el pagador como el receptor. La infracción será grave y la base de la sanción será la cuantía pagada en efectivo en las operaciones de importe igual o superior a 1.000 euros o 10.000 euros, o su contravalor en moneda extranjera, según se trate de uno u otro de los supuestos que se recogen en la normativa, siendo la sanción una multa del 25% de la base de la sanción.

Información facilitada por entidades bancarias a la Agencia Tributaria

La ley establece que los bancos deben informar sobre las siguientes operaciones referidas a ingresos, retiradas y traspasos, así como sobre las personas que las realizan:

- Transacciones con billetes de 500 euros, independientemente de la cuantía de la operación.

- Operaciones que superen los 10.000 euros.

- Pagos y cobros por más de 3.000 euros en metálico, independientemente de la forma de ingreso en la cuenta (ya sea por ventanilla o cajero automático).

- Préstamos y créditos por más de 6.000 euros.

La entidad financiera informará de las personas que llevan a cabo las operaciones, la cuantía y también el número de cuenta y sus titulares. Estos datos no sólo serán accesibles por la Hacienda española, sino que cualquier estado comunitario podrá cruzar la información que posee sobre residentes en el extranjero.

Además, las entidades financieras informan anualmente a la Agencia Tributaria el saldo medio y el saldo final de las cuentas bancarias (cualquiera que sea su saldo) a 31 de diciembre de cada ejercicio

Por último, Hacienda puede solicitar los movimientos de cuentas bancarias sobre las que recaigan sospechas en cuanto al origen del dinero o si sus movimientos son sospechosos.

Justificación de gastos

Para poder deducir todos estos gastos debemos de poder justificarlos y, la única manera posible, es mediante una factura.

La factura puede ser completa o simplificada, en cualquier caso, siempre tiene que incluir, como mínimo, los siguientes datos:

- Número de factura.

- Fecha de emisión de la factura.

- Datos del proveedor: nombre/razón social, DNI/NIF y domicilio fiscal.

- Descripción del bien o servicio adquirido.

- Precio del bien o servicio adquirido libre de impuestos (base imponible).

- Porcentaje de IVA aplicado.

- Porcentaje de retención de IRFF aplicado (si fuera el caso).

El problema radica cuando, por la razón que fuera, no se dispone de factura o la factura es incompleta (por ejemplo, cuotas mensuales de la seguridad social, cuotas de colegios profesionales, seguros, gastos de transporte, taxi, etc.) en cuyo caso deberemos de conservar, por lo menos, ticket o recibo que justifique el pago realizado.

En estos casos, podremos deducirnos el gasto a efectos de IRPF, pero sin disponer de una factura a nuestro nombre, no podremos recuperar el IVA soportado que pasará a incrementar el gasto total deducible en IRPF.

En resumen:

- **Gastos con factura (incluyendo nuestros datos fiscales):** podremos descontar el IVA de nuestros gastos para pagar menos en la declaración de IVA (modelo 303). También podremos contabilizar la base imponible del gasto (sin el IVA) para pagar menos IRPF en la declaración anual.

- **Gastos sin factura (con ticket):** podremos descontar el importe total (base imponible más IVA) en la declaración de IRPF, pero no incluiremos el IVA soportado en nuestra declaración de IVA.

26 Obligaciones contables y mercantiles

No debemos de olvidar otras obligaciones formales que pueden ser requeridas por la administración en cualquier momento, sobre todo ante un evento de comprobación o inspección tanto de IRPF como de IVA.

Los contribuyentes del IRPF estarán obligados a conservar, durante el plazo máximo de prescripción, los justificantes y documentos acreditativos de las operaciones, rentas, gastos, ingresos, reducciones y deducciones de cualquier tipo que deban constar en sus declaraciones, a aportarlos juntamente con las declaraciones y comunicaciones del impuesto, cuando así se establezca y a exhibirlos ante los órganos competentes de la Administración tributaria, cuando sean requeridos al efecto.

De la misma manera que en IRPF, los contribuyentes del IVA deberán de conservar los justificantes y documentos acreditativos de sus operaciones sujetas.

Las entidades en régimen de atribución de rentas que desarrollen actividades económicas llevarán unos únicos libros obligatorios correspondientes a la actividad realizada, sin perjuicio de la atribución de rendimientos que corresponda efectuar en relación con sus socios, herederos, comuneros o partícipes.

Obligaciones contables

Los autónomos en el régimen de estimación directa normal están obligados a llevar una contabilidad oficial regulada por el Código de Comercio y el Plan General de Contabilidad de la misma manera que las sociedades mercantiles.

Por el contrario, los autónomos en el régimen de estimación directa simplificada y en objetiva (módulos) no están obligados a llevar una contabilidad oficial según el código de comercio, aunque sí el control de los diferentes libros de registro que se dirán a efectos de IRPF e IVA y, de todas maneras, podrán llevar una contabilidad ajustada al Código de Comercio de manera opcional.

	EMPRESARIOS			PROFESIONALES
Obligaciones contables	Estimación directa normal	Estimación directa simplificada	Estimación objetiva (módulos)	Estimación directa normal y simplificada
Contabilidad ajustada al Código de Comercio y al Plan General de Contabilidad	⊘ En actividades mercantiles	⊘ OPCIONAL	⊘ OPCIONAL	⊗

Los contribuyentes que lleven contabilidad de acuerdo a lo previsto en el Código de Comercio no estarán obligados a llevar los libros registros establecidos fiscalmente.

Obligaciones de IRPF

Los empresarios y profesionales en régimen de estimación directa (tanto normal como simplificada) de IRPF deben de llevar:

- Libro registro de ventas e ingresos (en caso de profesionales, libro registro de ingresos).

- Libro registro de compras y gastos (en caso de profesionales, libro registro de gastos).

- Libro registro de bienes de inversión.

Además, los profesionales deberán de llevar control de las provisiones de fondos y suplidos, las cantidades que abona a terceros por cuenta de su cliente.

Los empresarios y profesionales en régimen de estimación objetiva ("módulos"), deben de tener:

- Libro ventas e ingresos en el caso de que el rendimiento neto dependa del volumen de operaciones.

- Libro de bienes de inversión en el caso de que se practiquen amortizaciones.

Libros registro de IRPF	EMPRESARIOS			PROFESIONALES
	Estimación directa normal	Estimación directa simplificada	Estimación objetiva (módulos)	Estimación directa normal
Libro registro de ventas e ingresos	⊗	⊘	⊘ Si el rendimiento neto se calcula por volumen de operaciones	⊗
Libro registro de compras y gastos	⊗	⊘	⊗	⊗
Libro registro de bienes de inversión	⊗	⊘	⊘ Si se practican amortizaciones	⊘
Libro registro de ingresos	⊗	⊗	⊗	⊘
Libro registro de gastos	⊗	⊗	⊗	⊘
Libro registro de provisiones de fondos y suplidos	⊗	⊗	⊗	⊘

Obligaciones de IVA

Los autónomos sujetos pasivos del IVA deberán de llevar un registro de todas las operaciones distinguiendo entre:

- Libro registro de facturas expedidas.

- Libro registro de facturas recibidas.

- Libro registro de bienes de inversión.

- Libro registro de determinadas operaciones intracomunitarias.

En el registro de facturas (tanto emitidas como recibidas) se anotarán para cada una: el número y serie, la fecha de factura y de las operaciones, nombre del cliente o proveedor, la base imponible, el tipo impositivo y la cuota tributaria.

Las facturas emitidas deberán de ser correlativas en número (dentro de cada serie) y las recibidas se registrarán en el orden en que se hayan recibido, pero siempre dentro del periodo de liquidación que les corresponda.

Las operaciones intracomunitarias se deben registrar en el plazo de siete días a partir del inicio del transporte o expedición de los bienes o servicios que relacionan.

Adicionalmente a los libros registro, debemos de conservar durante el tiempo de prescripción (por lo general, cuatro años), en su formato original (se permite el formato electrónico), todas las facturas, copias, justificantes, recibos u otros documentos acreditativos. Todo ello con el fin de, en caso de ser requeridos, ponerlos a disposición de la Agencia Tributaria.

Además, los empresarios y profesionales bajo el régimen de módulos deben de conservar los justificantes de los signos, índices o módulos aplicados a la actividad, de acuerdo con lo que prevea la Orden Ministerial que los aprueba.

Obligaciones de facturación

En cuanto a facturación deberemos de tener presente lo siguiente:

- Existen dos tipos de facturas: completas y simplificadas (que sustituyen a los antiguos "tickets").

- Es obligatorio entregar factura cuando el destinatario sea otra empresa/empresario o un profesional; en las entregas intracomunitarias y en las exportaciones. Además de a cualquier particular que lo solicite.

- Todas las facturas, tanto físicas como electrónicas, deben de conservarse garantizando siempre su autenticidad e integridad, por lo menos durante el periodo de prescripción (por lo general, 4 años).

- Deben contener una serie de información mínima, en función de si es completa o simplificada, que se dirán a continuación.

Las facturas completas, y sus copias, contendrán los datos que se citan a continuación:

- Indicar la palabra "Factura". Es obligatorio, por muy obvio que parezca, incluir de forma bien visible la palabra "Factura" en el documento. Principalmente sirve para diferenciarla de otros documentos como los presupuestos, albaranes o incluso otro tipo de factura (rectificativa, recapitulativa...).

- En facturas rectificativas, la referencia de la factura rectificada y del detalle de lo que se modifica.

- Número y serie. La numeración de las facturas emitidas dentro de cada serie será correlativa. Se podrán expedir facturas mediante series separadas cuando existan razones que lo justifiquen y, entre otros supuestos, cuando el obligado a su expedición cuente con varios establecimientos o se realicen operaciones de distinta naturaleza.

- Fecha de su expedición.

- Nombre y apellidos, razón o denominación social completa del expedidor y del destinatario de las operaciones.

- NIF y domicilio tanto del que emite la factura como de su destinatario.

- Descripción de las operaciones, con todos los datos necesarios para la determinación de la base imponible incluyendo el precio unitario, así como cualquier descuento o rebaja que no esté incluido en dicho precio unitario.

- Los tipos impositivos aplicados a las operaciones y cuota tributaria que deberán consignarse por separado.

- La fecha en que se hayan efectuado las operaciones que se documentan o en la que, en su caso, se haya recibido el pago anticipado, siempre que se trate de una fecha distinta a la fecha de expedición de la factura.

- Información Registro Mercantil del emisor de la factura (solo en el caso de sociedades). Ejemplo: Inscrito en el Registro Mercantil de Barcelona: Tomo 5296620, Folio 293, Página B 396325, Inscripción 1.

- En el supuesto de que la operación que se documenta en una factura esté exenta del Impuesto, una referencia a las disposiciones correspondientes. Ejemplos: entrega intracomunitaria de bienes exenta de IVA de acuerdo con el artículo 25 de la Ley 37/1992 del IVA y exportación exenta de IVA de acuerdo con el artículo 21 de la Ley 37/1992 del IVA.

- Cuando el sujeto pasivo del Impuesto sea el adquirente o el destinatario de la operación, la mención "inversión del sujeto pasivo".

- En caso de aplicación de los siguientes regímenes especiales, la mención "régimen especial de las agencias de viajes", "régimen especial de los bienes usados", "régimen especial de los objetos de arte" o "régimen especial de las antigüedades y objetos de colección" o "régimen especial del criterio de caja".

- Cuando se incluyen varias operaciones en la misma factura debe especificarse por separado la parte de base imponible de cada una de ellas cuando se incluyan las siguientes operaciones: exentas y otras en las que no se dan dichas circunstancias, en las que el sujeto pasivo del IVA es su destinatario y otras en las que no se dan esta circunstancia o sujetas a diferentes tipos del IVA.

Por lo que refiere a las facturas simplificadas (los antiguos "Tickets"), contendrán los datos que se citan a continuación:

- Deberá aparecer el texto "Factura Simplificada".

- En facturas rectificativas, la referencia de la factura rectificada y del detalle de lo que se modifica.

- Numeración correlativa y, en su caso, serie de la factura.

- Fecha de expedición.

- Fecha de operación siempre que se trate de una distinta a la de la expedición de la factura simplificada.

- Número de Identificación Fiscal, nombre y apellidos, razón o denominación social completa del obligado a su expedición.

- Identificación del tipo de bienes o servicios entregados o prestados.

- Tipo de IVA aplicado.

- Especificación por separado del desglose de la base imponible y el IVA correspondiente en caso de que en una misma factura se hayan aplicado diferentes tipos de IVA.

- Contraprestación total.

Existen otros elementos que, aunque opcionales, recomendamos desde un punto de vista de agilidad administrativa:

- Forma de pago: efectivo, transferencia bancaria (indicar número de cuenta), pago con tarjeta, etc.

- Fecha de vencimiento: la ley (Ley de Morosidad 15/2010) establece que debería fijarse en un máximo de 60 días, aunque, por defecto suele ser 30 días o al contado. Es útil indicar la fecha exacta de vencimiento de cada factura y, en caso de tener que reclamar judicialmente su cobro, nos ayudará en el proceso judicial.

- Observaciones.

PARTE VI: La Seguridad Social del autónomo

¡Pide tus bonificaciones a la Seguridad Social!

Una vez te has familiarizado con el régimen fiscal al que te vas a enfrentar, es momento de conocer en detalle las claves de la Seguridad Social para autónomos pues, más allá de tus obligaciones, puedes beneficiarte de bonificaciones y reducciones en cuota, así como de las numerosas prestaciones que ofrece el sistema de Seguridad Social español.

La seguridad social es el sistema de protección que toda sociedad proporciona a sus ciudadanos para asegurar el acceso a la asistencia médica y garantizar la seguridad de ingresos en casos como jubilación, desempleo, enfermedad, invalidez, accidentes del trabajo, maternidad o pérdida del sostén de la familia (entre otras casuísticas). Todo ello estructurado como un "seguro" pues primero es necesario aportar al sistema (contribuir) para, en caso de ser necesario, recibir sus beneficios o prestaciones.

Es de vital importancia conocer bien cuáles son sus claves para poder, no solo cumplir con tus obligaciones y evitar sorpresas desagradables, sino también solicitar los beneficios que te puede ofrecer este sistema.

27 Introducción a la Seguridad Social

El nivel contributivo del sistema español de la Seguridad Social se organiza en diversos regímenes, en los cuales se integran aquellas personas que, ejerciendo una actividad profesional, están incluidos en su campo de aplicación:

- **Régimen General (RGSS):** compuesto por los trabajadores por cuenta ajena. Es el caso más habitual pues se incluyen, por lo general, todas aquellas personas que trabajan por cuenta de otra.

- **Regímenes Especiales:** establecidos en aquellas actividades en que, por su naturaleza, sus peculiares condiciones de tiempo y lugar o por la índole de sus procesos productivos, se hiciere preciso separarlas del Régimen General para la adecuada aplicación de los beneficios de la Seguridad Social. Entre ellos, destaca el Régimen especial de los trabajadores por cuenta propia o autónomos (RETA), el Régimen especial de la Seguridad social de trabajadores del mar y el Régimen de empleados Públicos, civiles y militares. Los empresarios individuales, coloquialmente denominados "autónomos", se encuadran en el RETA.

En lo que respecta a las empresas con entidad jurídica propia (sociedades mercantiles) deben de encuadrar a sus socios y/o trabajadores en el régimen correspondiente:

- El autónomo titular y/o administrador de la sociedad típicamente se encuadra en el RETA (aunque con ciertas excepciones).

- En caso de contratar a trabajadores a su cargo, éstos se dan de alta en la Seguridad Social en el Régimen General.

Además, las sociedades mercantiles deben de inscribirse como tales en la seguridad social por lo que se le asigna un Código de Cuenta de Cotización (CCC).

28 Régimen Especial de Trabajadores Autónomos (RETA)

El Régimen Especial de Trabajadores Autónomos (RETA) es el régimen de la Seguridad Social en el que debes de inscribirte para desarrollar por cuenta ajena tu negocio.

Según la propia Seguridad Social, el RETA es el régimen en el que deben estar inscritas todas aquellas personas que realicen de forma habitual, personal y directa una actividad económica a título lucrativo, y siempre que el desempeño de esta actividad no esté sujeta a contrato de trabajo por ninguna empresa; comúnmente se denomina el Régimen de Autónomos (puedes repasar el capítulo 17 los requisitos para el alta en la Seguridad Social).

La cotización en el Régimen de Autónomos tiene por finalidad proporcionar coberturas a los trabajadores autónomos como las que tienen los trabajadores asalariados por cuenta ajena en el Régimen General.

Efectos de altas y bajas

Si queremos iniciar una actividad, pero no queremos hacer frente todos los meses a la cuota de autónomos pues nuestra actividad, aunque habitual, solo requiere facturar una determinada época o épocas del año, existe la posibilidad de darse de alta y baja siempre y cuando cumplamos una serie de requisitos:

- **Altas:** se permite la afiliación inicial y hasta 3 altas adicionales dentro de cada año natural. Tendrán efectos desde el día en que concurran los requisitos de su inclusión en el RETA, siempre que se haya solicitado en plazo.

- **Bajas:** se permiten hasta tres bajas dentro de cada año natural. Tendrán efectos desde el día en el que el trabajador autónomo hubiese cesado en la actividad, siempre que lo solicite en plazo (3 días naturales desde el cese).

- **Resto de bajas:** el resto de las bajas (más allá de las 3 permitidas) tendrán efectos, al vencimiento del último día del mes natural en que se hubiese cesado en la actividad.

- **Cese de actividad sin solicitar la baja:** en el supuesto de no solicitar la baja, y haber cesado en la actividad o no reunir los requisitos para estar incluidos en el RETA, o fuera de oficio por la Tesorería General de la Seguridad Social (TGSS), la obligación de cotizar se mantiene, no surtiendo efectos en cuanto a las prestaciones, ya que no está en situación de alta.

En cualquier caso, en las solicitudes de alta y baja se debe de adjuntar una serie de documentación y medios de prueba para lo que la normativa contempla:

- **Documento acreditativo de titularidad:** que acredite la titularidad de una empresa o de un establecimiento abierto al público o documento acreditativo del cese de titularidad.

- **Justificante del Impuesto sobre Actividades Económicas:** o cualquier otro impuesto por la actividad desempeñada o certificación de no abonar dicho impuesto.

- **Copia de las licencias, permisos o autorizaciones administrativas:** necesarias para la actividad y, en su defecto, indicación del organismo o administración que las hubiese concedido o copia de la documentación acreditativa de la extinción o cese de los mismos.

- **En el caso de Trabajadores Autónomos Económicamente Dependientes (TRADE):** copia del contrato celebrado entre el trabajador y su cliente (una vez registrado en el SEPE) y copia de la comunicación de su terminación.

- **Declaración responsable del interesado y cualesquiera otros:** que sean requeridos por la TGSS.

- **Declaración de procedencia de la baja (en caso de baja):** original y copia del documento o medio de prueba determinante de la procedencia de la baja o de la variación de datos.

No obstante, la TGSS puede comprobar la continuidad de la actividad de los autónomos que hayan dejado de ingresar las cotizaciones y, si se acredita el cese en la actividad, la TGSS da de baja de oficio al trabajador autónomo en el RETA.

 CONSEJO DEL EXPERTO

"Si vas a dejar de ejercer durante un tiempo tu actividad, acuérdate de darte de baja de la Seguridad Social (de la misma manera que lo harás de Hacienda). Si continúas dado de alta, no sólo vas a seguir pagando tus cuotas, sino que no tendrás acceso a las prestaciones."

Quim Isern - Asesor laboral en DAEM

EL CASO DE ALBA

Alba, después de dejar su trabajo en una agencia de publicidad, decidió emprender por su cuenta dándose de alta como autónoma.

Pasados unos meses, recibió una oferta de trabajo irrechazable y decidió abandonar su aventura empresarial para trabajar para un multinacional. Esta empresa la contrató en el Régimen General, por lo que Alba simplemente dejó de pagar las cuotas de autónomos al creer que la Seguridad Social ya tendría conocimiento de su nueva situación.

Fueron pasando los meses y recibió una reclamación por impago de varias cuotas del RETA. Se puso en contacto con la TGSS y le informaron que era ella, y nadie más que ella, la responsable de comunicar la finalización de la actividad, por lo que la deuda seguiría creciendo hasta formalizar la correspondiente baja en el RETA y adeudar la deuda pendiente.

Cotización basada en rendimientos obtenidos

A partir del 1 de enero de 2023, se establece un nuevo sistema de cotización para los trabajadores autónomos basado en los rendimientos anuales obtenidos en el ejercicio de todas sus actividades económicas, empresariales o profesionales.

Al darte de alta, tendrás que elegir tu base de cotización en función de la previsión del promedio mensual de tus rendimientos netos anuales conforme a una tabla general de bases, fijada cada año por la Ley de Presupuestos Generales del Estado. Esta tabla establece unos tramos consecutivos de rendimientos netos anuales, en promedio mensual, a los que se asocian una base mínima de cotización y una base máxima.

Si prevés que el promedio mensual de tus rendimientos netos anuales va a quedar por debajo del límite inferior del tramo 1 de la tabla general de bases (950,98 euros mensuales en 2024), podrás elegir una base de cotización dentro de una tabla reducida que suponen una cuota inferior.

No obstante, ten presente que las bases elegidas tendrán carácter provisional hasta el momento de la regularización que se realizará en el ejercicio siguiente, tomando los rendimientos anuales obtenidos y comunicados por la Administración tributaria correspondiente.

A efectos de determinar la base de cotización, se tendrán en cuenta la totalidad de los rendimientos netos obtenidos en el año natural, en el ejercicio de sus distintas actividades profesionales o económicas, con independencia de que las realicen de forma individual o como socios o integrantes de cualquier entidad, con o sin personalidad jurídica, siempre y cuando no deban figurar por ellas en alta como trabajadores por cuenta ajena o asimilados a estos. El rendimiento neto computable de cada una de las actividades ejercidas se calculará de acuerdo con lo previsto a las normas del IRPF y con algunas particularidades en función del colectivo al que pertenezcan.

Del importe resultante se deducirá un 7 por ciento en concepto de gastos generales, excepto en los casos en que el trabajador autónomo reúna las siguientes características, donde el porcentaje será del 3 por ciento:

- Administrador de sociedades mercantiles capitalistas cuya participación sea mayor o igual al 25 por ciento.

- Socio en una sociedad mercantil capitalista con una participación mayor o igual al 33 por ciento.

Para la aplicación del porcentaje indicado del 3 por ciento, bastará con haber figurado noventa días en alta en este régimen especial, durante el periodo a regularizar, en cualquiera de los supuestos citados anteriormente.

Partiendo del promedio mensual de estos rendimientos netos anuales, se seleccionará la base de cotización que determinará la cuota a pagar.

Anualmente, la Ley de Presupuestos Generales del Estado establecerá las tablas, una general y una reducida, de bases de cotización que se dividirán en tramos consecutivos de importes de rendimientos netos mensuales a los que se asignarán, por cada tramo, unas bases de cotización máxima y mínima mensual.

En la siguiente tabla se puede consultar estos nuevos tramos de rendimientos y sus correspondientes bases de cotización para el 2024:

Tramo de rendimientos netos (€/mes)	Base mínima (€/mes)	Base máxima (€/mes)
Tabla Reducida (2024)		
Tramo 1: <=670	735,29	816,98
Tramo 2: >670 y <=900	816,99	900,00
Tramo 3: >900 y <1.166,70	872,55	1.166,70
Tabla General (2024)		
Tramo 1: >=1.166,70 y <=1.300	950,98	1.300
Tramo 2: >1.300 y <=1.500	960,78	1.500
Tramo 3: >1.500 y <=1.700	960,78	1.700
Tramo 4: >1.700 y <=1.850	1.045,75	1.850
Tramo 5: >1.850 y <=2.030	1.062,09	2.030
Tramo 6: >2.030 y <=2.330	1.078,43	2.330
Tramo 7: >2.330 y <=2.760	1.111,11	2.760
Tramo 8: >2.760 y <=3.190	1.176,47	3.190
Tramo 9: >3.190 y <=3.620	1.241,83	3.620
Tramo 10: >3.620 y <=4.050	1.307,19	4.050
Tramo 11: >4.050 y <=6.000	1.454,25	4.139,40
Tramo 12: >6.000	1.732,03	4.139,40

En el caso de autónomos societarios, la base mínima no podrá ser inferior a la del grupo 7 de cotización en el Régimen General (que, para 2024, es de 1.260 euros) y para aplicarla deben estar 90 días en esta condición.

Para declarar los rendimientos previstos la Tesorería General de la Seguridad Social ha habilitado un portal para ello, el portal Importass: https://portal.seg-social.gob.es/wps/portal/importass/importass.

Para el año 2025, las tablas ya están publicadas y son las siguientes.

Tramo de rendimientos netos (€/mes)	Base mínima (€/mes)	Base máxima (€/mes)
Tabla Reducida (2025)		
Tramo 1: <=670	653,59	718,94
Tramo 2: >670 y <=900	718,95	900,00
Tramo 3: >900 y <1.166,70	849,67	1.166,70
Tabla General (2025)		
Tramo 1: >=1.166,70 y <=1.300	950,98	1.300
Tramo 2: >1.300 y <=1.500	960,78	1.500
Tramo 3: >1.500 y <=1.700	960,78	1.700
Tramo 4: >1.700 y <=1.850	1.143,79	1.850
Tramo 5: >1.850 y <=2.030	1.209,15	2.030
Tramo 6: >2.030 y <=2.330	1.274,51	2.330
Tramo 7: >2.330 y <=2.760	1.356,21	2.760
Tramo 8: >2.760 y <=3.190	1.437,91	3.190
Tramo 9: >3.190 y <=3.620	1.519,61	3.620
Tramo 10: >3.620 y <=4.050	1.601,31	4.050
Tramo 11: >4.050 y <=6.000	1.732,03	4.139,40
Tramo 12: >6.000	1.928,10	4.139,40

Debemos de tener presente que las futuras prestaciones de la seguridad social (por ejemplo, la pensión de jubilación) dependerán directamente de esta base. Cuanto mayor sea la base, mayores prestaciones tendremos.

Una de las prestaciones que más relevancia tiene es la pensión de jubilación. Tenemos que tener presente que, a partir de 2022, se tendrán en cuenta las bases de cotización de los últimos 25 años para calcular la base reguladora de la pensión. Además, aunque no se haya aprobado todavía, diferentes expertos y políticos están hablando de ampliar este cómputo hasta los 35 años dentro de una hipotética nueva reforma de las pensiones.

⚠ CONSEJO DEL EXPERTO

"Aunque seas aún muy joven para pensar en la jubilación, ten presente que las decisiones que tomes ahora pueden tener consecuencias en tu futura pensión de jubilación. Cada vez se alarga más el periodo por el cual se calcula la pensión, si en 2020 computaban los últimos 23 años, a partir de 2022 se calcula ya en base a los últimos 25 años.

Por ello, y teniendo en cuenta la jubilación a los 67, a partir de los 42 años la base que escojamos tendrá impacto directo en nuestra jubilación. Además, cabe destacar que antes de cumplir los 48 años, se podrá optar por cotizar entre una base mínima de 960,60 euros y la máxima de 4.139,40 euros, quedando limitada dicha opción a partir de dicha edad en cuanto a la base de cotización máxima que vendría limitada a 2.113,20 euros. Consecuencia de esta limitación, nos podemos encontrar con que solo podremos optar al 51% de la pensión máxima de jubilación en el futuro. Todo ello sin tener en cuenta que lo más probable es que este periodo se amplíe en una futura reforma de las pensiones."

Quim Isern - Asesor laboral en DAEM

Tipo de cotización

Las cantidades a ingresar a la Seguridad Social, llamadas cuotas, se calculan aplicando el tipo de cotización (o porcentaje) a la base de cotización.

El tipo general, para el ejercicio 2024, es del 31,30% que incluye:

Tipos de cotización RETA (% sobre bases) - 2024	
Contingencias comunes (CC)	28,30%
Contingencias profesionales	1,30% (0,66% de Incapacidad Temporal o IT y 0,64% de incapacidad permanente, muerte y supervivencia o IMS)
Protección por cese de actividad	0,90%
Formación profesional	0,10%
Mecanismo equidad intergeneracional	0,7% sobre la base de cotización por CC
TOTAL	**31,3%**
Deducción por pluriactividad	Reducción en la cuota por CC, aplicación del coeficiente 0,045% a la cuota por CC

A estos tipos hay que aplicar una serie de excepciones:

- **Pluriactividad:** los autónomos pueden ser, al mismo tiempo, trabajadores asalariados. Por ejemplo, si trabajamos como administrativo en una empresa por las mañanas y damos clases de inglés por las tardes por nuestra cuenta, estaremos cotizando tanto en el Régimen General (RGSS), por el empleo como administrativo, como en el RETA, por el empleo por nuestra cuenta.

  La pluriactividad se define como la situación en la que un trabajador tiene varias actividades que dan lugar a un alta obligatoria en dos o más regímenes de la Seguridad Social.

  En este caso, la cobertura de la incapacidad temporal por contingencias comunes (enfermedad común y accidente no laboral) en el Régimen Especial de Trabajadores Autónomos será opcional siempre y cuando cotices por ésta en el Régimen General.

Además, tanto las cotizaciones efectuadas en el RETA como las aportaciones empresariales y las correspondientes al trabajador en el Régimen General, tendrán derecho al reintegro del 50% del exceso en que sus cotizaciones por contingencias comunes superen la cuantía que se establezca a tal efecto por la Ley de Presupuestos Generales del Estado para cada ejercicio (16.030,82 euros para 2024) con un tope máximo que consiste en el 50% de las cuotas ingresadas por contingencias comunes en el régimen especial.

En tales supuestos, la Tesorería General de la Seguridad Social procederá, de oficio, a abonar el reintegro que en cada caso corresponda en un plazo máximo de cuatro meses desde la regularización de cuotas de la Seguridad Social momento en el que se determinará ese importe.

- **Mayores de 65 años con 38 años y 6 meses cotizados (o 67 años y 37 años cotizados):** sólo debe cotizar por contingencias profesionales (1,30%) e incapacidad temporal, (incluida en la general, 1,56%), con un total de 2,86% a aplicar a la base que corresponda.

Seguir trabajando, una vez cumplidos los requisitos para acceder a la jubilación, tiene otros beneficios como que, por cada año completo cotizado a una edad superior a la legal de jubilación, se incrementa la pensión en un 2 % (si se han acreditado hasta 25 años cotizados al cumplir dicha edad). Cuando se acrediten entre 25 y 37 años cotizados, el porcentaje a aplicar es del 2,75 %. Y si se han cotizado más de 37 años, el aumento es del 4 %. En todo caso siempre aplicará el límite máximo fijado por los presupuestos generales del estado en cuanto a la pensión máxima.

- **Trabajadores que compatibilicen el trabajo por cuenta propia con la pensión de jubilación (jubilación activa):** por contingencias profesionales (1,30%) e incapacidad temporal (1,56%) más una cuota de solidaridad del 9% sobre su base de cotización por contingencias comunes, no computable a efectos de prestaciones. Esto da un porcentaje del 11,86% a aplicar a la base que corresponda.

Además, existen una serie de bonificaciones para casuísticas especiales:

- Autónomos que causan alta inicial en el RETA (o no hubieran estado dados de alta en los dos años anteriores). Denominada "Tarifa plana".

- Trabajadores menores de 30 años, o mujeres menores de 35 años, que causen alta inicial o no hubieran estado de alta en los 2 años inmediatamente anteriores en el RETA.

- Maternidad o paternidad, adopción, guarda con fines de adopción, acogimiento, riesgo durante el embarazo o durante la lactancia natural.

- Reincorporación en determinado supuestos.

- Conciliación de la vida personal y familiar vinculada a la contratación.

- Nuevas altas en el RETA de familiares colaboradores.

- Contratación de familiares en situación de desempleo.

- Trabajadores autónomos en las Ciudades de Ceuta y Melilla.

- Por cuidado de menores afectados por cáncer u otra enfermedad grave (como novedad desde 2023).

Cuota de cotización

Por último, el producto del tipo y la base de cotización nos dará la cuota que deberá de abonarse a la Seguridad Social. La cuota de cotización se abona dentro del mismo mes en que las devengamos (a diferencia de las cuotas del Régimen General que se abonan en el mes siguiente).

Por ejemplo, sin tener en cuenta bonificaciones ni limitaciones, en 2024, la cuota a pagar oscila entre el mínimo de 230,15 euros al mes (resultado de aplicar el 31,3% sobre la base de 735,29 euros) o de 310 euros al mes en el caso de autónomos societarios (31,3% sobre 1.000 euros de base) y el máximo de 1.295,63 euros al mes (resultado de aplicar el 31,3% sobre la base de 4.139,40 euros).

Otros aspectos sobre cotización a tener en cuenta

Existen ciertas peculiaridades en la cotización en ciertas actividades o según la contratación de trabajadores que repasamos a continuación por si pueden afectarte.

- **Venta ambulante o a domicilio (CNAE 4781, 4782 y 4789):**

  Los autónomos dedicados a la venta ambulante o a domicilio (CNAE 4781, 4782 y 4789) podrán elegir una base que sea el 77% de la mínima general . Además, los socios trabajadores de cooperativas dedicados a esta actividad tendrán derecho a una reducción del 50% de la cuota.

- **Actividad artística e ingresos iguales o inferiores a 3.000 euros anuales:**

  Los autónomos a la actividad artística podrán solicitar una base reducida de 526,14 euros mensuales tanta en la solicitud como después.

Variación de datos

Si a lo largo del año se prevé una variación de los rendimientos netos, será posible seleccionar cada dos meses una nueva base de cotización y, por tanto, una nueva cuota adaptada a los mismos con un máximo de seis cambios al año. Esta modificación será efectiva en las siguientes fechas:

- 1 de marzo, si la solicitud se formula entre el 1 de enero y el último día natural del mes de febrero.

- 1 de mayo, si la solicitud se formula entre el 1 de marzo y el 30 de abril.

- 1 de julio, si la solicitud se formula entre el 1 de mayo y el 30 de junio.

- 1 de septiembre, si la solicitud se formula entre el 1 de julio y el 31 de agosto.

- 1 de noviembre, si la solicitud se formula entre el 1 de septiembre y el 31 de octubre.

- 1 de enero del año siguiente, si la solicitud se formula entre el 1 de noviembre y el 31 de diciembre.

Además, se puede solicitar que la base se incremente automáticamente en el mismo porcentaje en que se aumenta la base máxima de cotización. Aunque, en ningún caso, la base de cotización podrá ser superior al límite máximo que pudiera afectar al autónomo en cuestión. Esta opción tiene su fecha de efectos, se haya solicitado de manera simultánea al alta o posteriormente, el día 1 de enero del año siguiente a la fecha de presentación de la solicitud.

La renuncia a esta revalorización podrá hacerse durante todo el año natural, con efectos a partir del día 1 de enero del año siguiente al de la solicitud.

Regularización de la cotización por la Seguridad Social

Las bases mensuales elegidas cada año, tendrán un carácter provisional, hasta que se proceda a la regularización anual de la cotización.

Finalizado el año natural, la Administración Tributaria facilitará a la Tesorería información sobre los rendimientos anuales reales percibidos. Si la cuota elegida durante el año resultase inferior a la asociada a los rendimientos comunicados por la Administración tributaria correspondiente, se notificará al trabajador el importe de la diferencia. Este importe deberá ser abonado antes del último día del mes siguiente a aquel en que se haya recibido la notificación con el resultado de la regularización.

Si, por el contrario, la cotización fuera superior a la correspondiente a la base máxima del tramo en el que estén comprendidos los rendimientos, la Tesorería procederá a reintegrar la diferencia antes del 30 de abril del ejercicio siguiente a aquél en el que la correspondiente Administración Tributaria haya comunicado los rendimientos computables.

29 Bonificaciones y reducciones de cuota

Es importante que conozcas todas las bonificaciones y reducciones en las cuotas de Seguridad Social pues pueden resultar de gran ayuda, sobre todo en los momentos iniciales de tu aventura empresarial.

Ambos conceptos tienen por finalidad disminuir las cantidades a pagar en concepto de Seguridad Social, ya sea para fomentar la actividad empresarial, o bien para favorecer la contratación de determinados grupos de personas.

Aunque se suelen usar ambos términos de manera indistinta, siendo el término bonificación mucho más conocido que el de reducción por su uso más habitual y cotidiano, no son exactamente lo mismo.

La diferencia entre ambos conceptos radica en el origen de los fondos con los que la administración suple la menor recaudación derivada de la aplicación de reducciones y bonificaciones.

- En el caso de las bonificaciones, los menores ingresos en la Tesorería General de la Seguridad Social (TGSS) se compensa con transferencias del Servicio de Empleo Público Estatal (SEPE) o de los Presupuestos Generales del Estado (PGE).

- En el caso de las reducciones, es la propia TGSS la que se hace cargo de compensar la menor recaudación.

Tarifa plana (por inicio de actividad por cuenta propia)

Bonificación y reducción de cuota para trabajadores por cuenta propia que causen alta inicial o que no hubieran estado de alta en los dos años inmediatamente anteriores en el Régimen Especial de Trabajadores Autónomos (RETA) que consiste en:

- Durante los primeros 12 meses:
    - Reducción de cuota: Con carácter general, se aplicará una cuota reducida de 80,00 euros al mes por contingencias comunes y

profesionales, incluida la Incapacidad Temporal (IT), quedando los trabajadores excepcionados de cotizar por cese de actividad y por formación profesional, con independencia de los ingresos que tenga.

- o Base de cotización: la mínima del tramo 1 de la tabla general, es decir 950,98€.
- o Duración: 12 meses inmediatamente siguientes a la fecha de efectos del alta.

- Durante los 12 meses siguientes (mes 13 a 24):

  - o Si los ingresos no superan el Salario Mínimo Interprofesional (SMI) que, en 2024 es de 1.323€ mensuales (en 12 pagas), el autónomo podrá seguir disfrutando de los 80,00 euros. En caso contrario, se aplicará la misma normativa para el resto de autónomos, perdiendo los beneficios de la tarifa plana.

  - o Las personas autónomas con una discapacidad igual o superior al 33 por ciento, víctima de violencia de género o víctima de terrorismo, podrán solicitar la aplicación, en el momento del alta, de una cuota reducida de 80 euros durante los primeros 24 meses.

Por último, finalizado este período inicial de 24 meses, si el rendimiento neto previsto fuese igual o inferior al Salario Mínimo Interprofesional (1.323€ mensuales en 12 pagas para 2024) podrás solicitar la aplicación de esta cuota reducida durante los siguientes 36 meses, por importe de 160 euros.

Los trabajadores por cuenta propia que disfruten de estos beneficios podrán renunciar en cualquier momento expresamente a su aplicación con efectos a partir del día primero del mes siguiente al de la comunicación de la renuncia correspondiente.

También será de aplicación, cuando cumplan los requisitos en ellos establecidos, a los trabajadores por cuenta propia que queden incluidos en el grupo primero de cotización del Régimen Especial de la Seguridad Social de los Trabajadores del Mar, así como a los socios de sociedades de capital y de sociedades laborales y a los socios trabajadores de cooperativas de trabajo asociado que queden encuadrados en el Régimen Especial de la Seguridad Social de los Trabajadores por Cuenta Propia o Autónomos o en el Régimen

Especial de la Seguridad Social de los Trabajadores del Mar, dentro del grupo primero de cotización

No podrán beneficiarse de la tarifa plana:

- Autónomos que han estado previamente de alta en los últimos dos años (tres en caso de haber disfrutado de la bonificación previamente).

- Autónomos colaboradores. No será aplicable a familiares de trabajadores autónomos por consanguinidad o afinidad hasta el segundo grado inclusive y, en su caso, por adopción, que se incorporen al Régimen Especial de la Seguridad Social de los Trabajadores por Cuenta Propia o Autónomos.

- Autónomos que tienen deudas pendientes con la Seguridad Social o con Hacienda.

> ⚠️ **CONSEJO DEL EXPERTO**
>
> *"La Seguridad Social no nos aplicará la tarifa plana (ni ninguna reducción o bonificación) sino la solicitamos. En el caso de la tarifa plana, debes de solicitarla en el momento de darte de alta en autónomos. Si lo haces con posterioridad al alta, te la denegarán"*
>
> **Quim Isern - Asesor laboral en DAEM**

EL CASO DE ANTONIO

Antonio se dio de alta como peluquero, era la primera vez que emprendía. Confió en un amigo para darse de alta en Hacienda y a su vez en el RETA, por error, o por falta de comprensión en la comunicación de alta, no solicitó la bonificación correspondiente por ser la primera vez que se afiliaba en dicho régimen.

Pasaron los primeros meses cuando, viendo minorada su cuenta bancaria más de esperado, se dio cuenta de que la cuota mensual cargada todos los meses por la Seguridad Social ascendía a 293,94 euros, cuando tenía derecho a la aplicación de la tarifa plana de 60 euros al mes (2022). Al realizar la reclamación correspondiente en TGSS, se la denegaron por estar fuera del plazo reglamentario.

Maternidad o paternidad, adopción, guarda con fines de adopción, acogimiento, riesgo durante el embarazo o riesgo durante la lactancia natural

Bonificación por nacimiento, adopción, guarda con fines de adopción, acogimiento y riesgo de lactancia natural que consiste en:

• Bonificación de cuota: 100% de la cuota que resulte de aplicación sobre la base media que tuviera el trabajador en los 12 meses anteriores a la fecha en la que se acoja a esta medida, el tipo de cotización obligatorio que corresponda por razón de su actividad.

• Esta bonificación será compatible con la establecida en el Real Decreto-Ley 11/1998 (contratos de interinidad que se celebren con personas desempleadas para sustituir a trabajadores durante los períodos de descanso por maternidad, adopción y acogimiento).

• Duración: durante el periodo de descanso (mínimo un mes).

Reincorporación en determinado supuestos

Bonificación para trabajadoras autónomas que hubieran cesado en su actividad por nacimiento, adopción, guarda con fines de adopción, acogimiento y tutela y vuelvan a realizar una actividad por cuenta propia en los dos años siguientes a la fecha de cese que consiste en:

• Durante los primeros 24 meses:

  o Bonificación del 80 % de la cuota por contingencia común, excluida la Incapacidad Temporal (IT), aplicada sobre la base media de los 12 meses anteriores a la fecha en la que cesó en su actividad.

- o Duración: 24 meses inmediatamente siguientes a la fecha de reincorporación al trabajo.

Cuidado de menores afectados por cáncer u otra enfermedad grave

Por el cuidado de menores afectados por cáncer u otra enfermedad grave se establece:

- Hasta el fin de la prestación:
  - o Bonificación del 75 % de la cuota por contingencia común, excluida la Incapacidad Temporal (IT), aplicada sobre la base media de los 12 meses anteriores a la fecha en la que se inicie la bonificación.
  - o Duración: hasta el fin de la prestación.

Conciliación de la vida personal y familiar vinculada a la contratación

Bonificación en la contratación de trabajadores para conciliar la vida personal y familiar, que consiste en:

- En los casos de contratación de un trabajador a tiempo completo o parcial que cumpla alguna de los siguientes supuestos:
  - o Tenga a su cargo menores de 12 años.
  - o Tenga a su cargo un familiar, por consanguinidad o afinidad hasta el segundo grado, en situación de dependencia.
  - o Tenga a su cargo un familiar, por consanguinidad o afinidad hasta el segundo grado inclusive, con parálisis cerebral, enfermedad mental o discapacidad intelectual con un grado de discapacidad reconocido igual o superior al 33% o una discapacidad física o sensorial con un grado de discapacidad reconocido igual o

superior al 65%, cuando dicha discapacidad esté debidamente acreditada, siempre que dicho familiar no desempeñe una actividad retribuida.

- Bonificación de cuota: 100% de la cuota de autónomos (de quien contrata) por contingencias comunes (50% si la contratación es a tiempo parcial). Se utiliza la base media que tuviera el trabajador en los 12 meses anteriores a la fecha de acogerse a esta medida y el tipo de cotización mínimo vigente.

  En el caso de que el trabajador lleve menos de 12 meses de alta en el RETA, la base media de cotización se calculará desde la fecha de alta.

  Además, los trabajadores autónomos deben de permanecer en alta en el RETA para aplicar esta bonificación.

- Duración: hasta 12 meses, con una duración mínima del contrato de 3 meses.

No obstante, se tiene que tener presente que el mantenimiento de esta bonificación estará sujeta a lo siguiente supuestos:

- Mantenimiento del empleo durante, al menos, 3 meses desde la fecha de inicio del disfrute de la bonificación. En caso contrario, el trabajador autónomo estará obligado a reintegrar el importe de la bonificación disfrutada, salvo que, se proceda a contratar a otra persona en el plazo de 30 días. Tampoco será necesario el reintegro de las bonificaciones cuando la extinción esté motivada por causas objetivas o por motivo disciplinario declarado procedente, ni en los supuestos de extinción causada por dimisión, muerte, jubilación o incapacidad permanente total, absoluta o gran invalidez del trabajador o por resolución mediante el periodo de prueba.

- En el supuesto que el menor que dio lugar a la bonificación alcanzase la edad de 12 años con anterioridad a la finalización del disfrute de la bonificación, ésta se podrá mantener el periodo máximo de 12 meses previsto, siempre que se cumplan el resto de condiciones.

- El trabajador autónomo que se beneficie de la bonificación, deberá mantenerse en alta en la Seguridad Social durante los 6 meses siguientes al vencimiento del plazo de disfrute de la misma, ya que, en caso contrario, deberá reintegrar el importe de la bonificación disfrutada.

Nuevas altas en el RETA de familiares colaboradores

Bonificación para altas de familiares colaboradores que consiste en nuevas altas en el RETA de familiares colaboradores del autónomo.

Por familiar colaborador se entiende el cónyuge (ahora se asimila igualmente a las parejas de hecho), ascendientes o descendientes y otros familiares hasta el segundo grado por consanguineidad o afinidad del autónomo.

En los supuestos en los que existe convivencia y dependencia, se entiende que el patrimonio del empresario y el de los familiares (denominados colaboradores) se mezclan, por lo que la Seguridad Social encuadra a estos familiares en el Régimen Especial de Trabajadores Autónomos (RETA).

Por el contrario, cuando el familiar no convive con este y, además, mantiene una economía separada, se entenderá que existe una relación laboral común y, por tanto, el familiar quedará encuadrado en el Régimen General de la Seguridad Social (RGSS). Además, en el caso de los hijos menores de 30 años y aquellos con alguna discapacidad, con independencia de que convivan y dependan del empresario, se les encuadra en el Régimen General de la Seguridad Social, aunque sin acceso a la protección por desempleo.

Esta bonificación consiste en:

- Aplicable a nuevas altas en el RETA de familiares colaboradores.

- Colaboración: colaboren con el autónomo mediante la realización de trabajos en la actividad de que se trate, incluyendo a los de los trabajadores por cuenta propia del Régimen Especial de los Trabajadores del Mar.

- Bonificación en cuota: el familiar colaborador tendrá derecho a una bonificación de su cuota del 50% durante los primeros 18 meses y del 25% durante los 6 meses siguientes. Se aplicará sobre la base mínima el tipo correspondiente de cotización vigente en cada momento en el Régimen Especial, o Sistema Especial en su caso, de trabajo por cuenta propia que corresponda.

Esta bonificación no se aplicará si el familiar hubiera estado dado de alta en el RETA en los 5 años inmediatamente anteriores a la nueva alta.

A estos efectos, se considera pareja de hecho, la constituida con análoga relación de afectividad a la conyugal, por quienes, no hallándose impedidos para contraer matrimonio, no tengan vínculo matrimonial con otra persona y acrediten mediante el correspondiente certificado de empadronamiento, una convivencia estable y notoria con una duración ininterrumpida no inferior a 5 años.

La acreditación de pareja de hecho, se justificará mediante certificación de la inscripción en alguno de los registros específicos existentes en las Comunidades Autónomas o ayuntamientos del lugar de residencia o mediante documento público en el que conste la constitución de dicha pareja.

Trabajadores autónomos de empresas emergentes en situación de pluriactividad

En el caso de trabajadores autónomos que posean el control efectivo, directo o indirecto, de una empresa emergente regulada en la Ley Startups (Ley 28/2022, de 21 de diciembre, de fomento del ecosistema de las empresas emergentes), y que, de forma simultánea, trabajen por cuenta ajena para otro empleador, se aplicará una bonificación que consiste en:

- Bonificación de cuota: 100% correspondiente a la base mínima establecida con carácter general, en cada momento.

- Duración: de forma continuada en tanto persista la situación de pluriactividad y, como máximo, durante los tres primeros años, a contar desde la fecha del alta que se produzca como consecuencia del inicio de la actividad autónoma por la dedicación a la empresa emergente. La bonificación se extinguirá, en todo caso, en el momento en que cese la situación de pluriactividad, no pudiendo reiniciarse posteriormente su aplicación en el supuesto de que se produzca una nueva situación de pluriactividad.

Trabajadores autónomos en las Ciudades de Ceuta y Melilla

Bonificación para trabajadores autónomos en las Ciudades de Ceuta y Melilla dedicados a actividades encuadradas en los sectores de Agricultura, Pesca y Acuicultura; Industria (excepto Energía y Agua); Comercio; Turismo; Hostelería y resto de servicios (excepto el Transporte Aéreo, Construcción de Edificios, Actividades Financieras y de Seguros y Actividades Inmobiliarias) que consiste en:

- Bonificación de cuota: 50% en sus aportaciones a las cuotas de la Seguridad Social por contingencias comunes, así como por los conceptos de recaudación conjunta de desempleo, formación profesional y fondo de garantía salarial.

30 Prestaciones

La acción protectora del RETA tiene un funcionamiento parecido a la establecida en el Régimen General de la Seguridad Social.

Prestaciones en el RETA		Condiciones análogas a Régimen General
Asistencia sanitaria		SI
Incapacidad temporal		SI (con particularidades)
Incapacidad permanente		SI (con particularidades)
Riesgo durante el embarazo		SI (con particularidades)
Riesgo durante la lactancia		SI (con particularidades)
Nacimiento y cuidados del menor		SI (con particularidades)
Jubilación		SI (con particularidades)
Muerte y supervivencia	Auxilio por defunción	SI
	Viudedad	SI
	Prestación temporal de viudedad	SI
	Pensión de orfandad	SI
	Pensión vitalicia o, en su caso, subsidio temporal a favor de familiares	SI
	Muerte causada por accidente de trabajo o enfermedad	SI
Contingencias profesionales		SI (con particularidades)
Asistencia social		SI
Servicios sociales (serán las establecidas legalmente y en todo caso comprenderá las prestaciones en materia de reeducación, de rehabilitación de personas con discapacidad, de asistencia a la tercera edad y de recuperación profesional)		Según establecido por ley
Prestaciones familiares		SI (sólo en caso de modalidad no contributiva)
Cuidado de menores afectados por cáncer u otra enfermedad grave		SI
Cese de actividad profesional (desempleo)		SI (con particularidades)

Comprende las siguientes prestaciones: asistencia sanitaria, incapacidad temporal, incapacidad permanente, riesgo durante el embarazo, riesgo durante la lactancia natural, nacimiento y cuidados del menor, jubilación, muerte y supervivencia, contingencias profesionales, asistencia social y servicios sociales, prestaciones familiares, cuidado de niños con cáncer y otras enfermedades graves y la prestación por cese de la actividad.

En la gestión de las prestaciones juegan un papel muy relevante las Mutuas Colaboradoras de la Seguridad Social pues tiene la finalidad de colaborar con la Seguridad Social en este aspecto asistencial.

A continuación, nos centraremos en las más comunes (asistencia sanitaria, incapacidad temporal, incapacidad permanente, riesgo durante el embarazo, riesgo durante la lactancia natural, nacimiento y cuidados del menor, jubilación y cese de actividad).

La figura de las mutuas colaboradoras con la Seguridad Social

Las mutuas colaboradoras con la Seguridad Social son asociaciones privadas de empresarios, constituidas mediante autorización del Ministerio de Empleo y Seguridad Social, que tienen por finalidad colaborar en la gestión de la Seguridad Social, bajo la dirección y tutela del mismo, sin ánimo de lucro y asumiendo sus asociados responsabilidad mancomunada.

En España existen 19 mutuas colaboradoras y tienen por objeto el desarrollo de las siguientes actividades:

- La gestión de las prestaciones económicas y de la asistencia sanitaria, incluida la rehabilitación, comprendidas en la protección de las contingencias de accidentes de trabajo y enfermedades profesionales de la Seguridad Social, así como de las actividades de prevención de las mismas contingencias que dispensa la acción protectora.

- La gestión de la prestación económica por incapacidad temporal derivada de contingencias comunes.

- La gestión de las prestaciones por riesgo durante el embarazo y riesgo durante la lactancia natural.

- La gestión de las prestaciones económicas por cese en la actividad de los trabajadores por cuenta propia.

- La gestión de la prestación por cuidado de menores afectados por cáncer u otra enfermedad grave.

- Las demás actividades de la Seguridad Social que le sean atribuidas legalmente.

Forman parte del sector público estatal de carácter administrativo, de conformidad con la naturaleza pública de sus funciones y de los recursos económicos que gestiona, sin perjuicio de la naturaleza privada de la entidad.

Asistencia sanitaria

La Seguridad Social reconoce a autónomos las mismas prestaciones y condiciones que a los trabajadores adscritos al Régimen General de la Seguridad Social en materia de asistencia sanitaria.

Esta prestación consiste los servicios comunes del Sistema Nacional de Salud:

- Atención primaria.

- Atención especializada.

- Atención de urgencia.

- Prestaciones farmacéuticas.

- Prestaciones ortopédicas.

- Productos dietéticos.

- Transporte sanitario.

- Servicios de información y documentación sanitaria.

- Accidentes de trabajo y enfermedades profesionales.

Además, también se incluyen los servicios complementarios necesarios para completar las prestaciones médicas y farmacéuticas, en especial, la rehabilitación física precisa para conseguir la total recuperación profesional del autónomo.

Las personas que pueden acceder a esta prestación son:

- Trabajadores afiliados y en alta, pensionistas, perceptores de prestaciones periódicas de la Seguridad Social y desempleados que hayan agotado la prestación o el subsidio por desempleo.

- Familiares y asimilados dependientes de los anteriores.

Incapacidad temporal

La incapacidad temporal es la situación provocada por una enfermedad común o profesional o un accidente, sea o no de trabajo, que impide trabajar y requiere asistencia sanitaria.

Distinguimos dos tipos de incapacidad temporal:

- **Incapacidad temporal derivada de contingencias comunes:** aquellas situaciones que no derivan directamente del trabajo del autónomo, sino que son causadas por motivos de enfermedad común o por algún accidente no laboral.

- **Incapacidad temporal derivada de contingencias profesionales:** se tienen en cuenta las enfermedades profesionales o accidentes de trabajo. Por accidente de trabajo se entiende el ocurrido como consecuencia directa e inmediata del trabajo que realiza por su propia cuenta, incluyendo el sufrido al ir o volver del lugar de trabajo. Se entiende por enfermedad profesional aquella contraída a consecuencia del trabajo ejecutado.

Con efectos desde el 1 de enero de 2019, tanto contingencias comunes como contingencias profesionales son obligatorias en la cotización en el RETA, anteriormente la cotización por contingencias profesionales era voluntaria.

La cuantía de la prestación se obtiene aplicando unos porcentajes a la base reguladora de la prestación.

La base reguladora de la prestación por Incapacidad Temporal (IT) será la que corresponda en función de la base de cotización que tenga en el mes anterior de la baja médica (se divide entre 30 la base del mes anterior a la baja) y será la utilizada durante todo el proceso, incluidas recaídas (salvo que se optara por una base inferior).

Los tipos aplicables dependerán del tipo de contingencia y de la duración de la baja:

- **En el caso de contingencias comunes y de carácter ordinario:**
    o   Día 1 a día 3 desde la fecha de la baja médica (ambos inclusive): sin derecho a prestación.
    o   Desde el día 4 al 20 de la baja (ambos inclusive): el 60%.
    o   A partir del día 21 de la baja: el 75%.

- **En el caso de contingencias profesionales:**
    o   Desde el día 1 de la baja médica: 75%. Siempre y cuando se haya optado por cotizar por la cobertura de contingencias profesionales (obligatorio desde 2019).

La duración del proceso de incapacidad temporal, al igual que ocurre en el Régimen General de la Seguridad Social, es de 365 días prorrogándose por períodos de 180 días en los casos que proceda (hasta un máximo de 730 días).

Cuando hayan transcurrido 545 días naturales (equivalente a 18 meses) se examinará necesariamente, en el plazo máximo de tres meses, el estado del incapacitado a efectos de su calificación, en el grado de incapacidad permanente que corresponda.

Será posible prorrogar la incapacidad temporal más allá de los 545 días naturales, en aquellos casos en los que existan expectativas de recuperación o mejora del estado del trabajador, con vistas a su reincorporación laboral, continuando el tratamiento médico. En ningún caso se podrán rebasar los 365 días naturales sumados los de incapacidad temporal, es decir, no se podrá rebasar una duración total de la incapacidad temporal de 730 días naturales (2 años).

Llegados al límite de 730 días, se dejará de percibir la prestación por incapacidad temporal y, en todo caso, se pasará a percibir la pensión por incapacidad permanente si así lo resuelve el INSS. En el siguiente capítulo puedes encontrar más información al respecto de la incapacidad permanente.

Cuando, estando de baja por incapacidad temporal con derecho a prestación económica, hayan transcurridos 60 días (segundo mes de baja) estará exento de pagar la cuota de cotización a la Seguridad Social (será la mutua o entidad gestora correspondiente quién se hará carga del pago de las cuotas por todas las contingencias).

El autónomo debe comunicar la baja a la Seguridad Social en un plazo de 15 días desde la fecha de baja.

La Dirección Provincial del Instituto Nacional de la Seguridad Social es la facultada para declarar la incapacidad temporal y la Dirección Provincial de la TGSS o la Mutua de Accidentes de Trabajo y Enfermedades Profesionales, en la que hubiese formalizado la cobertura de la prestación por estas circunstancias, serán los encargados del pago.

Cuando un autónomo está de baja por incapacidad temporal debe de realizar un seguimiento de su enfermedad regularmente tanto con el médico como con la mutua. Las mutuas colaboradoras, en su labor control y supervisión, pueden proponer altas (durante los primeros 365 días) al médico cuando consideren que el autónomo está capacitado para trabajar. Recibida la propuesta de alta, el médico tendrá cinco días para contestar y, de no cumplirse ese plazo, las mutuas podrán recurrir a la Inspección médica.

Además, si el servicio médico de salud cita al autónomo para una revisión y éste no se presenta, la mutua suspenderá la prestación para comprobar si hay una justificación para la falta a la revisión y, en caso de que hubiera justificación, levantaría la suspensión desde el mismo día en que se dictó.

 CONSEJO DEL EXPERTO

"Si vamos a cotizar por la base mínima, como la gran mayoría de autónomos, recomendamos contratar algún tipo de seguro privado que cubra los casos de baja laboral para evitar quedar desamparados económicamente."

Quim Isern - Asesor laboral en DAEM

EL CASO DE ANDREA

Andrea es taxista obteniendo unos ingresos netos medios de 3.000 euros al mes cotizando por la base mínima (960,60 euros para 2022) abonando una cuota de 293,94 euros al mes a la Seguridad Social. El salario neto que le queda es de 2.706 euros, con los que debe de hacer frente a los gastos de renting del coche (270 euros al mes), la cuota del préstamo por la compra de la licencia de taxi (500 euros al mes), el alquiler de su casa y sus gastos personales.

Un día, bajando unas escaleras, sufre una caída y se fractura el brazo por lo que solicita el pago directo por incapacidad temporal durante tres meses. Durante este periodo cobró de prestación: 566,7 euros el primer mes; 720,4 euros el segundo y tercero. No obstante, durante los dos primeros meses tubo que seguir abonando la cuota de autónomo de 293,94 euros por lo que le quedaron netos 272,76 euros el primer mes y 426,46 euros, del todo insuficientes para hacer frente a sus gastos.

Los requisitos que debe cumplir el autónomo para acceder a la prestación son:

- Estar dado de alta o en situación asimilada al alta.

- Haber cotizado un mínimo de 180 días durante los últimos 5 años, salvo en caso de accidente y de enfermedad profesional que no se exige periodo previo de cotización.

- Estar al corriente de pago de las cuotas de autónomos. En caso contrario, se aplicará el procedimiento de invitación al pago (30 días para regularizar su situación).

- Cuando la trabajadora se encuentre en situación de riesgo durante el embarazo y, durante la misma, solicite la prestación por IT, no procederá el reconocimiento de ésta hasta la finalización de la situación de riesgo durante el embarazo, si reúne en este momento los requisitos necesarios para acceder a la IT.

Peculiaridades de la prestación por Incapacidad Temporal en caso de pluriactividad:

- Al estar dado de alta en dos regímenes diferentes, se tiene derecho a la prestación en cada uno de ellos, puesto que en ambos seguros estamos pagando las cotizaciones que cubren estas contingencias.

- No obstante, en estos casos de pluriactividad, es posible no cotizar en el RETA por ciertas coberturas si ya se están cotizando en el régimen general, es decir, las cotizaciones por Incapacidad Temporal serán obligatorias para los trabajadores autónomos dados de alta en el RETA, pero será opcional para los trabajadores que se encuentren en situación de pluriactividad, con derecho a la prestación en otro régimen.

- Entonces, si trabajas por cuenta ajena y te das de alta en el RETA, puedes optar por cotizar y entonces tener la cobertura por Incapacidad Temporal en el RETA o no hacerlo, puesto que, si sufres una baja, tanto por contingencias comunes como por contingencias profesionales, ya estarás cubierto por el régimen general en el que cotizas por tu otra actividad.

- En caso de abonar las cotizaciones en los dos regímenes, podrás solicitar la prestación en cada uno de ellos si cumples los requisitos. Por otro lado, si decides no cotizar por Incapacidad Temporal en el RETA, esto supondrá un ahorro de la cuota mensual, pero solo podrás cobrar la prestación por Incapacidad Temporal que corresponde a tu trabajo por cuenta ajena.

- Si se inicia un proceso de IT en ambas actividades, para poder acceder a la prestación, se deberán cumplir independientemente los requisitos cada uno de los regímenes. En caso contrario, si juntando las cotizaciones de ambos regímenes sí que se dispone de la carencia requerida, se podrá acceder a la prestación de IT de forma conjunta en ambos regímenes, juntando las cotizaciones de cada uno.

Incapacidad permanente

El tiempo máximo de cualquier baja por incapacidad temporal es, por regla general, de 18 meses.

Pasados los 18 meses de la Incapacidad Temporal, el equipo de valoración de incapacidades del Instituto Nacional de la Seguridad Social (INSS), es decir, el tribunal médico, valora al autónomo para determinar si ya puede recibir el alta médica o se trata de un problema de salud crónico que le impide desarrollar de forma normal su trabajo, por lo que le correspondería un subsidio por incapacidad permanente.

En todo caso, la decisión del INSS no podrá alargarse más allá de los 730 días de la duración total de la Incapacidad Temporal (IT).

⚠ CONSEJO DEL EXPERTO

"Muchos autónomos desconocen la posibilidad de solicitar la incapacidad permanente pues es una situación extrema, además de resultar un trámite complejo. Muchos de ellos prefieren trabajar aun teniendo discapacidad. Recomendamos prever estas indeseables casuísticas cuando empezamos a trabajar por cuenta propia pues si las prestaciones de la seguridad social no son suficientes, siempre podemos completarlas con un seguro privado para estar tranquilos."

Quim Isern - Asesor laboral en DAEM

EL CASO DE RAFA

Rafa trabaja como albañil autónomo desde enero de 1990, siempre cotizando por la base mínima. Desde 2019, sufre una enfermedad grave que, después de diversas pruebas médicas, le conceden la incapacidad permanente total. Al cotizar por la base mínima, Rafa se hizo un seguro privado en 2015 para cubrir potenciales contingencias.

Gracias a este seguro privado, Rafa pudo complementar las prestaciones de la baja del RETA y le sirvieron para que, entre ambas prestaciones, siguiera manteniendo las mismas retribuciones dinerarias que si hubiera estado trabajado.

Una vez determinada la incapacidad permanente por parte del tribunal médico del (INSS), la prestación a la que tendrá derecho el autónomo dependerá del grado de incapacidad según el siguiente esquema:

- **Incapacidad permanente parcial para la profesión habitual:**
  - Disminución no inferior al 50% del rendimiento normal del trabajo para su profesión, sin imposibilitar que siga realizando tareas de la misma. Este punto difiere respecto a los trabajadores

en el Régimen General pues el umbral del grado de disminución se reduce al 33%.

- o Prestación, a tanto alzado, de 24 mensualidades de la base reguladora, siempre y cuando la incapacidad sea consecuencia de contingencias profesionales.
- o Base: la utilizada para el cálculo de la incapacidad temporal que precedió a la incapacidad permanente.
- o En caso de contingencias comunes (enfermedad común o accidente no laboral) no da derecho a esta prestación.

- **Incapacidad permanente total para la profesión habitual:**
  - o No puede realizar ninguna de sus labores habituales, pero sí se puede dedicar a otra actividad.
  - o Pensión vitalicia del 55% de la base reguladora. Existe la posibilidad de incrementar esta cuantía en un 20% si tiene más de 55 años, si no realiza otra actividad retribuida o si no es titular de una explotación agraria, marítima o de un establecimiento. También puede solicitar ese aumento si en vez de una pensión vitalicia decide recibir 40 mensualidades de la base de cotización (salvo en el caso de haber cumplido los 60 años en cuyo caso se optará por la pensión vitalicia).

- **Incapacidad permanente absoluta:**
  - o No puede dedicarse a su oficio ni a ningún otro con la dedicación y eficacia necesarias.
  - o Retribución de por vida del 100% de la base reguladora.

- **Gran invalidez:**
  - o Casos excepcionales y de gran gravedad, cuando el trabajador ha sufrido pérdidas anatómicas o funcionales y necesita la asistencia de otra persona para desarrollar su vida diaria.
  - o Prestación del 100% de la base reguladora y un plus que oscila entre el 45% de la base mínima del régimen general y un 30% de la última base de la contingencia, es decir, de la cuota de

autónomo, que dio lugar a la incapacidad. Este sería un complemento para pagar a la persona que le debe asistir.

La base reguladora por incapacidad permanente varía en función de los diferentes tipos de incapacidad permanente y la contingencia de la que derivan (común o profesional).

Los requisitos que debe cumplir el autónomo para acceder a la prestación son:

- Estar dado de alta o en situación asimilada al alta.

- Estar al corriente de pago de las cuotas de autónomos. En caso contrario, se aplicará el procedimiento de invitación al pago (30 días para regularizar su situación).

- Acreditar el periodo de cotización que se exige para cada uno de los grados de incapacidad permanente, salvo en los casos en los que la incapacidad derive de contingencias profesionales (que no requerirá de carencia).

- No tener la edad prevista para acceder a la pensión de jubilación o, aun teniéndola, que no reúna los requisitos exigidos para acceder a la misma, siempre que la incapacidad derive de contingencias comunes.

Periodos de cotización exigidos para los diferentes grados de Incapacidad Permanente:

- Incapacidad permanente parcial para la profesión habitual:

  1.800 días en los diez últimos años cuando se deriva de una enfermedad común. En el resto de casos no se exige cotización previa.

- Incapacidad permanente total para la profesión habitual / Incapacidad permanente absoluta / Gran invalidez:

  Si la incapacidad permanente deriva de enfermedad común, el periodo de cotización exigido será:

  o Si se tienen cumplidos 31 años, la cuarta parte del tiempo transcurrido entre la fecha en la que hayan cumplido los 20 años y la fecha del hecho causante, con un mínimo de 5 años. Además, la quinta parte del período de cotización deberá estar comprendida dentro de los 10 años inmediatamente anteriores al hecho causante.

o Si se tiene menos de 31 años, la tercera parte del tiempo transcurrido entre la fecha en la que se hayan cumplido los 16 años y la fecha del hecho causante de la pensión, sin exigencia de periodo de carencia especifico.

- En caso de que la incapacidad permanente derive de accidente laboral, enfermedad profesional o accidente no laboral, no se exige periodo mínimo de cotización.

Peculiaridades de las prestaciones por Incapacidad Permanente en casos de pluriactividad:

- Para poder tener prestación por incapacidad permanente en los dos regímenes (RETA y RGSS), las cotizaciones a los diferentes regímenes se deben superponer, al menos, durante 15 años. Para los casos en los que no se llegue a los requisitos en ningún régimen, las bases acumuladas en los diferentes regímenes podrán sumarse para el acceso a la prestación en uno de ellos.

 CONSEJO DEL EXPERTO

"Si tenemos trabajadores a nuestro cargo y solicitamos la incapacidad permanente total para nuestra profesión habitual es posible que el INSS (Instituto Nacional de la Seguridad Social) o los tribunales competentes nos la denieguen al entender que realizamos labores de dirección, gestión o administración del negocio."

Quim Isern - Asesor laboral en DAEM

EL CASO DE ROBERTO

Roberto tiene una empresa de servicios de albañilería con 5 trabajadores. Debido a un accidente en la obra, perdió una pierna y solicitó la incapacidad total para la profesión habitual. No obstante, se la denegaron aludiendo que podía ejercer funciones de dirección.

No obstante, después aportar las pruebas oportunas para informar que efectivamente sí que realizaba tareas de albañilería y las funciones de dirección eran inexistentes, ganamos el recurso por lo que le dieron la invalidez permanente total para su profesión habitual.

Roberto pudo demostrar que efectivamente realizaba tareas de albañilería, pero, en otros casos, se puede terminar fallando que el empresario puede realizar labores de dirección por lo que no estaría incapacitado totalmente para su profesión habitual.

Riesgo durante el embarazo

Prestación que ofrece cobertura a aquellas trabajadoras autónomas embarazadas que hayan visto interrumpida su actividad profesional por riesgo de que influya negativamente en su salud o en la del feto, contando con el correspondiente informe certificado del Servicio Público de Salud.

Los tipos aplicables y la duración de la misma es:

- Prestación: 100% de la base reguladora.

- Base: la equivalente a la de incapacidad temporal (IT) derivada de contingencias profesionales, tomando como referencia la fecha en que se emita el certificado por los servicios médicos del INSS o de la Mutua.

- Inicio el día siguiente en que se emite el certificado médico necesario, aunque los beneficios económicos se generarán a partir de la interrupción de la actividad profesional.

- Durará mientras la autónoma no pueda reincorporarse o hasta el inicio del permiso por maternidad.

La autónoma, salvo que esté integrada en el sistema especial de trabajadores por cuenta propia agrarios (SETA) o de las trabajadoras autónomas económicamente dependientes (TRADE), tendrá un plazo de 15 días para presentar una declaración de situación de actividad en la que deben informar de la imposibilidad de realizar una actividad profesional alternativa. Si se trata de una TRADE, la declaración deberá efectuarla su cliente.

Los requisitos para acceder a la prestación son:

- Estar dado de alta o en situación asimilada al alta.

- Estar al corriente de pago de las cuotas de autónomos. En caso contrario, se aplicará el procedimiento de invitación al pago (30 días para regularizar su situación).

- No se exigirá periodo de cotización.

- Cuando la trabajadora se encuentre en situación de IT y, durante la misma, solicite la prestación de riesgo durante el embarazo, no procederá el reconocimiento, en su caso, del subsidio, hasta que se extinga la situación de IT por cualquiera de las causas legal o reglamentariamente establecidas.

Riesgo durante la lactancia natural

Prestación que ofrece cobertura a aquellas trabajadoras autónomas en situación de lactancia natural tras el nacimiento de un hijo y que hayan visto interrumpida su actividad profesional por riesgo de que influya negativamente en su salud o en la del hijo, contando con el correspondiente informe certificado del Servicio Público de Salud.

Esta prestación es compatible con la prestación por nacimiento y cuidado del menor.

Los tipos aplicables y la duración de la misma es:

- Prestación: 100% de la base reguladora.

- Base: la equivalente a la de incapacidad temporal (IT) derivada de contingencias profesionales, tomando como referencia la fecha en que se emita el certificado por los servicios médicos del INSS o de la Mutua.

- Inicio el día siguiente en que se emite el certificado médico necesario, aunque los beneficios económicos se generarán a partir de la interrupción de la actividad profesional.

- Durará mientras sea necesario para la protección de la salud de la autónoma y/o del hijo, este último haya cumplido 9 meses de edad, hasta que reanude su actividad, se interrupta la lactancia, se cause baja del RETA o bien fallezca.

La autónoma, salvo que esté integrada en el sistema especial de trabajadores por cuenta propia agrarios (SETA) o de las trabajadoras autónomas económicamente dependientes (TRADE), tendrá un plazo de 15 días para presentar una declaración de situación de actividad en la que deben informar de la imposibilidad de realizar una actividad profesional alternativa. Si se trata de una TRADE, la declaración deberá efectuarla su cliente.

Además, mientras dure la situación de riesgo durante la lactancia, la autónoma vendrá obligada a presentar dicha declaración con periodicidad semestral, a contar desde la fecha en que se inicie la situación, si fuera requerida para ello.

Las condiciones para acceder a la prestación son las mismas que para acceder a la prestación por riesgo de embarazo.

Nacimiento y cuidados del menor

Desde el 1 de enero de 2021 los permisos de maternidad y paternidad se unifican.

Los autónomos tendrán derecho a percibir la prestación por nacimiento y cuidado del menor (maternidad o paternidad) durante los periodos en los que suspenda la actividad por cuenta propia que consiste en:

- Prestación: 100% de la base reguladora establecida para la prestación por incapacidad temporal derivada de contingencias comunes.

- Duración: el tiempo en el que se mantenga la suspensión de la actividad y con un máximo de 16 semanas.

    6 semanas son obligatorias, ininterrumpidas y a jornada completa, posteriores al parto (o a la resolución judicial o decisión administrativa en el caso de adopción). La madre biológica puede anticipar este periodo hasta 4 semanas antes de la fecha previsible del parto.

    Las 10 semanas restantes se disfrutarán en periodos semanales, de forma acumulada o interrumpida, dentro de los 12 meses siguientes al parto (o la resolución judicial o decisión administrativa en el caso de adopción).

- Ampliaciones del plazo:
    o Partos múltiples: 1 semana adicional para cada progenitor y para cada hijo a partir del segundo.
    o Discapacidad: 1 semana adicional en caso de discapacidad del hijo.
    o Parto prematuro y hospitalización posterior al parto (periodo superior a 7 días): máximo de 13 semanas.

Tras la Sentencia 1462/2018 del Tribunal Supremo, las cantidades que se cobran en la prestación por maternidad o paternidad no deben pagar IRPF y por lo tanto tampoco llevarán retención alguna: están exentas de este impuesto.

Los requisitos que debe cumplir para acceder a la prestación son:

- Estar dado de alta o en situación asimilada al alta.

- Se debe cumplir un periodo de cotización (anterior a la fecha de inicio del descanso) que dependerá de la edad del autónomo (en la fecha del parto o en la fecha de la decisión administrativa o judicial de acogimiento o de la resolución judicial de adopción):

- o Menor de 21 años de edad: no exige mínimo de cotización.
- o Entre 21 y 26 años de edad: 90 días dentro de los 7 años inmediatamente anteriores o, alternativamente, 180 días cotizados a lo largo de su vida laboral.
- o Mayor de 26 años de edad: 180 días dentro de los 7 años inmediatamente anteriores o, alternativamente, 360 días cotizados a lo largo de su vida laboral.

- Estar al corriente de pago de las cuotas de autónomos. En caso contrario, se aplicará el procedimiento de invitación al pago (30 días para regularizar su situación).

Si no se cumple el requisito de un periodo mínimo de cotización y, por lo tanto, no se puede pedir esta prestación, hay una alternativa, que es solicitar el subsidio no contributivo por maternidad. Este subsidio no contributivo se concede durante 42 días naturales desde el día del parto y supone el cobro del 100% del IPREM (20 euros por día en 2024), salvo que la base reguladora diaria por incapacidad temporal por contingencias comunes sea menor a la citada cantidad. En caso de familia numerosa, monoparental, parto múltiple o cuando la madre o el hijo presenten una discapacidad igual o superior al 65%, corresponderá la prestación durante 14 días naturales más.

Peculiaridades Nacimiento y cuidados del menor en casos de pluriactividad:

- Se podrá disfrutar de los descansos y prestaciones en cada uno de los empleos de forma independiente e ininterrumpida, de acuerdo con la normativa aplicable en cada caso. En el cálculo de las prestaciones se tendrán en cuenta las bases de cotización correspondientes a cada una de las empresas o actividades, siendo de aplicación a la base reguladora del correspondiente régimen el tope máximo establecido a efectos de cotización.

- Cuando se acrediten condiciones para acceder a la prestación solamente en uno de los regímenes, se reconocerá un único subsidio computando exclusivamente las cotizaciones satisfechas a dicho régimen. Si en ninguno de los regímenes se reúnen los requisitos para acceder al derecho, se totalizarán las cotizaciones efectuadas en todos ellos siempre que no se superpongan y se causará el subsidio en el régimen en el que se acrediten más días de cotización.

 CONSEJO DEL EXPERTO

"La prestación por nacimiento y cuidado del menor va a ayudarte durante los meses que disfrutes de la baja. No obstante, como cualquier otra prestación, está limitada en función de tu base de cotización, por lo que es posible que no sea suficiente (sobre todo si estás en la base mínima y eres madre soltera) y, en este caso, deberás de buscar fuentes alternativas de financiación. Por otro lado, en este momento en que te cambia la vida, te recomendamos contratar un seguro de vida para asegurarte que tu familia siempre estará protegida, pase lo que pase."

Quim Isern - Asesor laboral en DAEM

EL CASO DE BLANCA

Blanca dio a luz el 1 de febrero de 2021, a partir de este momento empezó a disfrutar de 16 semana de permiso por maternidad. Las primeras seis semanas las tomó de forma ininterrumpida, tal y como marca la ley, por las que se le abonó el 100% de su base reguladora correspondiente, en este caso, a 1.500 euros. Consciente de que con ello no era suficiente para sus gastos diarios (más aún con el nuevo recién nacido), las siguientes 10 semanas decidió cogérselas a media jornada por lo que estuve otras 20 semanas cobrando una prestación del 50% de su base reguladora equivalente a 750 euros.

Conciliar el derecho a la salud con el empleo de las mujeres

Desde mediados de 2023 es posible acogerse a nuevas situaciones especiales de incapacidad temporal que recoge la norma que actualiza la Ley de salud sexual y reproductiva y de la interrupción voluntaria del embarazo. Tras su publicación en el Boletín Oficial del Estado (BOE), este texto legal reconoce tres nuevas situaciones especiales de incapacidad temporal (IT) por contingencias comunes a fin de conciliar el derecho a la salud con el empleo de las mujeres.

Las tres situaciones especiales incluidas en esta norma y que no estaban protegidas hasta ahora son:

- La baja laboral en que pueda encontrarse la mujer en caso de menstruación incapacitante secundaria

- La interrupción del embarazo, sea voluntaria o no, mientras reciba asistencia sanitaria por el Servicio Público de Salud y esté impedida para el trabajo

- El periodo comprendido entre el primer día de la semana trigésima novena de gestación hasta el parto

La prestación a recibir corresponderá con el 60% de la base reguladora desde el 1º al 20º día, y del 75% a partir del 21º día. En el caso de gestación a partir de la semana 39, se aplica el mismo esquema de cuantía, pero empieza a contar desde el primer día de la semana 39.

En la situación especial de incapacidad temporal por menstruación incapacitante secundaria, el subsidio se abonará a cargo de la Seguridad Social desde el día de la baja en el trabajo.

En los otros dos supuestos, el subsidio se abonará a cargo de la Seguridad Social desde el día siguiente al de la baja en el trabajo (en caso de trabajadores en el Régimen General, a cargo del empresario el salario íntegro correspondiente al día de la baja).

El objetivo es ofrecer una regulación adecuada a estas situaciones con el fin de eliminar cualquier tipo de sesgo negativo en el ámbito laboral.

Cuidado de niños con cáncer o enfermedad grave

Esta prestación está destinada a compensar la pérdida de ingresos debido a la reducción de la jornada laboral necesaria para el cuidado de un menor con cáncer o con una enfermedad grave.

Dentro de las novedades introducidas en 2023, destaca la ampliación del ámbito de aplicación de la prestación, que se extiende hasta los menores de 23 años, y hasta los 26 años en casos de discapacidad igual o superior al 65%. Asimismo, se simplifica y flexibiliza el régimen de prórrogas de la prestación, estableciendo períodos iniciales de reconocimiento por un mes, con prórrogas sucesivas de dos y luego de cuatro meses, facilitando así la gestión y adaptación a las necesidades del tratamiento del menor.

Esta prestación esta dirigida a los trabajadores que necesitan reducir su jornada laboral en un mínimo de un 50% y hasta un máximo del 99,99%, para dedicarse al cuidado del menor durante su hospitalización y/o tratamiento continuado. La cobertura abarca a todos los autónomos que cumplan los requisitos de cotización exigidos y que demuestren la necesidad de cuidado directo, continuo y permanente del menor.

La prestación es del 100% de la base reguladora de incapacidad temporal, ajustado proporcionalmente a la reducción de la jornada laboral y se aplica desde el primer día en que el trabajador reduce su jornada por el cuidado del menor.

Esta prestación se enmarcada dentro de las políticas de protección social y apunta a facilitar la conciliación entre la vida laboral y familiar

Jubilación

La pensión de jubilación viene a proteger la situación de necesidad que se genera en el momento en el que el autónomo cesa su actividad como consecuencia de su edad y por tanto hay una inexistencia de ingresos y un cese en las cotizaciones. Ante tal situación los autónomos tienen derecho a una prestación que consiste en una pensión vitalicia, cuando éste alcance la edad legal de jubilación.

Encontramos cuatro posibles supuestos de jubilación:

- **Jubilación ordinaria:** una vez se ha alcanzado la edad legal de jubilación.

- **Jubilación anticipada:** cuando no se haya alcanzado la edad legal de jubilación.

- **Jubilación activa o jubilación parcial:** cuando, cumpliendo los requisitos para la jubilación ordinaria, se opte por compaginar la jubilación (y el cobro de parte de la prestación) con seguir trabajando.

- **Jubilación retrasada:** cuando, cumpliendo los requisitos para la jubilación ordinaria, se siga trabajando se establecen una serie de incentivos para ello.

Los requisitos para acceder a la pensión de **jubilación ordinaria** son:

- Encontrarse afiliado y de alta o en situación asimilada al alta.

- Haber cumplido la edad de jubilación que se establece en 66 años y 6 meses. No obstante, existe un periodo transitorio hasta 2027: en 2024 consiste en 66 años y 6 meses y se incrementa paulatinamente (2 meses por año) hasta 2027 cuando se sitúa en los 67 años.

  Independientemente de lo anterior, en los casos en los que el autónomo haya cotizado 38 años, la edad de jubilación será a partir de los 65 años.

- Acreditar un periodo mínimo de cotización de 15 años, dos de los cuales deben estar comprendidos dentro de los 15 años inmediatamente anteriores.

- Estar al corriente de pago de las cuotas de autónomos. En caso contrario, se aplicará el procedimiento de invitación al pago (30 días para regularizar su situación).

- Cesar en la actividad que ejerce por cuenta propia para acceder a la pensión de jubilación (a excepción de los casos de jubilación activa).

La cuantía de la presentación se calculará en base al tiempo cotizado y las bases de cotización de los últimos 25 años.

El cálculo de la base se realizar de la siguiente manera:

- Cálculo base reguladora: dividir por 350 las bases de cotización durante los 300 meses inmediatamente anteriores al mes previo de la fecha de jubilación. La razón de esta minoración es que las pensiones se abonan en 14 pagas, a diferencia de las cotizaciones, que se aportan en 12 pagas.

- En el caso de "lagunas de cotización": si en el período que haya de tomarse para el cálculo aparecieran meses durante los cuales no hubiese existido obligación de cotizar, se utilizará para el cálculo de las primeras 48 mensualidades, la base mínima de entre todas las existentes en cada momento y, para el resto de mensualidades (más allá de las 48 iniciales), el 50% de dicha base mínima.

- Coeficiente de ajuste en función del tiempo cotizado: a la base reguladora le aplicaremos un porcentaje que dependerá de la totalidad de tiempo cotizado.

  o Por los primeros 15 años: el 50%.

  o Por cada mes adicional entre los meses 1 y 106: el 0,21%.

  o Por los 146 meses siguientes: el 0,19%.

En ningún caso el porcentaje aplicable a la base reguladora supere el 100%, salvo en el supuesto de jubilaciones producidas después de la edad ordinaria. Con ello, para obtener el 100% de la pensión, es necesario cotizar 36 años y 6 meses (de 2024 a 2026) o 37 años (a partir de 2027).

- Aplicación de mínimos y máximos:

  o Pensión mínima contributiva:

    ▪ Con cónyuge a cargo: 1.033,30 euros al mes en 14 pagas (1.549,9 en caso de gran invalidez).

- Sin cónyuge (unidad familiar unipersonal): 825,20 euros al mes en 14 pagas (1.237,8 en caso de 65 años o más y gran invalidez y 772,0 euros para menores de 65 años).

- Con cónyuge no a cargo: 783,30 euros al mes en 14 pagas (1.174,9 en caso de 65 años o más y gran invalidez y 729,7 euros para menores de 65 años).

o Pensión máxima: 3.175 euros al mes en 14 pagas.

o Pensión no contributiva: para personas falta de recursos y que no han cotizado el número mínimo de años exigido, la pensión máxima en 2024 se sitúa en los 517,90 euros mensuales.

- Aplicación de la retención de IRPF correspondiente: la pensión de jubilación no está exenta de IRPF. Por ejemplo, la pensión máxima en 2024, quitando una retención aproximada del 24%, se quedaría en 2.413 euros al mes en 14 pagas.

 CONSEJO DEL EXPERTO

"Actualmente el sistema público de la pensión de jubilación española es un sistema rentable desde el punto de vista del contribuyente, siempre y cuando confiemos en que, dentro de 20, 30 o 40 años se podrán pagar las pensiones. Para demostrarlo, hagamos cuatro números fáciles en una servilleta (sin tener en cuenta inflación):

- Cotizamos durante 35 años al máximo (asumimos que alargan el cómputo de 25 años a 35 años), con una cuota de unos 1.295,63 euros al mes, o 15.547,56 euros al año, habremos pagado un total de 544.164,6 euros.

- Nos jubilamos a los 67 años y tenemos una esperanza de vida de otros 20 años (hasta los 87 años) cobrando la pensión máxima de 2.413 euros netos al mes aproximadamente en 14 pagas, o 33.782 euros al año, con un total de 675.640 euros (asumiendo una retención por IRPF media de 24%).

Todo ello sin tener en cuenta que al cotizar en la Seguridad Social no solo estas cubierto en caso de jubilación, sino que tienes otras prestaciones de las que te beneficias como las explicadas en este capítulo cuya cuantía dependerán de la base de cotización."

Sergi Cornejo - Asesor en DAEM

Podrán acceder a la jubilación anticipada los siguientes autónomos:

- Trabajadores autónomos con discapacidad.

- Autónomos que hayan ejercido una actividad tóxica, peligrosa o penosa y en los términos que reglamentariamente se establezcan.

- Trabajadores que decidan voluntariamente acceder a la jubilación siempre y cuando acrediten un mínimo de 35 años cotizados y hayan cumplido una edad inferior en 2 años como máximo, a la edad ordinaria de jubilación, so pena de una minoración en su pensión de jubilación.

La pensión es compatible con el mantenimiento de la titularidad del negocio y con el desempeño de las funciones inherentes a dicha titularidad, es decir el jubilado podría dar instrucciones o directrices a las personas encargadas de la gestión siempre y cuando estas actuaciones no impliquen una dedicación o una prestación de servicios en el mismo.

Además, desde 2023 con la nueva reforma de las pensiones, se mejora el acceso a la jubilación anticipada para las personas con una discapacidad superior al 45%. Para este colectivo, se reducen los años de cotización exigidos de 15 a 5 años desde el diagnóstico de la discapacidad superior al 45% para acceder a jubilación anticipada, siendo necesario haber trabajado un tiempo efectivo equivalente al período mínimo de cotización. Además, se aplicará el mismo régimen también a las personas que tengan más de una patología discapacitante si, en conjunto, superan el 45% de discapacidad.

Particularidades de la pensión de jubilación en casos de pluriactividad:

- Se generarán varias pensiones si se superponen las cotizaciones 15 o más años en los dos regímenes (cotizando en régimen de pluriactividad).

- Cuando se acrediten cotizaciones a varios regímenes y no se cause derecho a pensión a uno de ellos, las bases de cotización acreditadas en este último en régimen de pluriactividad, podrán ser acumuladas a las del Régimen en que se cause la pensión, exclusivamente para la determinación de la base reguladora de la misma, sin que la suma de las bases pueda exceder del límite máximo de cotización vigente en cada momento.

 CONSEJO DEL EXPERTO

"Con la legislación actual, para conseguir la pensión máxima deberías de incrementar tu base de cotización al máximo a partir de los 42 años. Además, deberás de haber cotizado ininterrumpidamente desde los 30 años."

Quim Isern - Asesor laboral es DAEM

Para todos aquellos autónomos más activos que no desean jubilarse aun cumpliendo los requisitos, pero quieren compaginar el cobro de la pensión con el desarrollo de su práctica profesional, existe la posibilidad de la jubilación parcial (también denominado jubilación activa) que reúne las siguientes características:

- Edad mínima: edad legal de jubilación.

- Porcentaje aplicable a la base: porcentaje aplicable a la base reguladora a efectos de determinar la cuantía de la pensión causada debe ser del 100%, es decir, se exige la pensión completa.

- Periodo para acceder: al menos un año después de haber cumplido la edad de jubilación que en cada caso resulte de aplicación, sin que, a tales efectos, sean admisibles jubilaciones acogidas a bonificaciones o anticipaciones de la edad de jubilación.

- Prestación: 50% de la pensión correspondiente compatibilizando con el desarrollo por cuenta propia. Con el término del contrato o actividad y la llegada de la jubilación definitiva, el trabajador percibirá el 100% de la pensión más el complemento a mínimos al que tuviera derecho.

No obstante, si la actividad se realiza por cuenta propia (caso de los autónomos) y se acredita tener contratado, al menos, a un trabajador por cuenta ajena, la cuantía de la pensión compatible con el trabajo alcanzará el 100 %.

Además, aquellos autónomos que desarrollen una actividad artística también tendrán derecho a percibir el 100% de la pensión sin necesidad de tener contratados trabajadores. El importe de la pensión de jubilación contributiva compatible con la actividad artística incluye el complemento para pensiones inferiores a la mínima y el complemento por maternidad o reducción de la brecha de género, según proceda.

- Complementos. no tendrá derecho a los complementos para pensiones inferiores a la mínima durante el tiempo en el que compatibilice la pensión con el trabajo.

- Trabajo compatible: por cuenta ajena a tiempo completo o a tiempo parcial o por cuenta propia.

- Cotización: cotizarán únicamente por incapacidad temporal (1,56%) y por contingencias profesionales (1,30%), a lo que se añadirá una cotización especial de solidaridad del 9% sobre la base de cotización por contingencias comunes, no computable para las prestaciones.

 CONSEJO DEL EXPERTO

"Vigila los periodos en los que estás cambiando de actividad y/o de trabajo en los que se acumulan días sin cotizar. Intenta minimizarlos pues estos periodos, denominados lagunas de cotización, pueden mermar la base reguladora para el cobro de la prestación por jubilación."

Quim Isern - Asesor laboral en DAEM

Por último, aquellos que sencillamente decidan retrasar la jubilación tendrán una serie de beneficios adicionales tanto a nivel de cotización como de futura pensión, lo que se denomina la jubilación retrasada o demorada, que reúne las siguientes características:

- Edad mínima: edad legal de jubilación.

- Periodo de cotización previo: 15 años.

- Complemento económico por retrasar su jubilación: la persona que retrasa voluntariamente el momento de la jubilación percibe un complemento económico en la pensión cuando decide jubilarse a elegir entre tres opciones:

- o Incremento de la pensión: un porcentaje adicional del 4% por cada año completo cotizado después de cumplir la edad ordinaria Este porcentaje adicional se recibirá cuando la persona se jubile, aplicando el incremento porcentual correspondiente a la pensión que reciba cada mes durante el resto de su vida que en ningún caso podrá ser superior a la máxima que se establezca en cada momento en los Presupuestos Generales del Estado.
- o Pago único: una cantidad a tanto alzado por año cotizado, que va a depender de los años que se haya cotizado cuando se llega a la edad de jubilación, y que va desde los 5.000 a los 12.000 euros aproximadamente. Se recibe en el momento de la jubilación.
- o Fórmula mixta: en función de los años que se alargue la vida laboral, debiendo ser como mínimo 2 años adicionales para acceder a esta modalidad.

  Si se acredita un periodo de dos a diez años completos cotizados entre la fecha ordinaria y la fecha efectiva de jubilación, el complemento consistirá en la suma de un porcentaje adicional del 4 por ciento por cada año de la mitad de ese período (tomando el número entero inferior) y una cantidad a tanto alzado por el resto del periodo considerado. Es decir, aproximadamente la suma de las mitades de cada una de las dos fórmulas anteriores.

  Si se acredita un periodo de once o más años completos cotizados, el complemento consistirá en la suma de una cantidad a tanto alzado por cinco años de ese período y un porcentaje adicional del 4 por ciento por cada uno de los años restantes.

- Cotización: cotizarán únicamente por incapacidad temporal (1,56%) y por contingencias profesionales (1,30%).

31 Cese de actividad

En el RETA también se protege al autónomo con el pago de una prestación económica mensual parecido a la prestación por desempleo, coloquialmente conocido como "paro".

La cotización por cese de actividad es obligatoria desde el 1 de enero de 2019 (antes era opcional para el autónomo).

 CONSEJO DEL EXPERTO

"Capitalizar el desempleo es una opción muy interesante si vas a emprender un nuevo negocio, revisa bien las condiciones y, si cumples, solicítala pues puede ser de gran ayuda. Sino la solicitas, no te la darán."

Quim Isern - Asesor laboral es DAEM

EL CASO DE RODOLFO

Rodolfo fue despedido de una empresa cárnica donde trabajaba como repartidor desde hacía más de 30 años. Como siempre le había gustado conducir y desplazarse de un lado a otro, después de cuatro meses en desempleo, pensó en comprar una licencia de taxi y seguir trabajando en lo que mejor se le daba.

Contactó con nosotros para que le ayudáramos. Preparamos toda la documentación y presentamos la solicitud al SEPE. Pasados unos 30 días, recibió la aprobación y alrededor de 15.000 euros que fueron de gran ayuda para financiar la compra de la licencia de taxi.

Personas beneficiadas

La protección por cese de actividad alcanza a los siguientes colectivos:

- Autónomos comprendidos en el RETA, en el Sistema Especial de Trabajadores por Cuenta Propia Agrarios o en el Régimen Especial de Trabajadores del Mar.

- Socios trabajadores de las cooperativas de trabajo asociado que hayan optado por su encuadramiento como trabajadores por cuenta propia en el régimen especial que corresponda, así como a los trabajadores autónomos que ejerzan su actividad profesional conjuntamente con otros en régimen societario o bajo cualquier otra forma jurídica admitida en derecho, siempre que, en ambos casos, cumplan con una serie de requisitos adicionales.

Cuantía

La base reguladora de la prestación económica por cese de actividad será el promedio de las bases por las que se hubiera cotizado durante los doce meses continuados e inmediatamente anteriores a la situación legal de cese (computando a tal efecto el mes completo en el que se produzca esa situación).

En el régimen especial de trabajadores del mar, la base reguladora se calculará sobre la totalidad de la base de cotización (sin aplicación de los coeficientes correctores de cotización característicos de este régimen especial).

La cuantía de la prestación se calculará de la siguiente manera:

- Prestación: 70% de la base reguladora.

- Prestación mínima: 80% del IPREM en caso de no tener hijos a su cargo y 107% del IPREM en caso de tener hijos a su cargo.

  No será de aplicación este límite a los trabajadores autónomos que coticen por una base inferior a la mínima.

- Prestación máxima: 175% del IPREM en caso de no tener hijos a su cargo, del 200% si tiene un hijo a su cargo y del 225% del IPREM en caso de tener dos o más hijos a su cargo.

Se entenderá que se tienen hijos a cargo, cuando éstos sean menores de veintiséis años, o mayores con una discapacidad en grado igual o superior al 33%, carezcan de rentas de cualquier naturaleza iguales o superiores al salario mínimo interprofesional excluida la parte proporcional de las pagas extraordinarias, y convivan con el beneficiario. No será necesaria la convivencia cuando el trabajador declare que tiene obligación de alimentos por convenio o resolución judicial, o que sostiene económicamente al hijo.

La prestación por cese de actividad comprende:

- Prestación económica por cese total, temporal o definitivo, de la actividad.

- Abono de la cotización a la Seguridad Social del trabajador autónomo por contingencias al régimen correspondiente.

- Medidas de formación, orientación profesional y promoción de la actividad emprendedora de los autónomos beneficiarios del mismo.

Duración

Con carácter general, el período de disfrute de la prestación se calculará según los períodos cotizados por la persona trabajadora dentro de los 48 meses anteriores a la situación legal de cese de actividad.

Meses cotizados	Duración de la prestación
De 12 a 17 meses	4 meses
De 18 a 23 meses	6 meses
De 24 a 29 meses	8 meses
De 30 a 35 meses	10 meses
De 36 a 42 meses	12 meses
De 43 a 47 meses	16 meses
Con 48 meses	24 meses

La prestación será abonada por la Mutua con la que la persona trabajadora tenga cubierta la contingencia por cese de actividad, o por el Servicio Público de Empleo Estatal, si está cubierta por el INSS, o por el Instituto Social de la Marina, si es la entidad que cubre dicha contingencia.

La persona trabajadora comenzará a disfrutar de la prestación a partir del día siguiente al que se produjo la baja, si presenta la solicitud en plazo.

Requisitos

El derecho a la protección por cese de actividad se reconocerá a los trabajadores autónomos en los que concurran los requisitos siguientes:

- Estar afiliados y en alta en el Régimen Especial de Trabajadores por Cuenta Propia o Autónomos o en el Régimen Especial de los Trabajadores del Mar, en su caso.

- Tener cubierto un periodo mínimo de cotización por cese de actividad de 12 meses continuados e inmediatamente anteriores al cese (siendo computable el mes en el que se produzca el hecho causante del cese).

- Solicitar la baja en el Régimen Especial correspondiente a causa del cese de actividad.

- Encontrarse en situación legal de cese de actividad, suscribir el compromiso de actividad y acreditar activa disponibilidad para la reincorporación al mercado de trabajo a través de las actividades formativas, de orientación profesional y de promoción de la actividad emprendedora a las que pueda convocarle el Servicio Público de Empleo (SEPE) de la correspondiente Comunidad Autónoma, o en su caso el Instituto Social de la Marina.

- No haber cumplido la edad ordinaria para causar derecho a la pensión contributiva de jubilación, salvo que el trabajador autónomo no tuviera acreditado el período de cotización requerido para ello.

- Hallarse al corriente en el pago de las cuotas a la Seguridad Social. Si no se cumple este requisito, se tiene un plazo de 30 días para ponerse al corriente mediante el mecanismo de la "invitación voluntaria al pago".

- Cuando el trabajador autónomo tenga a uno o más trabajadores a su cargo, será requisito previo al cese de actividad el cumplimiento de las garantías, obligaciones y procedimientos regulados en la legislación laboral.

También es necesario demostrar que el cese de la actividad está provocado por alguna de las siguientes causas:

- Por motivos económicos, técnicos, productivos u organizativos que hagan inviable continuar con la actividad económica o profesional.

- Causas de fuerza mayor que determinen el cese temporal o definitivo de la actividad económica o profesional.

- Pérdida de licencia administrativa, cuando la misma sea un requisito para el ejercicio de la actividad y no esté motivada por incumplimientos contractuales o por la comisión de infracciones, faltas administrativas o delitos imputables al autónomo solicitante.

- Violencia de género que obligue al cese temporal o definitivo de la actividad de la trabajadora autónoma.

- Divorcio o acuerdo de separación matrimonial, en el caso que el autónomo divorciado o separado ejerciera funciones en el negocio.

- En el caso de los trabajadores TRADE, son causas legales para cobrar la prestación, la terminación de la duración convenida en el contrato, el incumplimiento contractual grave del cliente, la rescisión de la relación contractual por parte del cliente, tanto justificada como injustificada y la muerte, incapacidad temporal o jubilación del cliente, que impidan la realización de la actividad que originó la contratación.

Pago único

Existe la posibilidad de solicitar la prestación en un pago único. Se trata de una medida para fomentar y facilitar iniciativas de empleo autónomo que consiste en el abono del valor actual del importe que reste por percibir de la prestación por cese de actividad que consiste en:

- Abono de pago único con la cuantía de la prestación, calculada en días completos, de la que se deducirá el importe relativo al interés legal del dinero.

- Para personas que pretenden incorporarse como socio trabajador en cooperativas o sociedades laborales o mercantiles (aunque haya mantenido una relación de contrato previa con la misma, independientemente de su duración), o bien constituirlas (en un plazo máximo de 12 meses), o aquellas que desean desarrollar una nueva actividad como persona trabajadora autónoma. Todo ello deberá de poder justificarse.

- Para personas beneficiarias de la prestación por cese de actividad, tener pendiente de percibir, al menos, seis meses de prestación.

- Una vez percibido el pago único, deberán de iniciar la actividad en el plazo máximo de un mes, presentar la documentación que pruebe dicho inicio y la cantidad percibida tiene que destinarse a la aportación social obligatoria, en el caso de cooperativas o sociedades laborales o mercantiles, o a la inversión necesaria para desarrollar la actividad como persona trabajadora autónoma.

La solicitud del abono de la prestación por cese de actividad, en todo caso deberá ser de fecha anterior a la fecha de incorporación del beneficiario a la sociedad o a la de inicio de la actividad como trabajador autónomo, considerando que tal inicio coincide con la fecha que, como tal figura en la solicitud de alta del trabajador en la Seguridad Social.

La percepción de la prestación en un pago único será compatible con otras ayudas que para la promoción del trabajo autónomo pudieran obtenerse, bien con carácter individual o bien a través de la constitución de una sociedad de capital.

 CONSEJO DEL EXPERTO

"Es importante que, a pesar de pasar momentos difíciles, no intentes eludir tus obligaciones con la Seguridad Social con el pago de tu cuota. Posponer el pago de alguna mensualidad de cuota, puede hacer que pierdas el acceso a sus prestaciones cuando más lo necesites como puede ser el cese de actividad."

Quim Isern - Asesor laboral es DAEM

EL CASO DE GUILLERMINA

Guillermina tenía un restaurante que, a raíz de la pandemia de la COVID-19, experimentó una fuerte caída de ingresos hasta tal punto que empezó a incurrir en impagos con proveedores y entidades bancarias. Con su local cerrado, lo primero que hizo fue dejar de pagar su cuota de autónomos.

Al mes siguiente, solicitó la prestación por cese de actividad para la que una de las condiciones era estar al corriente del pago de las cuotas con la seguridad social, por consiguiente, se la denegaron. A pesar de ello, regularizó su situación en un plazo de 30 días y puedo cobrar su prestación por cese de actividad.

PARTE VII: Las claves si quieres contratar trabajadores

¡También puedes contratar trabajadores!

La contratación de trabajadores por cuenta ajena no es algo exclusivo para sociedades, como autónomo también podrás contratar trabajadores para así poder acelerar el crecimiento de tu negocio.

En caso de contratar a otros autónomos para que te ayuden en tu negocio, no será necesario cumplir con estas obligaciones pues no se trata de una vinculación laboral (un autónomo no es un trabajador por cuenta ajena, es un trabajador por cuenta propia) sino de una vinculación mercantil (que, en todo caso, se regulará en contrato mercantil entre todas las partes).

En caso de contratar a otras personas con contrato laboral (trabajadores por cuenta ajena), entonces sí debes de cumplir con una serie de obligaciones que resumimos a continuación.

32 Código de Cuenta de Cotización principal (C.C.C.)

La primera obligación de cualquier autónomo (extensible también a cualquier empresa) que pretenda dar empleo a trabajadores por cuenta ajena pasa por solicitar, con carácter previo a la contratación de trabajadores, el código de cuenta de cotización principal que identificará a la empresa frente a dicha administración a lo largo de toda su historia.

El Código de Cuenta de Cotización principal (C.C.C.) se trata de un código de 11 dígitos que nos identifica como empresarios en nuestras obligaciones frente a la Seguridad social, también conocido como Número Patronal o de Inscripción a la Seguridad Social de empresa.

No confundir este código con nuestro número de afiliación a la seguridad social (el número que tenemos para, por ejemplo, ir al médico de la Seguridad Social).

33 Prevención de Riesgos Laborales (PRL)

El empresario tiene el deber de proteger a sus trabajadores frente a los riesgos laborales, garantizando su salud y seguridad en todos los aspectos relacionados con su trabajo, mediante la integración de la actividad preventiva en la empresa y la adopción de cuantas medidas sean necesarias.

El empresario aplicará las medidas que integran el deber general de prevención con arreglo a los siguientes principios generales:

- Evitar los riesgos.

- Evaluar los riesgos que no se puedan evitar.

- Combatir los riesgos en su origen.

- Adaptar el trabajo a la persona.

- Tener en cuenta la evolución de la técnica.

- Sustituir lo peligroso por lo que entrañe poco o ningún peligro.

- Planificar la prevención, la organización del trabajo, las condiciones de trabajo, las relaciones sociales y la influencia de los factores ambientales en el trabajo.

- Adoptar medidas que antepongan la protección colectiva a la individual.

- Dar las debidas instrucciones a los trabajadores.

La actuación del empresario en materia de Prevención de Riesgos Laborales (PRL) puede conllevar a una responsabilidad administrativa, civil e, incluso, penal. Según la propia legislación "el incumplimiento por los empresarios de sus obligaciones en materia de prevención de riesgos laborales dará lugar a responsabilidades administrativas, así como, en su caso, a responsabilidades penales y a las civiles por los daños y perjuicios que puedan derivarse de dicho incumplimiento".

⚠️ **CONSEJO DEL EXPERTO**

"No menosprecies la PRL. Independientemente de las sanciones previstas, en caso de irregularidades en PRL, se pueden derivar responsabilidades en caso de accidente de trabajo que podrían llegar a ser penales por delitos contra la seguridad y salud en el trabajo y/o delitos y faltas de lesiones y de homicidio."

Quim Isern - Asesor laboral en DAEM

EL CASO DE JOSE

José tiene una empresa agropecuaria, en la que cultiva, cosecha y vende hortalizas donde cuenta con cinco trabajadores.

José recibe la visita todos los años de un Técnico de PRL, el cual revisa y actualiza la evaluación de riesgos, plan de prevención y las medidas ergonómicas a tener en cuenta, informando y dejando constancia en la carpeta que tiene la empresa, en la que constan todas las medidas que se deben tomar en función de la actividad y categoría profesional de cada trabajador.

Un fatídico día, uno de sus trabajadores tuvo un accidente laboral cargando uno de los camiones, consecuencia del mismo estuvo de baja por incapacidad temporal durante más de 18 meses. Llegado el día, al trabajador se le reconoció la incapacidad permanente total, fruto de la cual a Inspección de Trabajo determinó que no se habían cumplido las directrices marcadas por la PRL en el protocolo de carga de camiones y que el accidente de trabajo se podría haber evitado si José hubiera seguido los protocolos marcados e informados por el Técnico de PRL.

Consecuencia de ello, se sancionó a José al pago del recargo de prestaciones (dicho recargo puede oscilar entre un 30 o un 50% del importe del importe de la Pensión de Incapacidad Permanente) cuyo importe total ascendió a un pago único de 140.000 euros.

34 Apertura centro de trabajo

Se entiende por centro de trabajo el que constituye una unidad productiva autónoma, es decir, que crea, procura o fabrica un objeto o que presta un servicio que tiene una organización específica, tanto de bienes como de personas. En general, es centro de trabajo cada lugar donde se puede encontrar a la persona trabajadora por razón de su trabajo.

Aunque no es necesaria autorización previa para abrir un centro de trabajo, sí se debe de comunicar al Departamento de Trabajo de la Comunidad Autónoma correspondiente.

El alta del centro de trabajo se debe de realizar dentro de los 30 días siguientes a la fecha de inicio de la actividad y se precisa de la siguiente documentación:

- Impreso oficial.

- Plan de Prevención de Riesgos Laborales.

- Proyecto técnico y memoria descriptiva de actividad para empresas con actividades calificadas de molestas, insalubres y peligrosas.

En el caso de que la autoridad laboral advirtiera que la comunicación referida no reúne los datos y requisitos exigidos, lo pondrá en conocimiento del empresario a fin de que en el plazo de diez días pueda éste subsanar los defectos de que adolecieron. Transcurrido dicho plazo sin haber llevado a cabo, se entenderá como no efectuada la comunicación.

35 Afiliación y Alta de los Trabajadores en la Seguridad Social

Los empresarios están obligados a solicitar la afiliación en la Seguridad Social de aquellos trabajadores que no estuvieran afiliados previamente.

La afiliación es única para todos los regímenes de la Seguridad Social y se extiende a toda la vida del trabajador, es un acto administrativo mediante el cual la Tesorería General de la Seguridad Social reconoce la condición de incluida en el Sistema de Seguridad Social a la persona física que por primera vez realiza una actividad determinante de su inclusión en el ámbito de aplicación del mismo.

Al finalizar el proceso de afiliación, se obtiene un Número de Seguridad Social que será único para el trabajador y válido para toda su vida.

Por otra parte, los empresarios también están obligados a comunicar el alta del trabajador motivada por el inicio de la prestación de los servicios. Las altas son actos administrativos por los que se constituye la relación jurídica de Seguridad Social.

Las consecuencias para el empresario en el caso de no cumplir con la obligación de dar de alta a trabajadores en la seguridad social pueden ser muy nocivas para el negocio y para el propio empresario. En este supuesto, no se limita el acceso del trabajador a las prestaciones de la Seguridad Social (asistencia sanitaria, incapacidad temporal e invalidez), siempre que concurran los demás requisitos exigidos.

Según la jurisprudencia y legislación laboral, el incumplimiento empresarial de la obligación de afiliación, alta y cotización no impide el alta de pleno derecho en el sistema; en este caso, será el empresario infractor el que deberá asumir el pago de las prestaciones sin perjuicio de la obligación de anticipar su importe, hasta el límite legal establecido, por parte de las Mutuas de

Accidentes de Trabajo y Enfermedades Profesionales o, en su caso, por las entidades gestoras de la Seguridad Social.

 CONSEJO DEL EXPERTO

"En la contratación de nuevos empleados, sea el tipo de contrato que sea, asegúrate siempre que los das de alta antes de que empiece a trabajar pues, a parte de cumplir con la ley, si tienes la mala suerte de que ese día tenga un accidente laboral, y aun no esté dado de alta, tendrás que asumir toda la responsabilidad."

Quim Isern - Asesor laboral en DAEM

EL CASO DE PATRICE

Patrice tiene un restaurante con dos trabajadores a su cargo. Un viernes cualquiera uno de sus trabajadores se puso enfermo por lo que Patrice contrató a otra persona para que le ayudara el fin de semana, aunque, con las prisas y el estrés del momento, olvidó avisar y enviar la documentación a la gestoría para tramitar el alta.

El sábado el nuevo empleado tuvo un accidente laboral en la cocina y causó baja. Al no estar dado de alta y no poder acceder directamente a las prestaciones, el empleado demandó a Patrice quien tuvo que hacer frente a las prestaciones por incapacidad temporal del trabajador, además de una sanción, lo que lo supuso un fuerte traspié económico. A pesar de ello, podemos decir que Patrice tuvo suerte, pues el accidente no fue más grave, si hubiera resultado en una incapacidad permanente o incluso la muerte, las consecuencias económicas e incluso penales para Patrice hubieran sido desastrosas.

36 Formalización de contratos de trabajo

El contrato de trabajo puede celebrarse por escrito o de palabra.

Deberán constar por escrito los contratos de trabajo cuando así lo exija una disposición legal, y en todo caso, los de prácticas y para la formación y el aprendizaje, los contratos a tiempo parcial, fijos-discontinuos y de relevo, los contratos para la realización de una obra o servicio determinado, los de los trabajadores que trabajen a distancia y los contratados en España al servicio de empresas españolas en el extranjero. Igualmente constarán por escrito los contratos por tiempo determinado cuya duración sea superior a cuatro semanas. De no observarse tal exigencia, el contrato se presumirá celebrado por tiempo indefinido y a jornada completa, salvo prueba en contrario que acredite su naturaleza temporal o el carácter a tiempo parcial de los servicios.

Los empresarios están obligados a comunicar al Servicio Público de Empleo (SEPE) el contenido de los contratos de trabajo que celebren o las prórrogas de los mismos, deban o no formalizarse por escrito. Asimismo, el empresario debe entregar una Copia del Contrato al trabajador.

 CONSEJO DEL EXPERTO

"En un contrato de trabajo puedes regular muchos apartados de la relación laboral más allá de lo establecido por ley. Por ejemplo, cláusulas de confidencialidad, secreto industrial, no competencia, retribución flexible, entre otras. Si tu negocio tiene alguna peculiaridad especial, consulta con tu asesor para que te oriente al respecto."

Quim Isern - Asesor laboral en DAEM

Con la reciente reforma laboral de 28 de diciembre de 2022, los tipos de contrato de trabajo en España han sido objeto de importantes modificaciones.

Repasamos los aspectos clave de las modalidades de contrato de trabajo, con las novedades más relevantes desde 2022:

- **Contrato de trabajo indefinido:** contratos sin periodo de tiempo establecido. Además, se establece un límite de 18 meses (en 24 meses) para concatenar contratos y concretarlos en indefinidos.

  En esta categoría se incluye la modalidad de contratos de trabajo indefinidos adscritos a obra limitada a servicios o tareas cuya finalidad esté vinculada a la construcción.

- **Contrato de trabajo temporal:** limitado a dos tipologías, el contrato por circunstancias de la producción y el contrato por sustitución de persona trabajadora.

  Desaparece, con la nueva reforma laboral de 2022, el contrato por obra y servicio determinado.

- **Contrato de trabajo fijo discontinuo:** limitados a actividades estacionales o de temporada, empresas de trabajo temporal (ETT) y contrato para la práctica profesional.

- **Contrato de trabajo formativos:** limitado a dos tipologías, el contrato de formación en alternancia y el contrato para la práctica profesional

Finalmente, se establecen una serie de bonificaciones en los contratos de formación y aprendizaje.

- Se reducen al 100% las cuotas empresariales para empresas de menos de 250 trabajadores y al 75% para empresas con más de 250. En caso de trabajadores inscritos en el Sistema Nacional de Garantía Juvenil los mismos porcentajes aplican como bonificación.

- Se financia la formación con bonificaciones en las cuotas empresariales por horas de acuerdo con distintos porcentajes de la jornada laboral (25%

primer año, y 15% segundo y tercer años). Como bonificación adicional se bonifican costes de tutorización (1,5 euros por alumno y hora de tutoría máximo, hasta 40 h por mes y alumno; 2 euros en empresas de menos de 5 trabajadores).

Se incentiva con 1.500 o 1.800 euros el paso a indefinidos durante 3 años para mujeres, y en los trabajadores inscritos en el Sistema Nacional de Garantía Juvenil este mismo incentivo se aplica como bonificación.

El Real Decreto-ley de reforma del mercado de trabajo se publicó en el BOE del 30 de diciembre de 2021 y entró en vigor el 31 de diciembre, según recoge el texto. Con este punto de partida y la posterior aprobación en el Congreso, la reforma entrará en vigor en tres meses, es decir el 31 de marzo de 2022, plazo que tienen las empresas para adaptarse a la nueva normativa.

En el Anexo VIII encontrarás más información referente a las diferentes modalidades de contratos de trabajo.

37 Protección de datos de los trabajadores

Todas las empresas que manejan datos de carácter personal, incluidos los relacionados con el ámbito laboral, están obligadas a cumplir con la normativa en materia de protección de datos.

La nueva LOPD regula las obligaciones que tienen los empresarios para proteger los datos personales de sus trabajadores, así como el deber de secreto y confidencialidad que deben cumplir los empleados.

Además, incluye una serie de derechos digitales que afectan a los empleados como es el derecho a la desconexión laboral o el derecho a la intimidad en el uso de dispositivos de videovigilancia y geolocalización en el trabajo.

En el Anexo II encontrarás más información referente a la protección de datos.

38 Hoja de salario

El salario es la remuneración económica que una persona percibe por su trabajo. Está formado por una cuantía fija (salario base) y por complementos salariales y no salariales:

- Los complementos salariales forman parte del salario y se establecen dependiendo de las circunstancias del trabajador, como por ejemplo las comisiones o las pagas extraordinarias.

- Los complementos no salariales, en cambio, son retribuciones utilizadas para indemnizar o resarcir pagos efectuados por el trabajador en su prestación de servicios. Algunos ejemplos de este tipo de complementos son los gastos de transporte, las dietas o la indemnización por despido.

El convenio colectivo fija las cuantías mínimas de todos los componentes que forman el salario y, a falta de convenio, el salario Mínimo Interprofesional o índice que lo sustituya marca el salario mínimo. En cualquier caso, el empresario puede mejorarlas.

Por otro lado, el salario puede abonarse en metálico (en la moneda legal y en vigor) o en especie. El pago en especie (o en especies) consiste en la utilización, consumo u obtención para fines particulares de bienes, derechos o servicios de forma gratuita o por un precio inferior al normal de mercado.

Una de las primeras actuaciones comprobatorias que realiza la Inspección de Trabajo es la petición de los recibos de salario y boletines de cotización correspondientes a los últimos cuatro años, para verificar que se ajusten a dichos mínimos y que se esté cotizando adecuadamente.

39 Cotización a la seguridad social en el Régimen General

Empresarios y trabajadores están obligados a cotizar mensualmente a la Seguridad Social.

Es obligación del empresario retener la cuota obrera (correspondiente al trabajador) de la seguridad social de los salarios de los trabajadores, además del pago de la cuota patronal (correspondiente a la empresa o empresario).

El trabajador por su parte, debe entregar al empresario el Modelo 145, un impreso mediante el cual las personas comunican al empresario sus circunstancias personales o familiares. Sirve para calcular la retención de IRPF que será aplicada en la nómina del trabajador cada mes.

La cuota patronal se compone de los siguientes conceptos:

- Contingencias comunes.

- Desempleo.

- Formación profesional.

- Fondo de Garantía Salarial (FOGASA).

- Accidente de trabajo y enfermedad profesional (AT/EP).

La cuota obrera incluye únicamente:

- Contingencias comunes.

- Desempleo.

- Formación profesional.

Según su cualificación, los trabajadores quedan encuadrados en uno de los 11 grupos de cotización existentes.

Para cada uno de ellos está establecida una base máxima y mínima de cotización por contingencias comunes.

Así, si la obtenida queda por encima o por debajo de dichas cantidades, se aplicarán estas que para el ejercicio 2024 son las siguientes:

Grupos de Cotización	Categoría profesional	Base mínima Euros (Mes)	Base máxima Euros (Mes)
1	Ingenieros y Licenciados. Personal de alta dirección excluido del art. 1,3 c de ET	1.847,40	4.720,50
2	Ingenieros, Técnicos, Peritos y Ayudantes Titulados	1.532,10	4.720,50
3	Jefes Administrativos y de taller	1.332,90	4.720,50
4	Ayudantes no titulados	1.323,00	4.720,50
5	Oficiales Administrativos	1.323,00	4.720,50
6	Subalternos	1.323,00	4.720,50
7	Auxiliares Administrativos	1.323,00	4.720,50
		Euros (Día)	Euros (Día)
8	Oficiales de primera y segunda	44,10	157,35
9	Oficiales de tercera y especial	44,10	157,35
10	Peones	44,10	157,35
11	Menores de 18 años	44,10	157,35
TOPE Máximo		4.720,50	
TOPE Mínimo		1.323,00	

Tanto la cuota patronal como la cuota obrera se obtienen aplicándole unos porcentajes (tipos de cotización) a la base de cotización mensual del trabajador:

Concepto		Tipos de cotización 2024 (%)	
		Cuota patronal (empresa)	Cuota obrera (trabajador)
Contingencias comunes (CC)		23,60%	4,70%
Desempleo	Por obra / eventual	6,70%	1,60%
	Resto contratos	5,50%	1,55%
Mecanismo de Equidad Intergeneracional (IMEI)		0,58%	0,12%
Formación profesional		0,60%	0,10%
FOGASA		0,20%	-
Accidente Trabajo (AT) / Enfermedad Profes. (EP)		Según Tarifa de Primas	-
Horas extraordinarias – cotización adicional			
De fuerza mayor		12,00%	2,00%
Resto		23,60%	4,70%

Especial mención a la remuneración por horas extraordinarias que está sujeta a una cotización adicional no computable para determinar las prestaciones comunes. No obstante, sí computarán para las prestaciones derivadas de contingencias profesionales. Además, es importante tener presente lo siguiente en relación a las horas extraordinarias:

- El número de horas extraordinarias no puede ser superior a ochenta al año, salvo las realizadas por causa de fuerza mayor. Para los casos de contratos con jornadas inferiores a la general, se aplicará la parte proporcional al máximo de ochenta horas anuales.

- Se prohíben las horas extras a menores de 18 años. Por lo que refiere a los trabajadores con contratos para la formación y aprendizaje y a los trabajadores con contratos a tiempo parcial, tampoco podrán realizar horas extra (salvo las realizadas por fuerza mayor).

- Según el Estatuto de los trabajadores (E.T.), tendrán la consideración de horas extraordinarias aquellas horas de trabajo que se realicen sobre la duración máxima de la jornada ordinaria de trabajo. Mediante convenio colectivo o, en su defecto, contrato individual, se optará entre abonar las horas extraordinarias en la cuantía que se fije, que en ningún caso podrá ser inferior al valor de la hora ordinaria, o compensarlas por tiempos equivalentes de descanso retribuido. En ausencia de pacto sobre este tema, se entenderá que las horas extraordinarias realizadas tendrán que ser compensadas mediante descanso dentro de los cuatro meses siguientes a su realización.

- Por otro lado, las horas extras derivadas por fuerza mayor, conforme el art. 35.3 del E.T., son aquellas que, excediéndose de la jornada ordinaria laboral, son destinadas para prevenir o reparar siniestros y otros daños extraordinarios y urgentes. A diferencia de las horas extras ordinarias, este tipo de horas extras no tienen establecido un máximo legal anual de horas y su realización, debido a la necesidad de la fuerza mayor, es obligatoria.

Por otro lado, para aquellos trabajadores que sigan trabajando pudiendo jubilarse, existe una exoneración en la cotización por contingencias comunes (salvo IT), desempleo, fondo garantía salarial y formación profesional, prevista en el art. 152 del RD Legislativo 8/2015:

- Aplicable durante el año 2024 a trabajadores cuenta ajena o a socios trabajadores o de trabajo de cooperativas, que continúen trabajando tras haber alcanzado la edad de 65 años si se acreditan 38 o más años de cotización o 66 años y 6 meses cuando se acrediten menos de 38 años de cotización.

- Tipo de cotización aplicable durante el año 2024 por IT por contingencias comunes: 1,55 %, del que el 1,30% será a cargo de la empresa, y el 0,25 % a cargo del trabajador.

Los contratos de duración determinada por tiempo inferior a 30 días tendrán una cotización adicional a cargo del empresario que se abonará a su finalización, y que durante el año 2024 tendrá un importe de 31,22 €. Esta cotización adicional no se aplicará a los contratos por sustitución, a los contratos para la formación y el aprendizaje ni a los contratos de formación en alternancia.

 CONSEJO DEL EXPERTO

"Que las horas extra no se conviertan en una rutina habitual y, en la medida de lo posible, busca más la eficiencia de las horas trabajadas de tus empleados. Por otro lado, evita caer en la tentación de no declarar las horas extra pues, si se vuelve en habitual y tienes alguna denuncia de algún trabajador, podrás ser sancionado duramente por la administración."

Quim Isern - Asesor laboral en DAEM

EL CASO DE CRISTINA

Cristina tiene un restaurante en una zona turística. En los meses de julio y agosto, cuando más pedidos tiene, acuerda con sus trabajadores realizar horas extra a fin de cubrir el incremento de demanda. A fin de mes, en la hoja de horas de cada empleado quedan detalladas las horas ordinarias y la extraordinarias, abonándose de acuerdo al convenio colectivo de aplicación la retribución económica de ese exceso de horas.

A finales de junio, la empresa recibe una inspección de trabajo en la que se constata que las horas extraordinarias han superado el máximo permitido de 80 al año por lo que Cristina recibe una sanción grave de alrededor de 3.000 euros (art. 40.1 LISOS).

Para evitar esta situación en el futuro, Cristina acudió a nosotros en búsqueda de asesoramiento y substituimos estas horas extraordinarias con el apoyo de trabajadores temporales durante los meses de mayor punta de trabajo.

40 Retribuciones en especie

De acuerdo con el art. 42.1 de la Ley 35/2006, de 28 de noviembre, del impuesto sobre la Renta de las Personas físicas (IRPF), constituyen rendimientos del trabajo en especie la utilización, consumo u obtención para fines particulares, de bienes, derechos o servicios de forma gratuita o por precio inferior al normal del mercado, aunque no supongan un gasto real para el que las conceda. La principal diferencia entre este concepto salarial y el resto es que no se abonan con dinero sino con la puesta a disposición del trabajador de productos y/o servicios de los que se pueden beneficiar.

Estos rendimientos, por norma general, deben incluirse en la base imponible del IRPF y deben reflejarse en la hoja de salario del trabajador. No obstante, trazar la frontera entre la existencia de una retribución en especie (beneficio particular para el trabajador) y la existencia o provisión de un simple instrumento o condición favorable de trabajo (no se busca proporcionar un beneficio al trabajador, sino dotarle de medios idóneos para lograr un mejor desempeño de su trabajo) no es tarea fácil y es una fuente de polémica. En estos casos, la presunción juega a favor del contribuyente, en función, por ejemplo, de las condiciones objetivas de los bienes o servicios de la actividad desarrollada.

La Ley de IRPF especifica que no tienen la consideración de rendimientos del trabajo en especie: las cantidades destinadas a la actualización, capacitación o reciclaje del personal empleado, cuando vengan exigidos por el desarrollo de sus actividades o las características de los puestos de trabajo. Tampoco las primas o cuotas satisfechas por la empresa en virtud de contrato de seguro de accidente laboral o responsabilidad civil del trabajador.

Adicionalmente, la valoración de los bienes y/o servicios a valor de mercado es, a veces, difícil de cuantificar, para lo que la Ley de IRPF establece una serie de reglas generales según la naturaleza del bien o servicio.

Existen una serie de rendimientos en especie que están exonerados de gravamen en el IRPF lo cual ofrece importantes ventajas al trabajador:

- Las entregas a empleados de productos a precios rebajados que se realicen en cantinas o comedores de empresa o economatos de carácter social.

- Las entregas de vales o cheques de comida ("Ticket restaurant") hasta un límite de 11 euros por día (cuantía revisable atendiendo a la evolución económica y el carácter social de esta medida por el Ministerio de Hacienda) debiendo cumplir además una serie de requisitos (numeración y control, intransmisibilidad, sin reembolso, etc.).

- La utilización de los bienes destinados a los servicios sociales y culturales del personal empleado.

  Entre estos servicios encontramos en el caso de los cheques guardería, no existe ningún límite de la exención, se aplicaría a la totalidad de la cuota con independencia de su importe. Siempre y cuando se cumpla el límite general en que el salario en especie no puede superar el 30%.

  Por otro lado, Hacienda no considera las cantidades destinadas por la empresa para la formación y reciclaje del personal de los empleados cuando vengan exigidas por el desarrollo de sus actividades como rendimientos del trabajo en especie.

- Las primas o cuotas satisfechas a entidades aseguradoras para la cobertura de enfermedad (pudiendo alcanzar a su cónyuge o descendientes) con un límite de 500 euros por persona (1.500 euros en caso de discapacidad).

- Las aportaciones a Planes de Pensiones de Empleo (PPE), donde se asignan contribuciones de forma individual a sus partícipes, incluyendo las realizadas por la empresa promotora, tienen un límite de deducción fiscal de 10.000 euros anuales en el IRPF. Dentro de este marco, las aportaciones personales pueden alcanzar hasta 1.500 euros, mientras que las contribuciones empresariales pueden ser de hasta 8.500 euros anuales. Estas últimas no deben exceder el 30% del total de los rendimientos netos del trabajo, conjuntamente con el resto de rendimientos en especie, y actividades económicas recibidos por el trabajador durante el año fiscal. Este régimen fiscal se contrapone al límite general de 1.500 euros aplicable a las aportaciones a planes de pensiones individuales no asociados a un empleador, con esto el legislador estimula estos planes de pensiones de empresa.

- La prestación del servicio de educación preescolar, infantil, primaria, secundaria obligatoria, bachillerato y formación profesional por centros educativos autorizados, a los hijos de los empleados de los centros educativos, con carácter gratuito o por precio inferior al normal de mercado.

- Las cantidades satisfechas a las entidades encargadas de prestar el servicio público de transporte colectivo de viajeros con la finalidad de favorecer el desplazamiento de los empleados entre su lugar de residencia y el centro de trabajo, con el límite de 1.500 euros al año para cada trabajador.

En los términos que reglamentariamente se establezcan, la entrega a los trabajadores en activo, de forma gratuita o por precio inferior al normal de mercado, de acciones o participaciones de la propia empresa o de otras empresas del grupo de sociedades, en la parte que no exceda, para el conjunto de las entregadas a cada trabajador, de 12.000 euros al año. Para esta exención, es necesario que el reparto de estas acciones o participaciones sea en las mismas condiciones para todos los trabajadores, que estos títulos se mantengan 3 años y que la participación no supere el 5%. No obstante, si la empresa se acoge a la nueva Ley Startups este límite se incrementa hasta los 50.000 euros anuales.

El resto de rendimientos en especie, no incluidos en esta lista, así como los rendimientos que superen los límites establecidos o no cumplan con las condiciones establecidas en el artículo 42 de la Ley del IRPF, no estarán exentos y deberán tributar por IRPF.

A continuación, puedes encontrar ejemplos de retribuciones en especie más comunes:

- Tickets restaurante o comedor subvencionado: para que el trabajador utilice en su hora de comida (con los límites comentados en este artículo en el caso indirecto).

- Transporte de empresa: algunas empresas, especialmente aquellas que están lejos de los cascos urbanos o tienen horarios que no coinciden con el transporte público, tienen autobuses o furgonetas para trasladar a los trabajadores.

- Teléfono de empresa: cuando se utilicen de forma privada y no solo para cuestiones de trabajo.

- Coche de empresa: cuando se utilicen de forma privada y no solo para cuestiones de trabajo.

- Plaza de parking: cuando se utilicen de forma privada y no solo para cuestiones de trabajo.

- Vivienda de empresa: cuando la empresa alquile o tenga en propiedad una vivienda que ponga a disposición del trabajador.

- Conexión a internet del trabajador: sobre todo para trabajadores que teletrabajan.

- Servicio de guardería: ya sea en la propia empresa o a través de guardería con las que haya un convenio.

- Suscripción de planes de pensiones o seguros médicos: a favor del trabajador siendo la empresa quien asume el cargo de las primas o pagas (con los límites comentados anteriormente).

- Préstamos blandos: préstamo que la empresa concede al trabajador, normalmente con un interés inferior al del mercado.

- Participaciones y acciones de la empresa: se entrega a los trabajadores acciones en vez de dinero (con los límites comentados anteriormente).

⚠ **CONSEJO DEL EXPERTO**

"Aprovecha las ventajas fiscales que ofrecen ciertos rendimientos en especie como los Ticket Restaurant, los servicios de transporte público o las mutuas de salud. Con ellos, a igualdad de salario bruto, tus empleados tendrán mayor salario neto con lo que repercutirá en una mayor satisfacción. Y un empleado más satisfecho, repercute en un mayor rendimiento laboral".

José Carlos de Alós - Consultor en DAEM

41 Dietas y gastos de viaje

Otro de los conceptos que mayor controversia genera en la retribución de trabajadores por cuenta ajena consiste en las dietas y los gastos de viaje.

Se entiende por dietas y asignaciones para gastos de viaje aquellas cantidades que la empresa paga al trabajador cuando tiene que desplazarse o viajar fuera del lugar donde se encuentra su centro de trabajo habitual derivado de las propias tareas profesionales.

Estos desplazamientos producen una serie de gastos (transporte, comidas, y en caso de tener que pernoctar fuera, gastos de alojamiento) que suele pagar el trabajador y, tras haber realizado las comprobaciones oportunas, la compañía le reembolsa.

La hoja de gastos es el documento que se tiene que utilizar en los procesos de gestión de los gastos de viaje de la empresa en la que los trabajadores tendrán que reportar toda la información de sus gastos y transmitirlos para su validación.

Existe cierta controversia a la hora de reflejar estos conceptos en las hojas de salario (o nómina). La normativa exige a la empresa a incluir en las hojas de salario todas las percepciones extrasalariales, con el denominador común de haber sido recibidas por los trabajadores:

- En las instrucciones dadas por la seguridad social para la cumplimentación del fichero CRA (retribuciones abonadas a los trabajadores art. 109.3 LGSS) se puede encontrar la siguiente indicación: "Gastos de locomoción y estancia: cualquier gasto de locomoción, estancia o dietas que abone la empresa por desplazamientos de los trabajadores para realizar su trabajo a un centro distinto de su centro habitual de trabajo, deberá comunicarse en el fichero CRA, con independencia de la fórmula que utilicen para su pago (pago previo por el trabajador y reintegro posterior por la empresa, pago directo por la empresa, gestión a través de agencia de viajes de la propia empresa, etc.)."

- La Orden Ministerial de 27 de diciembre de 1994, modificada por la Orden ESS/2098/2014, estipula claramente que en las hojas de salario de los trabajadores también deberán incluirse las percepciones extrasalariales y, por tanto, y entre ellas, las indemnizaciones o suplidos y los gastos de locomoción y dietas, cualquiera que sea la forma de pago (directa o no).

- El artículo 7.3 de la Ley sobre Infracciones y Sanciones en el Orden Social (LISOS) entiende como falta grave el "no consignar en las hojas de salario las cantidades realmente abonadas a los trabajadores".

Frente a la complejidad de incluir en las hojas de salarios todos los gastos de viaje (hoteles, aviones, etc.), la práctica habitual de los empresarios pasa por diferenciar entre:

- Gastos debidamente justificados mediante factura emitida a favor de la empresa (y cumpliendo todos los requisitos legales) ya sean gastos abonados directamente por la empresa o gastos en los que el trabajador actúa como intermediario en el pago (solicitando un anticipo o un reembolso para resarcir esos gastos).

  En este caso, la práctica habitual suele ser no incluir estos conceptos en las hojas de salarios de los empleados y, a nivel contable, se contabilizarán atendiendo a la naturaleza del gasto.

- Gastos sin justificar o gastos justificados sin la emisión de factura completa.

  En este caso, la práctica habitual suele ser incluir estos conceptos en las hojas de salarios de los empleados y, a nivel contable, se contabilizarán como gastos de personal.

CONSEJO DEL EXPERTO

"En nuestra opinión, es defendible frente a una inspección de trabajo el criterio de no incluir en nómina los conceptos debidamente justificados con factura a nombre del empresario (ej. hoteles, aviones, etc.) e imputarlos directamente como gasto del empresario. Aunque recomendamos ser prudentes y consultar con un asesor especializado para analizar cada caso atendiendo a su complejidad y a las potenciales consecuencias que puede tener. En todo caso, recomendamos incluir siempre en la hoja de salario los gastos de manutención (dietas) y los gastos de locomoción (kilometraje y/o transporte público)."

Quim Isern - Asesora laboral en DAEM

EL CASO DE ALBERTO

Alberto tiene un negocio de auditoría en la ciudad de Madrid. Como consecuencia de la entrada de un nuevo cliente en su despacho, el cual esta domiciliado en Valladolid, contrata a un trabajador a su cargo y le propone trasladarse durante una semana a dicha ciudad para que pueda desplazarse al centro de dicha empresa y recoger in situ toda la información y documentación necesaria.

Para cumplir esa finalidad, Alberto asume los costes de su viaje de ida y vuelta, de hospedaje en un hotel y todas las dietas que ello comporte. Alberto no incluye en nómina los gastos de desplazamiento y hospedaje pues los abona directamente y se emiten facturas a nombre de Alberto. No obstante, sí incluye en nómina las dietas pues las abona directamente el trabajador, con la correspondiente exención de IRPF marcadas por ley.

La cantidad de dinero que el trabajador percibe por dietas y gastos de viaje es una retribución al trabajador que tiene efectos fiscales tanto en IRPF (tanto del trabajador como del propio autónomo) como en IVA. Además del impacto en la Seguridad Social.

Es importante no confundir estos gastos de viaje con las retribuciones en especie que pueda recibir el trabajador en su nómina (revisa el capítulo anterior para más información referente a retribuciones en especie).

- Las dietas y los gastos de viaje, referidos en este capítulo, están relacionados con las tareas profesionales que se desempeñan para la actividad.

- Las retribuciones en especie son todos aquellos gastos que el empresario asume en nombre del empleado pero que son de disfrute privativo del mismo.

A continuación, resumimos las implicaciones fiscales de las dietas y gastos de viaje.

- **IRPF del trabajador:** aunque la cantidad de dinero percibida debe considerarse una retribución al trabajador, la Ley permite que estas cantidades monetarias no tributen siempre que se cumplan una serie de límites y condiciones debiendo declarar las cantidades que superen dichos límites, como regla general:

CONCEPTO				IMPORTE EXENTO	IMPORTE NO EXENTO
Gastos de manutención y estancia (Dietas)		Gastos de estancia		Importe justificado	Importe no justificado
	Gastos de manutención	Pernocta	España	53,34 euros	El exceso de tales cantidades
			Extranjero	91,35 euros	
		No Pernocta	España	26,67 euros	
			Extranjero	48,08 euros	
		Personal de vuelo	España	36,06 euros	
			Extranjero	66,11 euros	
Gastos de Locomoción		Transporte público		Importe justificado	Importe no justificado
		Por su cuenta		0,26 euros/Km recorrido + peajes y aparcamiento justificado	El exceso

En los casos en que por no existir justificante y se abonen al trabajador cantidades a tanto alzado (gastos de manutención o kilometraje) la realidad y el motivo de los desplazamientos deberán acreditarse por cualquier medio de prueba válido en Derecho.

Es importante justificar adecuadamente los desplazamientos ya que los Tribunales pueden considerar que, en los casos en que se fija unas cantidades fijas y periódicas como dietas, las mismas no responden a tal denominación, y estamos ante retribuciones de carácter salarial. Respecto a su justificación, es necesario probar el día y lugar de desplazamiento y su razón o motivo.

Es decir, se exige acreditar que ha existido un desplazamiento concreto por parte del trabajador, en el ejercicio de su actividad laboral, la fecha determinada del desplazamiento, así como el trayecto realizado, por lo que no será suficiente justificación el hecho de presentar facturas por la empresa con las obras realizadas en distintos lugares.

- **IRPF del autónomo:** los gastos de viaje podrán ser deducibles a la hora de determinar el rendimiento de la actividad, siempre que los gastos corran a cargo de la empresa, se relacionen directamente con la actividad de la misma, estén debidamente justificados y aparezcan correctamente contabilizados.

- **Impuesto sobre el Valor Añadido:** por regla general, las cuotas soportadas de los servicios de desplazamiento, viajes, hostelería y restauración no podrán ser objeto de deducción en el IVA soportado. Para que estos gastos puedan ser objeto de deducción en el IVA soportado, será necesario, en todo caso, justificarlos mediante factura expedida por quien realice la entrega, estar numerada, fechada, con el lugar de emisión, con todos los datos fiscales, tanto emisor como receptor, con la descripción del concepto, la base imponible, el tipo impositivo aplicado, la cuota repercutida y la moneda en la que se efectúa el pago (en el capítulo 26 encontrarás más información referente a requisitos formales desde el punto de vista de IVA).

42 Jornada laboral

La jornada de trabajo es el tiempo que cada trabajador dedica a la ejecución del trabajo por el cual ha sido contratado. La duración de la jornada de trabajo se pacta en los convenios colectivos o en los contratos individuales de cada trabajador.

El máximo legal de horas trabajadas es de 40 horas semanales de trabajo efectivo. No obstante, pueden establecerse duraciones distintas de modo que unas semanas se trabajen más horas y otras menos, aunque en el cómputo anual no podrán sobrepasar el máximo legal de horas pactadas. Esta distribución irregular del tiempo debe de acordarse por convenio colectivo o mediante contrato (en defecto de pacto, la empresa podrá distribuir de manera irregular a lo largo del año el 10% de la jornada de trabajo).

En ningún caso la jornada diaria puede superar las 9 horas (salvo que por convenio colectivo o contrato se establezca otra distribución) y, entre el final de una jornada y el comienzo de la siguiente, se deben de respectar un mínimo de 12 horas de descanso.

La jornada laboral comienza por lo general entre las 8:00 y las 9:30 y termina a las 17:00 o 19:30 dependiendo de la política de la empresa en lo referente al horario de almuerzo (1 a 2 horas).

Si se trabajan más de 6 horas de manera continuada, el trabajador tiene derecho a un descanso mínimo de 15 minutos (aunque podría ser mayor según convenio colectivo), los descansos que no se disfruten podrán ser reclamados por el trabajador en forma de retribución.

Por regla general, el trabajador tiene derecho a un descanso semanal mínimo de 1 día y medio ininterrumpido (por lo general, la tarde del sábado o la mañana del lunes y el día completo del domingo) y un período de vacaciones de al menos 30 días naturales, así como los días festivos definidos por el gobierno central, por las Comunidades Autónomas y por las autoridades municipales.

Además, los trabajadores tienen derecho a permisos retribuidos, previo aviso y justificación, en caso de matrimonio, realización de funciones sindicales, nacimiento de hijo, enfermedad grave o fallecimiento de pariente próximo, traslado de domicilio habitual o para cumplir con un deber obligatorio de carácter público y personal, que no se puede efectuar mediante sustituto.

 CONSEJO DEL EXPERTO

"A menudo, el afán por reducir costes lleva a empresarios a formalizar falsos contratos a tiempo parcial en los que se pactan jornadas y salarios inferiores a los reales o a los establecidos como mínimos obligatorios. Esta es un practica irregular i sancionable.

Este incumplimiento se agrava al producirse accidentes de trabajo en la parte de la jornada laboral no cubierta."

Quim Isern - Asesor laboral en DAEM

EL CASO DE LUÍS

Luís tiene un taller mecánico donde cuenta con un empleado con un contrato de tiempo parcial de 4 horas de lunes a viernes en horario de 10:00 a 14:00h.

Una tarde, a las 18.30h, se presentó un inspector de trabajo, solicitándose a ambos el DNI y preguntando por el registro horario de ese día del único trabajador. Al hacerle entrega del documento, el inspector detectó que había registrado su entrada y salida en la mañana al igual que el resto de días y de acuerdo a su contrato de trabajo.

Una vez escuchadas las alegaciones de ambos, el inspector levantó acta de diferencias de cotización desde el inicio del contrato al entender que el trabajador habitualmente prestaba sus servicios a jornada completa.

43 Control horario y registro de jornada

Todas las empresas están obligadas a registrar diariamente la jornada de sus trabajadores, independientemente del tipo de contrato y del tamaño de la empresa. Además, la información del registro debe conservarse durante cuatro años.

La regulación establece que el registro deberá incluir el horario concreto de inicio y finalización de la jornada de trabajo de cada persona trabajadora, sin perjuicio de la flexibilidad horaria. Esto supone que el registro es doble: de horario (hora de entrada y salida) y de jornada (número de horas).

Quedan excluidos de esta obligación:

- Trabajadores autónomos (pues son trabajadores por cuenta ajena y, por definición, no les podremos establecer un horario o a una jornada de trabajo específica).

- Las relaciones mercantiles, como puedes ser colaboradores familiares del autónomo (o los administradores de sociedades mercantiles).

- Personal de alta dirección (con contrato de alta dirección).

- Socios de cooperativas o de las sociedades laborales (aunque sus trabajadores sí están obligados).

- Funcionarios públicos.

En cuanto a las relaciones laborales especiales, hay que revisar en detalle lo previsto en su normativa específica sobre jornada y a las reglas de supletoriedad. En algunas relaciones especiales hay una remisión supletoria al Estatuto de los Trabajadores y demás normas laborales de general aplicación en cuanto no sean incompatibles con la naturaleza y características especiales; así ocurre, por ejemplo, con abogados, deportistas profesionales, servicio del hogar familiar o artistas en espectáculos públicos.

La forma de registro queda en función de la discreción de la empresa, la cual puede consultar al convenio o a la representación de los trabajadores para establecer cómo se realizará.

Por último, comentar que el registro de jornada no sustituye el registro de las Horas Extraordinarias, de la jornada a tiempo parcial y de las jornadas especiales.

 CONSEJO DEL EXPERTO

"El registro de jornada es de lo primero que revisa la inspección laboral pues es un elemento de fácil comprobación (y de fácil sanción). No lo olvides. Utiliza el medio que más fácil te resulte (hoja de papel, aplicación móvil, mecanismo de huella dactilar, software en ordenadores, etc.) pero debes de acostumbrar a tus empleados a realizarlo. Si un trabajador no lo cumple, la responsabilidad es tuya, por mucho que acredites que has avisado a ese trabajador por activa y por pasiva."

Quim Isern - Asesor laboral en DAEM

EL CASO DE ALBERTO

Alberto tiene un negocio de servicios educativos orientados a la tecnología. Debido a la pandemia de la Covid-19, afectó a sus trabajadores a un ERTE de reducción de jornada durante los meses de abril y mayo de 2020.

La inspección de trabajo se presentó en las oficinas de Alberto un jueves a las 13:00 y encontró trabajando a un empleado que técnicamente no debería estar allí pues su jornada reducida terminaba a las 12:00, además no disponía de ficha de control horario de esa semana (sí disponía de la semana anterior).

Alberto intentó alegar que esa era su jornada y presentó, a posteriori, una hoja de registro de jornada completada para esa semana. La inspección de trabajo alegó intención de fraude y le sancionó con 12.000 euros. Alejandro presentó su disconformidad, pero no prosperó por falta de fundamento y credibilidad.

44 Calendario y horario laboral

Tanto el calendario como el horario laboral deben estar publicados y a disposición del trabajador.

La jurisprudencia social ha establecido que el horario debe mostrarse en un lugar visible en el centro de trabajo.

45 Revisiones médicas

Es una obligación del empresario poner a disposición del trabajador una revisión médica anual y es un derecho del trabajador que puede voluntariamente renunciar a él, salvo en algunos casos en que la obligación la tiene el propio trabajador.

Los reconocimientos sanitarios previos a la incorporación del trabajo sólo podrán realizarse cuando así se disponga expresamente en la normativa de aplicación.

PARTE VIII: El coste de no cumplir con tus obligaciones

¡Tómatelo en serio, incumplir puede tener consecuencias terribles!

Llegados a este punto, ya conoces lo que significa ser autónomo y sabes cuáles son tus obligaciones.

Ahora debo de decirte que te lo tomes muy enserio, no cumplir con tus obligaciones puede tener consecuencias terribles, no solo económicas, puedes llegar a tener consecuencias civiles e incluso penales, en el peor de los casos.

Por ello, debes de conocer los riesgos a los que te enfrentas como empresario por lo que, en este apartado, podrás encontrar el régimen de sanciones por incumplir tus obligaciones, tanto con la Agencia Tributaria como con la Seguridad Social. Adicionalmente a las sanciones, debes de tener presente que no presentar o liquidar tus obligaciones a tiempo conlleva recargos e intereses de demora.

Si te has asustado, quizás es buen momento de mirar hacia atrás y volver a leer los conceptos que no te hayan quedado claros de este libro y, en todo caso, consultar con un asesor para asegurarte que tienes claras cuáles son tus obligaciones y que no tengas que aplicar lo que te contaremos a continuación.

46 Régimen sancionador de la Agencia Tributaria

La Administración Tributaria tiene cómo órgano sancionador a la Agencia Estatal de la Administración Tributaria quien procede a dirigir los análisis de la comisión de las infracciones tributarias de imponer las sanciones correspondientes, en caso de resultar procedente.

La Ley General Tributaria es el eje central del ordenamiento tributario donde se recogen sus principios esenciales y se regulan las relaciones entre la Administración tributaria y los contribuyentes. La ley vigente en la actualidad y a la que hacemos referencia en este capítulo es la Ley 58/2003, de 17 de diciembre, General Tributaria.

Las infracciones serán calificadas como leves, graves y muy graves en atención a la naturaleza del deber infringido y la entidad del derecho afectado. La calificación en cada uno de estos grados tendrá incidencia en la sanción que se impondrá al autónomo.

En este capítulo nos centraremos en los diferentes tipos de infracciones con la Agencia Tributaria y sus sanciones correspondientes.

 CONSEJO DEL EXPERTO

"Ante una inspección tributaria, mantén la calma, actúa con una actitud colaboradora en todo momento, prepárate ante las comparecencias que debes realizar, trata con educación y respeto al inspector (por muy injusta que te parezca la situación) y cuenta siempre con asesoramiento experto."

Jordi Company - Asesor fiscal en DAEM

Sanción tributaria por dejar de ingresar la deuda tributaria que debiera resultar de una autoliquidación (artículo 191)

Sanción por dejar de ingresar dentro del plazo establecido en la normativa de cada tributo la totalidad o parte de la deuda tributaria que debiera resultar de la correcta autoliquidación del tributo.

Se aplicará una excepción cuando se regularice la deuda sin requerimiento previo de la Administración tributaria (artículo 27) o proceda la aplicación de un reconocimiento de deuda, presentando la autoliquidación sin liquidar (párrafo b del apartado 1 del artículo 161).

La base de la sanción será la cuantía no ingresada.

Descripción de la infracción	Sanción mínima (%)	Sanción máxima (%)
LEVE: • Cuando la base de la sanción no supere 3.000 euros, exista o no ocultación. • Cuando la base de la sanción supere los 3.000 euros y no exista ocultación.	50%	50%

GRAVE:
 • Cuando la base de la sanción sea superior a 3.000 euros y exista ocultación.
 	
 • Cualquiera que sea la cuantía de la base de la sanción, cuando:
    o Se hayan utilizado facturas, justificantes o documentos falsos o falseados, sin que sea constitutivo de medio fraudulento.
    o La incidencia de la llevanza incorrecta de los libros o registros sea superior al 10% e inferior o igual al 50% de la base de la sanción.
    o Se dejen de ingresar cantidades retenidas o ingresos a cuenta repercutidos, cuando dichas cantidades no superen el 50% de la base de la sanción.
	50%	100%

MUY GRAVE: • Cuando se hubieran utilizado medios fraudulentos. • Dejar de ingresar cantidades retenidas o ingresos a cuenta repercutidos, cuando dichas cantidades superen el 50% de la base de la sanción.	100%	150%

Infracción tributaria por incumplir la obligación de presentar de forma completa y correcta declaraciones o documentos necesarios para practicar liquidaciones (artículo 192)

Incumplir la obligación de presentar de forma completa y correcta las declaraciones o documentos necesarios, incluidos los relacionados con las obligaciones aduaneras, para que la Administración tributaria pueda practicar la adecuada liquidación de aquellos tributos que no se exigen por el procedimiento de autoliquidación.

Se aplicará una excepción cuando se regularice la deuda sin requerimiento previo de la Administración tributaria (artículo 27).

La base de la sanción será la cuantía de la liquidación cuando no se hubiera presentado declaración, o la diferencia entre la cuantía que resulte de la adecuada liquidación del tributo y la que hubiera procedido de acuerdo con los datos declarados.

Descripción de la infracción	Sanción mínima (%)	Sanción máxima (%)
LEVE: • Cuando la base de la sanción no supere 3.000 euros, exista o no ocultación. • Cuando la base de la sanción supere los 3.000 euros y no exista ocultación.	50%	50%

GRAVE:
• Cuando la base de la sanción sea superior a 3.000 euros y exista ocultación.
• Cualquiera que sea la cuantía de la base de la sanción, cuando:
   o Se hayan utilizado facturas, justificantes o documentos falsos o falseados, sin que sea constitutivo de medio fraudulento.
   o La incidencia de la llevanza incorrecta de los libros o registros sea superior al 10% e inferior o igual al 50% de la base de la sanción.
   o Se dejen de ingresar cantidades retenidas o ingresos a cuenta repercutidos, cuando dichas cantidades no superen el 50% de la base de la sanción.
	50%	100%

MUY GRAVE: • Cuando se hubieran utilizado medios fraudulentos. • Dejar de ingresar cantidades retenidas o ingresos a cuenta repercutidos, cuando dichas cantidades superen el 50% de la base de la sanción.	100%	150%

Infracción tributaria por obtener indebidamente devoluciones (artículo 193)

Obtener indebidamente devoluciones derivadas de la normativa de cada tributo.

La base de la sanción será la cantidad devuelta indebidamente como consecuencia de la comisión de la infracción.

Descripción de la infracción	Sanción mínima (%)	Sanción máxima (%)
LEVE: • Cuando la base de la sanción no supere 3.000 euros, exista o no ocultación. • Cuando la base de la sanción supere los 3.000 euros y no exista ocultación.	50%	50%

GRAVE:
• Cuando la base de la sanción sea superior a 3.000 euros y exista ocultación.
• Cualquiera que sea la cuantía de la base de la sanción, cuando:
  o Se hayan utilizado facturas, justificantes o documentos falsos o falseados, sin que sea constitutivo de medio fraudulento.
  o La incidencia de la llevanza incorrecta de los libros o registros sea superior al 10% e inferior o igual al 50% de la base de la sanción.
	50%	100%

MUY GRAVE: • Cuando se hubieran utilizado medios fraudulentos.	100%	150%

Infracción tributaria por solicitar indebidamente devoluciones, beneficios o incentivos fiscales (artículo 194)

Solicitar indebidamente devoluciones derivadas de la normativa de cada tributo mediante la omisión de datos relevantes o la inclusión de datos falsos en autoliquidaciones, comunicaciones de datos o solicitudes, sin que las devoluciones se hayan obtenido.

La base de la sanción será la cantidad indebidamente solicitada.

Descripción de la infracción	Sanción mínima (€)	Sanción máxima (%)
GRAVE: • Por solicitud indebida de devoluciones. Se produce siempre que se omitan datos relevantes o se incluyan datos falsos. La base de la sanción, es la cantidad indebidamente solicitada. • Se produce siempre que se omitan datos relevantes o se incluyan datos falsos y no procedan las sanciones por las infracciones de otros artículos (191, 192, 194.1 o 195).	300,00	15%

Infracción tributaria por determinar o acreditar improcedentemente partidas positivas o negativas o créditos tributarios aparentes (artículo 195)

Determinar o acreditar improcedentemente partidas positivas o negativas o créditos tributarios a compensar o deducir en la base o en la cuota de declaraciones futuras, propias o de terceros.

También se incurre en esta infracción cuando se declare incorrectamente la renta neta, las cuotas repercutidas, las cantidades o cuotas a deducir o los incentivos fiscales de un período impositivo sin que se produzca falta de ingreso u obtención indebida de devoluciones por haberse compensado en un procedimiento de comprobación o investigación cantidades pendientes de compensación, deducción o aplicación.

La base de la sanción será el importe de las cantidades indebidamente determinadas o acreditadas. En el supuesto previsto en el segundo párrafo de este apartado, se entenderá que la cantidad indebidamente determinada o acreditada es el incremento de la renta neta o de las cuotas repercutidas, o la minoración de las cantidades o cuotas a deducir o de los incentivos fiscales, del período impositivo.

Descripción de la infracción	Sanción mínima (%)	Sanción máxima (%)
GRAVE: • La determinación de partidas a compensar o deducir en la base imponible. • Le determinación partidas a compensar o deducir en la cuota o créditos tributarios aparentes.	15%	50%

Infracción tributaria por imputar incorrectamente o no imputar bases imponibles, rentas o resultados por las entidades sometidas a un régimen de imputación de rentas (artículo 196)

Imputar incorrectamente o no imputar bases imponibles, rentas o resultados por las entidades sometidas a un régimen de imputación de rentas.

Esta acción u omisión no constituirá infracción por la parte de las bases o resultados que hubiese dado lugar a la imposición de una sanción a la entidad sometida al régimen de imputación de rentas por la comisión de las infracciones de los artículos 191, 192 o 193 de la ley (a los que hacen referencia los apartados anteriores).

La base de la sanción será el importe de las cantidades no imputadas. En el supuesto de cantidades imputadas incorrectamente, la base de la sanción será el importe que resulte de sumar las diferencias con signo positivo, sin compensación con las diferencias negativas, entre las cantidades que debieron imputarse a cada socio o miembro y las que se imputaron a cada uno de ellos.

Descripción de la infracción	Sanción (%)
GRAVE	40%

Imputar incorrectamente deducciones, bonificaciones y pagos a cuenta por las entidades sometidas a un régimen de imputación de rentas (artículo 197)

Imputar incorrectamente deducciones, bonificaciones y pagos a cuenta a los socios o miembros por las entidades sometidas al régimen de imputación de rentas.

Esta acción no constituirá infracción por la parte de las cantidades incorrectamente imputadas a los socios o partícipes que hubiese dado lugar a

la imposición de una sanción a la entidad sometida a un régimen de imputación de rentas por la comisión de las infracciones de los artículos 191, 192 o 193 de esta ley (a los que hemos hecho referencia en este capítulo).

La base de la sanción será el importe que resulte de sumar las diferencias con signo positivo, sin compensación con las diferencias negativas, entre las cantidades que debieron imputarse a cada socio o miembro y las que se imputaron a cada uno de ellos.

Descripción de la infracción	Sanción (%)
GRAVE	75%

Infracción tributaria por no presentar en plazo autoliquidaciones o declaraciones sin que se produzca perjuicio económico, por incumplir la obligación de comunicar el domicilio fiscal o por incumplir las condiciones de determinadas autorizaciones (artículo 198)

No presentar en plazo autoliquidaciones o declaraciones, así como los documentos relacionados con las obligaciones aduaneras, siempre que no se haya producido o no se pueda producir perjuicio económico a la Hacienda Pública.

Descripción de la infracción	Sanción mínima (€)	Sanción máxima (€)
LEVE	200,00	20.000,00

Infracción tributaria por presentar incorrectamente autoliquidaciones o declaraciones sin que se produzca perjuicio económico o contestaciones a requerimientos individualizados de información (artículo 199)

Presentar de forma incompleta, inexacta o con datos falsos autoliquidaciones o declaraciones, así como los documentos relacionados con las obligaciones aduaneras, siempre que no se haya producido o no se pueda producir perjuicio económico a la Hacienda Pública, o contestaciones a requerimientos individualizados de información.

También constituirá infracción tributaria presentar las autoliquidaciones, las declaraciones, los documentos relacionados con las obligaciones aduaneras u otros documentos con trascendencia tributaria por medios distintos a los electrónicos, informáticos y telemáticos en aquellos supuestos en que hubiera obligación de hacerlo por dichos medios.

Descripción de la infracción	Sanción mínima (€)	Sanción máxima (%)
GRAVE: • Presentar autoliquidaciones o declaraciones incompletas, inexactas o con datos falsos. • Presentar declaraciones censales incompletas, inexactas o con datos falsos. • Presentar de forma incompleta, inexacta o con datos falsos las declaraciones de suministro de información o declaraciones exigidas de acuerdo con los artículos 93 y 94 de la LGT.	150,00	2% de las operaciones no declaradas.

Infracción tributaria por incumplir obligaciones contables y registrales (artículo 200)

Incumplimiento de obligaciones contables y registrales, entre otras:

- La inexactitud u omisión de operaciones en la contabilidad o en los libros y registros exigidos por las normas tributarias.

- La utilización de cuentas con significado distinto del que les corresponda, según su naturaleza, que dificulte la comprobación de la situación tributaria del obligado.

- El incumplimiento de la obligación de llevar o conservar la contabilidad, los libros y registros establecidos por las normas tributarias, los programas y archivos informáticos que les sirvan de soporte y los sistemas de codificación utilizados.

- La llevanza de contabilidades distintas referidas a una misma actividad y ejercicio económico que dificulten el conocimiento de la verdadera situación del obligado tributario.

- El retraso en más de cuatro meses en la llevanza de la contabilidad o de los libros y registros establecidos por las normas tributarias.

- La autorización de libros y registros sin haber sido diligenciados o habilitados por la Administración cuando la normativa tributaria o aduanera exija dicho requisito.

- El retraso en la obligación de llevar los Libros Registro a través de la Sede electrónica de la Agencia Estatal de Administración Tributaria mediante el suministro de los registros de facturación en los términos establecidos reglamentariamente.

Descripción de la infracción	Sanción mínima (€)	Sanción máxima (€)
GRAVE	150,00	6.000,00

Infracción tributaria por incumplir obligaciones de facturación o documentación (artículo 201)

Incumplimiento de las obligaciones de facturación, entre otras, la de expedición, remisión, rectificación y conservación de facturas, justificantes o documentos sustitutivos.

La base de la sanción será el conjunto de las operaciones que hayan originado la infracción, con un mínimo de 150 euros en función de la gravedad.

Descripción de la infracción	Sanción mínima (€/%)	Sanción máxima (€/%)
LEVE: • El incumplimiento de las obligaciones relativas a la correcta expedición o utilización de los documentos de circulación exigidos por la normativa de los impuestos especiales, salvo que constituya infracción tipificada en la ley reguladora de dichos impuestos.	150,00	150,00
GRAVE: • El incumplimiento de los requisitos exigidos por la normativa reguladora de la obligación de facturación relativos a la expedición, remisión, rectificación y conservación de facturas o documentos sustitutivos. • El incumplimiento conste en la falta de expedición o en la falta de conservación de facturas, justificantes o documentos sustitutivos.	300,00	2%
MUY GRAVE: • El incumplimiento consista en la expedición de facturas o documentos sustitutivos con datos falsos o falseados.	75%	100%

Infracción tributaria por fabricación, producción, comercialización y tenencia de sistemas informáticos que no cumplan las especificaciones exigidas por la normativa aplicable (artículo 201bis)

Como novedad en 2022, se establece un régimen sancionador específico para la mera producción de los sistemas o programas que permitan la manipulación de los datos contables y de gestión, o la tenencia de los mismos sin la adecuada certificación

Descripción de la infracción	Sanción mínima (€)	Sanción máxima (€)
GRAVE: • Fabricación, producción y comercialización de dichos sistemas informáticos. Por cada ejercicio económico en el que se hayan producido ventas y por cada tipo distinto de sistema o programa informático o electrónico que sea objeto de infracción	150.000,00	150.000,00
GRAVE: • Tenencia de los sistemas informáticos que no estén debidamente certificados. Por cada ejercicio económico.	50.000,00	50.000,00

Infracción tributaria por incumplir las obligaciones relativas a la utilización y a la solicitud del número de identificación fiscal o de otros números o códigos (artículo 202)

Incumplimiento de las obligaciones relativas a la utilización del número de identificación fiscal y de otros números o códigos establecidos por la normativa tributaria o aduanera.

Descripción de la infracción	Sanción mínima (€)	Sanción máxima (€/%)
LEVE: • Constituye infracción tributaria el incumplimiento de las obligaciones relativas a la utilización del número de identificación fiscal y de otros números o códigos establecidos por la normativa tributaria o aduanera.	150,00	150,00
GRAVE: • El incumplimiento de los deberes que específicamente incumben a las entidades de crédito en relación con la utilización del número de identificación fiscal en las cuentas u operaciones o en el libramiento o abono de los cheques al portador. • El incumplimiento de los deberes relativos a la utilización del número de identificación fiscal en el libramiento o abono de los cheques al portador.	1.000,00	5% de las cantidades indebidamente abonadas o cargadas
MUY GRAVE: • Comunicar datos falsos o falseados en las solicitudes de número de identificación fiscal provisional o definitivo.	30.000,00	30.000,00

Infracción tributaria por resistencia, obstrucción, excusa o negativa a las actuaciones de la Administración tributaria (artículo 203)

La resistencia, obstrucción, excusa o negativa a las actuaciones de la Administración tributaria.

Se entiende producida esta circunstancia cuando el sujeto infractor, debidamente notificado al efecto, haya realizado actuaciones tendentes a dilatar, entorpecer o impedir las actuaciones de la Administración tributaria en relación con el cumplimiento de sus obligaciones.

Entre otras, constituyen resistencia, obstrucción, excusa o negativa a las actuaciones de la Administración tributaria las siguientes conductas:

- No facilitar el examen de documentos, informes, antecedentes, libros, registros, ficheros, facturas, justificantes y asientos de contabilidad principal o auxiliar, programas y archivos informáticos, sistemas operativos y de control y cualquier otro dato con trascendencia tributaria.

- No atender algún requerimiento debidamente notificado.

- La incomparecencia, salvo causa justificada, en el lugar y tiempo que se hubiera señalado.

- Negar o impedir indebidamente la entrada o permanencia en fincas o locales a los funcionarios de la Administración tributaria o el reconocimiento de locales, máquinas, instalaciones y explotaciones relacionados con las obligaciones tributarias.

- Las coacciones a los funcionarios de la Administración tributaria.

Descripción de la infracción	Sanción mínima (€)	Sanción máxima (€)
GRAVE	150,00	600.000,00

Infracción tributaria por incumplir el deber de sigilo exigido a los retenedores y a los obligados a realizar ingresos a cuenta (artículo 204)

Incumplimiento del deber de sigilo (mantener discreción y no hacer uso de informaciones en su propio beneficio) que el artículo 95 de la ley exige a retenedores y obligados a realizar ingresos a cuenta: "Los retenedores y obligados a realizar ingresos a cuenta sólo podrán utilizar los datos, informes o antecedentes relativos a otros obligados tributarios para el correcto cumplimiento y efectiva aplicación de la obligación de realizar pagos a cuenta. Dichos datos deberán ser comunicados a la Administración tributaria en los casos previstos en la normativa propia de cada tributo, salvo lo dispuesto anteriormente, los referidos datos, informes o antecedentes tienen carácter reservado. Los retenedores y obligados a realizar ingresos a cuenta quedan sujetos al más estricto y completo sigilo respecto de ellos".

Descripción de la infracción	Sanción mínima (€)	Sanción máxima (€)
GRAVE	300,00	600,00

Infracción tributaria por incumplir la obligación de comunicar correctamente datos al pagador de rentas sometidas a retención o ingreso a cuenta (artículo 205)

No comunicar datos o comunicar datos falsos, incompletos o inexactos al pagador de rentas sometidas a retención o ingreso a cuenta, cuando se deriven de ello retenciones o ingresos a cuenta inferiores a los procedentes.

La base de la sanción será la diferencia entre la retención o ingreso a cuenta procedente y la efectivamente practicada durante el período de aplicación de los datos falsos, incompletos o inexactos.

Descripción de la infracción	Sanción mínima (%)	Sanción máxima (%)
LEVE: • El incumplimiento de la obligación de comunicar correctamente datos al pagador de rentas sometidas a retención o ingreso a cuenta cuando el obligado tributario tenga obligación de presentar autoliquidación que incluya las rentas sujetas a retención o ingreso a cuenta.	35%	35%
GRAVE: • El incumplimiento de la obligación de comunicar correctamente datos al pagador de rentas sometidas a retención o ingreso a cuenta cuando el perceptor no esté obligado a presentar autoliquidaciones: sanción pecuniaria proporcional del 150%.	150%	150%

Infracción por incumplir la obligación de entregar el certificado de retenciones o ingresos a cuenta (artículo 206)

El incumplimiento de la obligación de entregar el certificado de retenciones o ingresos a cuenta practicados a los obligados tributarios perceptores de las rentas sujetas a retención o ingreso a cuenta.

Descripción de la infracción	Sanción (€)
LEVE	150,00

Infracción en supuestos de conflicto en la aplicación de la norma tributaria (artículo 206bis)

Incumplimiento de las obligaciones tributarias mediante la realización de actos o negocios cuya regularización se hubiese efectuado mediante la aplicación de lo dispuesto en el artículo 15 de la Ley.

Se entenderá que existe conflicto en la aplicación de la norma tributaria cuando se evite total o parcialmente la realización del hecho imponible o se minore la base o la deuda tributaria mediante actos o negocios en los que concurran las siguientes circunstancias:

- Que, individualmente considerados o en su conjunto, sean notoriamente artificiosos o impropios para la consecución del resultado obtenido.

- Que de su utilización no resulten efectos jurídicos o económicos relevantes, distintos del ahorro fiscal y de los efectos que se hubieran obtenido con los actos o negocios usuales o propios.

El incumplimiento a que se refiere este apartado constituirá infracción tributaria exclusivamente cuando se acredite la existencia de igualdad sustancial entre el caso objeto de regularización y aquel o aquellos otros supuestos en los que se hubiera establecido criterio administrativo y éste hubiese sido hecho público para general conocimiento antes del inicio del plazo para la presentación de la correspondiente declaración o autoliquidación.

Descripción de la infracción	Sanción (%)
GRAVE: • La falta de ingreso dentro del plazo establecido en la normativa de cada tributo de la totalidad o parte de la deuda tributaria.	50% de la cuantía no ingresada.
• La obtención indebida de una devolución derivada de la normativa de cada tributo.	50 % la cantidad devuelta indebidamente.
• La solicitud indebida de una devolución, beneficio o incentivo fiscal.	15 % de la cantidad indebidamente solicitada.
• La determinación o acreditación improcedente de partidas positivas o negativas o créditos tributarios a compensar o deducir en la base o en la cuota de declaraciones futuras, propias o de terceros.	15 % del importe de las cantidades indebidamente determinadas o acreditadas, si se trata de partidas a compensar o deducir en la base imponible, o del 50 % si se trata de partidas a deducir en la cuota o de créditos tributarios aparentes.

Las infracciones y sanciones reguladas en este artículo serán incompatibles con las que corresponderían por las reguladas en los artículos 191, 193, 194 y 195 de la ley (ver apartados anteriores).

47 Régimen sancionador de la Seguridad Social

En el ámbito del derecho laboral y la Seguridad Social es la Inspección de Trabajo y Seguridad Social el órgano competente para fiscalizar.

La Administración Laboral es la que sancionará los incumplimientos en los que puedas incurrir como autónomo en materia de derecho laboral y Seguridad Social.

Como autónomo podrás recibir sanciones tanto como trabajador por cuenta propia como empleador en caso de que tengas trabajadores por cuenta ajena contratados. Además, en función de la gravedad de la infracción podrás tener también responsabilidades en el orden civil e, incluso, penal.

Puedes incurrir en sanción cuando incurras en infracciones al haber realizado acciones u omisiones contrarias a las normas legales, reglamentarias y cláusulas normativas de los convenios colectivos en materia de relaciones laborales, tanto individuales como colectivas, en los que los trabajadores autónomos incurran serán consideradas infracciones laborales.

Según la Ley sobre Infracciones y Sanciones en el Orden Social (LISOS), constituyen infracciones administrativas en el orden social las acciones u omisiones de los distintos sujetos responsables tipificadas y sancionadas en la ley.

Las infracciones no podrán ser objeto de sanción sin previa instrucción del oportuno expediente, de conformidad con el procedimiento administrativo especial en esta materia, a propuesta de la Inspección de Trabajo y Seguridad Social (sin perjuicio de las responsabilidades de otro orden que puedan concurrir).

Las infracciones serán calificadas como leves, graves y muy graves en atención a la naturaleza del deber infringido y la entidad del derecho afectado.

La calificación en cada uno de estos grados tendrá incidencia en la sanción que se impondrá al trabajador autónomo.

Por otro lado, cuando el trabajador autónomo opere además como empleador, al tener trabajadores por cuenta, serán infracciones laborales las acciones u omisiones contrarias a las normas legales, reglamentarias y cláusulas normativas de los convenios colectivos en materia de relaciones laborales, tanto individuales como colectivas, de colocación, empleo, formación profesional para el empleo, de trabajo temporal y de inserción sociolaboral.

Como novedad en 2022, la Inspección de Trabajo podrá emitir actas de infracción automáticas sin intervención del inspector a partir del 1 de enero de 2022 lo que conllevará una intensificación de la acción inspectora.

Además, desde la misma fecha se permite el pronto pago de las sanciones que consiste en concluir el proceso sancionador reconociendo la responsabilidad de la infracción y abonando la sanción propuesta inicialmente por la Inspección con una reducción del 40% de su importe.

En este capítulo nos centraremos en los diferentes tipos de infracciones relacionadas con el derecho laboral y de Seguridad Social y sus sanciones correspondientes.

Sanciones por incumplimiento de las obligaciones generales derivadas de la actividad

Descripción de la infracción	Sanción mínima (€)	Sanción máxima (€)
LEVE: • Falta de Libro de visitas de la Inspección de Trabajo y Seguridad Social en el centro de trabajo (suprimido desde 2016). • No exponer en lugar visible del centro de trabajo el calendario laboral vigente. • No exponer en lugar destacado del centro de trabajo el ejemplar del documento de cotización o copia autorizada del mismo. • No comunicar la apertura y el cese de actividad de los centros de trabajo. • No entregar puntualmente al trabajador el recibo de salario o no utilizar un modelo ajustado a las exigencias legales. • Cualquier otro incumplimiento que afecte a obligaciones meramente formales.	60,00	625,00
GRAVE: • Iniciar la actividad sin haber solicitado la inscripción de la empresa en la Seguridad Social. • No comunicar la apertura y el cese de actividad de los centros de trabajo en empresas consideradas como peligrosas, insalubres o nocivas por elementos procesos o sustancias que se manipulen. • No comunicar las variaciones de datos u otras obligaciones establecidas reglamentariamente en materia de inscripción de empresas e identificación de centros de trabajo. • No cumplir las obligaciones que en materia de planes y medidas de igualdad.	626,00	6.250,00
MUY GRAVE: • La obstrucción de la labor de la Inspección de Trabajo. • Entre otros incumplimientos graves que causen perjuicio a los derechos trabajadores.	6.251,00	187.515,00

Sanciones por incumplimiento en materia de contratación

Descripción de la infracción	Sanción mínima (€)	Sanción máxima (€)
LEVE: • No comunicar, en tiempo y forma, las bajas de los trabajadores que cesen en el servicio a la empresa, así como las demás variaciones que les afecten. • No informar por escrito a los trabajadores sobre los elementos esenciales del contrato. • La falta de entrega al trabajador por parte del empresario del documento justificativo al que se refiere el artículo 15.8 del Estatuto de los Trabajadores. • No informar a los trabajadores a tiempo parcial, a los trabajadores a distancia y a los trabajadores con contratos de duración determinada o temporales sobre las vacantes existentes en la empresa. • Cualesquiera otros incumplimientos que afecten a obligaciones meramente formales o documentales.	60,00	625,00
GRAVE: • No solicitar, en tiempo y forma, la afiliación inicial, así como no comunicar en iguales términos el alta de cada trabajador que ingresa a su servicio. • No solicitar los trabajadores por cuenta propia, en tiempo y forma, su afiliación inicial o alta en el correspondiente Régimen de la Seguridad Social cuando la omisión genere impago de la cotización que corresponda. • No formalizar por escrito el contrato de trabajo cuando este requisito sea exigible o cuando lo haya solicitado el trabajador. • La transgresión de la normativa sobre modalidades contractuales de duración determinada mediante su utilización en fraude de Ley.	626,00	6.250,00

Sanciones por incumplimiento en materia de desarrollo de las relaciones laborales

Descripción de la infracción	Sanción mínima (€)	Sanción máxima (€)
LEVE: • No conservar, durante cuatro años, la documentación que acredite el cumplimiento de las obligaciones en materia de afiliación, altas, bajas, variaciones de datos, así como los documentos de cotización y los recibos justificativos del pago de salarios y del pago delegado de prestaciones. • No comunicar, en tiempo y forma, las bajas de los trabajadores que cesen en el servicio a la empresa, así como las demás variaciones que les afecten.	60,00	625,00
GRAVE: • No entregar al trabajador, en tiempo y forma, el certificado de empresa y cuantos documentos sean precisos para la solicitud y tramitación de cualesquiera prestaciones. • No solicitar los trabajadores por cuenta propia, en tiempo y forma, su afiliación inicial o alta en el correspondiente Régimen de la Seguridad Social cuando la omisión genere impago de la cotización que corresponda. • No consignar en el recibo salarial las cantidades realmente abonadas al trabajador. • El incumplimiento de las obligaciones en materia de tramitación de los recibos de finiquito. • La modificación sustancial de condiciones de trabajo impuesta unilateralmente por la empresa sin seguir el procedimiento exigido legalmente. • Fijar condiciones laborales inferiores a las establecidas legalmente o por Convenio Colectivo. • Incumplir la obligación de información en materia de contratación y subcontratación y en los supuestos de sucesión de empresa. • No disponer del Libro de Subcontratación cuando sea exigible.	626,00	6.250,00

PARTE VIII: El coste de no cumplir con tus obligaciones

Descripción de la infracción	Sanción mínima (€)	Sanción máxima (€)
• La transgresión de las normas y los límites legales o pactados en materia de jornada, trabajo nocturno, horas extraordinarias, horas complementarias, descansos, vacaciones, permisos, registro de jornada.		
MUY GRAVE: • Dar ocupación como trabajadores a beneficiarios de pensiones y otras prestaciones periódicas de la Seguridad Social cuyo disfrute sea incompatible con el trabajo por cuenta ajena, cuando no se les haya dado de alta en la Seguridad Social. • El impago y los retrasos reiterados en el pago del salario debido. • La cesión de trabajadores en los términos prohibidos por la legislación vi- gente. • Los actos empresariales lesivo del derecho de huelga o de los derechos sindicales. • La trasgresión de las normas sobre trabajo de menores contempladas en la legislación laboral. • Los actos del empresario que vulneren el respeto a la intimidad y consideración debida a la dignidad de los trabajadores. • Las actuaciones de la empresa que impliquen discriminación o vulneración del derecho de igualdad. • El acoso dentro del ámbito laboral que siendo conocido por la empresa no hubiera comportada la adopción de medidas para impedirlo.	6.251,00	187.515,00

Sanciones por incumplimientos en materia de empleo

Descripción de la infracción	Sanción mínima (€)	Sanción máxima (€)
LEVE: • No comunicar a la oficina de empleo las contrataciones realizadas en los supuestos en que exista dicha obligación. • La falta de registro ante el servicio de empleo de los contratos y prórrogas cuando este registro fuera obligatorio por normativa. • No comunicar a la oficina de empleo la terminación de contratos cuando dicha obligación esté prevista.	60,00	625,00
GRAVE: • El incumpliendo en materia de integración de personas con discapacidad de la obligación legal de reserva de puestos de trabajos para personas con discapacidad o de la aplicación de sus medidas alternativas. • No notificar a los representantes legales de los trabajadores las contrataciones de duración determinada que se celebren. • La publicación por cualquier medio de difusión de ofertas de empleo que no respondan a las reales condiciones del puesto ofertado o que contengan condiciones contrarias a normativa.	626,00	6.250,00
MUY GRAVE: • Ejercer actividades de intermediación laboral, de cualquier clase y ámbito funcional, que tengan por objeto la colocación de trabajadores sin haber obtenido la correspondiente autorización administrativa o continuar actuando en dicha forma tras haber finalizado la autorización. • Solicitar datos durante los procesos de selección o establecer condiciones que constituyan discriminaciones para el acceso al empleo por motivos de sexo, origen, religión, opinión política, orientación sexual, religión, etc.	6.251,00	187.515,00

Sanciones por incumplimientos en materia de Seguridad Social

Descripción de la infracción	Sanción mínima (€)	Sanción máxima (€)
LEVE: • No facilitar o comunicar fuera de plazo a las entidades correspondientes los datos, certificaciones y declaraciones que estén obligados a proporcionar, u omitirlos, o consignarlos inexactamente. • No remitir a la entidad correspondiente las copias de los partes de baja, confirmación o alta de incapacidad temporal facilitados por los trabajadores o la no trasmisión telemática de sus datos cuando se esté obligado.	60,00	625,00
GRAVE: • No ingresar en la forma y plazos reglamentarios las cuotas correspondientes que por todos los conceptos de recauda la TGSS o no efectuar el ingreso en la cuantía debida, habiendo presentado los documentos de cotización. • No entregar al trabajador en tiempo y forma cuantas certificaciones necesite para tramitar prestaciones o no comunicarlas telemáticamente si a ello está obligado. • Obtener o disfrutar indebidamente reducciones, bonificaciones o incentivos en las cuotas a ingresas por Seguridad Social.	626,00	6.250,00
MUY GRAVE: • Dar ocupación como trabajadores a beneficiarios o solicitantes de pensiones u otras prestaciones periódicas de la Seguridad Social, cuyo disfrute sea incompatible con el trabajo por cuenta ajena. • No ingresar en la forma y plazos reglamentarios las cuotas correspondientes que por todos los conceptos de recauda la TGSS o no efectuar el ingreso en la cuantía debida, cuando además no se hayan presentado los documentos de cotización. • El falseamiento de documentos para que los trabajadores obtengan o disfruten fraudulentamente prestaciones, así como la connivencia para la obtención fraudulenta de prestaciones.	6.251,00	187.515,00

Descripción de la infracción	Sanción mínima (€)	Sanción máxima (€)
• Pactar con los trabajadores la obligación de los mismos de asumir parte o la totalidad de los costes de Seguridad Social a cargo de la empresa.		
• Incrementar indebidamente las bases de cotización de los trabajadores para facilitar que accedan a prestaciones superiores.		
• No suscribir Convenio Especial cuando a ello se esté obligado.		
• Retener indebidamente sin ingresar la aportación a cargo del trabajador a la Seguridad Social descontada de su remuneración.		

Sanciones por incumplimientos en materia de prevención de riesgos laborales

Descripción de la infracción	Sanción mínima (€)	Sanción máxima (€)
LEVE: • La falta de limpieza del centro de trabajo siempre que no suponga riesgo para la integridad física o salud de los rabajadores. • No comunicar en tiempo y forma a la autoridad laboral los accidentes leves acaecidos en la empresa. • Los incumplimientos de la normativa en prevención de riesgos siempre que carezcan de trascendencia grave para la integridad física o la salud de los trabajadores. • No disponer el contratista en la obra de construcción del Libro de Subcontratación. • Cualquier otra que afecte a obligaciones de carácter formal o documental exigidas por la normativa de prevención de riesgos que no esté tipificada como infracción grave o muy grave.	40,00	2.045,00
GRAVE: • Incumplir la obligación de integrar la prevención de riesgos laborales en la empresa. • No llevar a cabo la evaluación de riesgos y sus correspondientes actualizaciones y revisiones periódicas. • No realizar los reconocimientos médicos y pruebas de vigilancia periódica de la salud de los trabajadores que correspondan conforme a normativa o no comunicar sus resultados a los trabajadores. • No comunicar en tiempo y forma a la autoridad laboral los accidentes de trabajo graves, muy graves o mortales. • No investigar los accidentes de trabajo cuando se han producido daños para la salud de los trabajadores. • Incumplir la obligación de efectuar la planificación de la actividad preventiva.	2.046,00	40.985,00

Descripción de la infracción	Sanción mínima (€)	Sanción máxima (€)
• El incumplimiento de las obligaciones en materia de formación e información. • Adscribir trabajadores a puestos de trabajo no adecuados a sus condiciones de salud exigible.		
MUY GRAVE: • No observar las normas específicas de seguridad y salud de las trabajadoras embarazadas o e lactancia. • No observar las normas de seguridad y salud específica para trabajos de menores. • No paralizar los trabajos de forma inmediata tras requerimiento de la Inspección de Trabajo. • No actuar de forma coordinada cuando se concurra con una o más empresas en un mismo centro de trabajo. • Exponer a los trabajadores a riesgos graves e inminentes para su salud. • Incumplir el deber de confidencialidad respecto a los datos obtenidos de los trabajadores durante la actividad de vigilancia de la salud.	40.986,00	819.780,00

Recargo de prestaciones

En caso de tener trabajadores a cargo, una de las obligaciones empresariales es velar por la seguridad y salud de los trabajadores. Por ello, es importante cumplir con las obligaciones en materia de prevención de riesgos laborales.

En caso de accidente de trabajo o enfermedad profesional derivadas de una actuación deficiente en materia de prevención de riesgos laborales, el empresario deberá afrontar un recargo de las prestaciones que le corresponda al trabajador correspondiente a un incremento entre el 30% y el 50% de la cuantía de dichas prestaciones.

La responsabilidad del pago del recargo recaerá directamente sobre el empresario infractor y no podrá ser cubierto por ningún seguro, puesto que tiene naturaleza sancionadora. Además, el recargo será compatible con otras responsabilidades de distinto orden que se puedan generar con la infracción como pueden ser las de carácter civil e, incluso, penal.

Quien abonará el recargo de prestaciones al trabajador será la Seguridad Social y ésta lo recaudará del empresario. No obstante, la Seguridad Social no será responsable subsidiario y, por lo tanto, en caso de insolvencia del empresario infractor, el trabajador no cobrará la cuantía.

La legislación no define la regla para el cálculo preciso y será la inspección de trabajo o el juez quien defina el porcentaje y la cuantía correspondiente. La cuantía variará según la prestación, la edad del trabajador y el porcentaje de recargo a aplicar.

El tratamiento fiscal que recibirá el recargo de prestaciones, en cuanto a IRPF, será el mismo que la prestación de la que deriva. Es decir, si el recargo de prestaciones fuese sobre una incapacidad permanente absoluta no tributará, pero en cambio, sí tributará en caso de incapacidad temporal.

Los requisitos para la existencia del recargo de prestaciones son:

- Existencia de un accidente laboral o enfermedad profesional.

- Incumplimiento del empresario en materia de prevención de riesgos laborales.

- Relación directa entre el incumplimiento empresarial con el accidente o enfermedad.

- La existencia de un accidente laboral o enfermedad profesional. Si no se ha considerado como tal, es necesario previamente iniciar un procedimiento de determinación de contingencias.

- Que el trabajador tenga derecho a percibir una prestación económica de la seguridad social.

48 Recargos por ingreso fuera de plazo de la Agencia Tributaria

Como empresarios individuales tenemos la responsabilidad de realizar en tiempo y forma las declaraciones correspondientes. En caso contrario, nos sometemos a un régimen de recargos (además del régimen de sanciones que hemos visto anteriormente).

Una vez vencido el plazo, cuanto antes corrijamos la irregularidad menos repercusiones tendremos. Si regularizamos la situación antes de que la Administración nos lo requiera, las consecuencias no serán tan graves como en el caso de que lo realicemos previo requerimiento.

Una vez transcurrido el plazo reglamentario, se nos aplicarán automáticamente unos recargos que se calcularán sobre el importe a ingresar resultante de las autoliquidaciones o sobre el importe de la liquidación derivado de las declaraciones extemporáneas y excluirá las sanciones que hubieran podido exigirse y los intereses de demora devengados hasta la presentación de la autoliquidación o declaración.

Los recargos varían en función de si existe o no requerimiento previo de la Administración Tributaria:

- Sin requerimiento previo por parte de la Administración Tributaria:

Retraso del ingreso	Recargo aplicable
Hasta 12 meses	1% + 1% por cada mes
Más de 12 meses	15% más intereses de demora

- Con requerimiento previo por parte de la Administración Tributaria:

Retraso del ingreso	Recargo aplicable
Recargo ejecutivo: cuando se satisfaga la	5%

totalidad de la deuda no ingresada en periodo voluntario antes de la notificación de la providencia de apremio.	
Recargo de apremio reducido: cuando se satisfaga la totalidad de la deuda no ingresada en periodo voluntario y el propio recargo antes de la finalización del plazo previsto para las deudas apremiadas.	10%
Recargo de apremio ordinario: cuando no concurran las circunstancias de recargo ejecutivo o de apremio reducido.	20% más intereses de demora

Este recargo se puede reducir en un 40% en lo que podríamos entender un descuento por "pronto pago" siempre que se realice el ingreso en los siguientes plazos según la notificación de liquidación:

- o Si la notificación de la liquidación se realiza entre los días uno y 15 de cada mes, desde la fecha de recepción de la notificación hasta el día 20 del mes posterior o, si éste no fuera hábil, hasta el inmediato hábil siguiente.

- o Si la notificación de la liquidación se realiza entre los días 16 y último de cada mes, desde la fecha de recepción de la notificación hasta el día cinco del segundo mes posterior o, si éste no fuera hábil, hasta el inmediato hábil siguiente.

El interés de demora se calcula en base al importe no ingresado en tiempo o sobre la cantidad de la devolución cobrada indebidamente, y se exigirá por el tiempo que tarde el contribuyente en regularizarse.

El tipo de interés será el marcado por el interés legal del dinero que, para 2024, es del 4,0625%.

Desde 2022, se puede regularizar voluntariamente sin recargo otros periodos pues no se exigirán los recargos si el obligado tributario regulariza, mediante la presentación de una declaración o autoliquidación correspondiente a otros períodos del mismo concepto impositivo, unos hechos o circunstancias idénticos a los regularizados por la Administración, y concurren determinadas

circunstancias. Las circunstancias más significativas que deben de concurrir son:

- o Que la declaración o autoliquidación se presente en el plazo de seis meses a contar desde el día siguiente a aquél en que la liquidación se notifique o se entienda notificada.
- o Que de la regularización efectuada por la Administración no derive la imposición de una sanción.

49 Recargos por ingreso fuera de plazo de la Seguridad Social

Una de las responsabilidades como autónomo es el ingreso de sus cotizaciones a la Seguridad Social que se realizan mensualmente y deben de ingresarse dentro del mes al que corresponde dicha cotización. Además de las cuotas que correspondan en caso de tener trabajadores a su cargo (que se abonan en el mes siguiente).

Una vez transcurrido el plazo reglamentario para el pago de las cuotas, se nos aplicarán automáticamente unos recargos. Estos recargos serán diferentes dependiendo de las siguientes situaciones:

• Si se han presentado los documentos de cotización dentro del plazo reglamentario:

Retraso del ingreso	Recargo aplicable
Hasta 1 mes	10%
Más de 1 mes	20%

• Si no se han presentado los documentos de cotización dentro del plazo reglamentario:

Retraso del ingreso	Recargo aplicable
Si se abonan antes de la finalización del plazo de ingreso que se establezca en la correspondiente reclamación de deuda o acta de liquidación.	20%
Si se abonan a partir de la terminación de dicho plazo de ingreso.	35%

Por otro lado, el resto de deudas con la Seguridad Social (distintas a las cuotas) tendrán un recargo del 20% cuando no se abonen dentro del plazo reglamentario que tengan establecido.

Además del recargo, el pago fuera de plazo tanto de cuotas como de deudas con la Seguridad Social genera intereses de demora:

- Los intereses de demora se devengarán a partir del día siguiente al del vencimiento del plazo reglamentario de ingreso de las cuotas, si bien serán exigibles una vez transcurridos quince días desde la notificación de la providencia de apremio o comunicación del inicio del procedimiento de deducción, sin que se haya abonado la deuda.

- Serán exigibles dichos intereses cuando no se hubiese abonado el importe de la deuda en el plazo fijado en las resoluciones desestimatorias de los recursos presentados contra las reclamaciones de deuda o actas de liquidación, si la ejecución de dichas resoluciones fuese suspendida en los trámites del recurso contencioso-administrativo que contra ellas se hubiese interpuesto.

- Los intereses de demora exigibles serán los que haya devengado el principal de la deuda desde el vencimiento del plazo reglamentario de ingreso y los que haya devengado, además, el recargo aplicable en el momento del pago, desde la fecha en que, según el apartado anterior, sean exigibles.

- El tipo de interés de demora será el interés legal del dinero vigente en cada momento del periodo de devengo, incrementado en un 25%, salvo que la Ley de Presupuestos Generales del Estado establezca uno diferente. Para 2024, el interés legal del dinero por demora es del 4,0625%.

PARTE IX: Digitaliza los trámites administrativos

¡Simplifica la gestión y ahórrate desplazamientos innecesarios!

Una vez ya conoces el marco legal que regulará tu actividad y los riesgos a los que te enfrentas por incumplir con tus obligaciones, puedes empezar a pensar cómo simplificar todas las gestiones con la administración y ahorrarte desplazamientos innecesarios.

Desde la implantación de las Sedes Electrónicas de las Administraciones Públicas se han generalizado los trámites on-line tanto para ciudadanos como para empresarios y empresas. Cada vez más, los trámites electrónicos han ido relegando a las tramitaciones presenciales debido a su mayor agilidad y eficacia.

Las gestiones realizadas on-line evitan desplazamientos y colas innecesarias y, según se ha evidenciado durante la pandemia de la Covid-19, riesgos de contagio de enfermedades infecciosas. Además, no están sujetas a un horario ni a una apertura o cierre de oficinas por ser festivo o fin de semana.

En este apartado te mostramos los principales medios de identificación digital, así como el funcionamiento de las notificaciones tanto con la Agencia Tributaria como con la Seguridad Social.

50 Medios de identificación digitales

Existen diferentes métodos por los que identificarse mediante las sedes electrónicas y es cada administración la que regula los accesos a sus ciudadanos o empresarios. Destacamos tres métodos validados y que son los más frecuentes para identificarse: el DNI electrónico, el certificado electrónico i el sistema Cl@ve.

El más utilizado a nivel empresarial es el certificado electrónico. Se trata de un fichero informático que permite, una vez descargado en un ordenador, a una persona física, o a una entidad, identificarse para realizar trámites telemáticos, de manera ágil y sencilla.

DNI electrónico

El DNI electrónico es el más sencillo de todos los métodos de identificación y al que tienen acceso una gran mayoría de ciudadanos pues, desde 2006, las expediciones del Documento Nacional de Identidad o DNI (tanto nuevas emisiones como renovaciones) incluyen la función del DNI electrónico.

La expedición y gestión del mismo corresponde al Cuerpo Nacional de Policía.

Para saber si se dispone de DNI electrónico simplemente es cuestión de analizar la tarjeta física (DNI). Si la tarjeta contiene un chip, se trata de un DNI electrónico.

El DNI electrónico se puede utilizar para:

- **Autentificar la Identidad:** el Certificado de Autenticación asegura al titular, en la comunicación electrónica, acreditar su identidad frente a cualquiera.

- **Firmar electrónicamente documentos:** mediante la utilización del Certificado de Firma, el receptor de un mensaje firmado electrónicamente puede verificar la autenticidad de esa firma, pudiendo de esta forma demostrar la identidad del firmante sin que éste pueda repudiarlo.

- **Certificar la Integridad de un documento:** permite comprobar que el documento no ha sido modificado por ningún agente externo a la comunicación.

No obstante, no basta con disponer de la tarjeta física para utilizar el DNI electrónico, sino que será necesario obtener una clave de acceso o código PIN, además debe de renovarse cada 30 meses en las oficinas de expedición del DNI (hay máquinas destinadas a ello sin necesidad de cita previa).

Para la utilización del DNI, es necesario contar con determinados elementos de hardware y software que nos van a permitir el acceso al chip de la tarjeta (entre ellos un lector de tarjetas específico para ello).

No obstante, mientras que el DNIe sólo permite el acceso mediante contacto, la nueva versión del DNI (el DNI 3.0), que se expide desde diciembre de 2015, dispone de un chip que permite también la conexión inalámbrica a través de la antena NFC (que tienen las tabletas y smartphone actuales).

Con el DNI 3.0, basta con situar el DNI en la parte posterior del teléfono o tablet para comunicarlos, para ello simplemente bastará con descargar la aplicación (APP) que se desea utilizar y que permita la validación del DNI 3.0 para identificarnos como usuario y acceder a un servicio específico o para firmar electrónicamente un documento.

Para más información se recomienda consultar las instrucciones y recomendaciones del Cuerpo Nacional de Policía que pueden encontrarse en su página web.

Certificado electrónico

De la misma manera que el DNI electrónico, el certificado electrónico (o, indistintamente, certificado digital) sirve para tramitar gestiones a través de Internet, incluyendo trámites con la Agencia Tributaria, la Seguridad Social o el Catastro.

A menudo se tienen a confundir ambos conceptos, más aún si se tiene en cuenta que el DNI electrónico también cuenta con un certificado digital integrado.

Los certificados digitales sirven para poder verificar la identidad tanto para realizar trámites on-line como para firmar documentos, diferenciando entre dos tipos de certificados digitales:

- Los que se incluyen en el chip del DNI electrónico.
- Los que emite la Fábrica Nacional de Moneda y Timbre (FNMT) u otras entidades análogas.

Para obtener el certificado de la FNMT (u de otras entidades análogas), es necesario ir a la web de la propia FNMT donde solicitar el certificado y seguir los pasos recomendados que suelen incluir una autentificación presencial de identidad (típicamente en una oficina de la Agencia Tributaria o de la Seguridad Social), aunque si ya se dispone de DNI electrónico, se puede obviar este paso. Al final del proceso, podrás descargarte un certificado que podrás instalar en Chrome, Firefox o Edge.

Alternativamente, puedes acudir a un centro que actúe como oficina emisora. Las "Oficinas Emisoras" actúan como Despachos Digitales e-Administración Pública, pudiendo obtener y emitir certificados digitales sin necesidad de tener que solicitar cita previa en Hacienda o en la Seguridad Social. Por ejemplo, la asesoría DAEM es una oficina emisora (www.daem.es).

Se distinguen fundamentalmente dos tipologías de certificados electrónicos:

- **Certificados de persona física:** garantizan la identidad de las personas físicas titulares de los certificados. Se pueden utilizar tanto para trámites personales (por ejemplo, pagar una multa de tráfico o solicitar el voto por correo) como para trámites profesionales (por ejemplo, darse de alta en la Agencia Tributaria o en la Seguridad Social).

  Si lo haces tú mismo a través de la página web de la FNMT y con cita previa en la Agencia Tributaria o la Seguridad Social (o identificándote con el DNI electrónico), se emite sin coste (a cualquier ciudadano que esté en posesión de su DNI o NIE).

- **Certificados de representante:** garantizan la identidad jurídica de una persona jurídica o una entidad sin personalidad jurídica.

  Se emiten, con un coste previo, a aquellas personas físicas que representan a una persona jurídica (como puede ser cualquier sociedad mercantil) o a una entidad sin personalidad jurídica (como las comunidades de bienes o asociaciones).

Por último, debemos de tener presente que el certificado del DNI electrónico sólo puede ser utilizado por ciudadanos españoles, al ser necesario el Documento Nacional de Identidad. Mientras, otros certificados digitales como el de la FNMT podrán ser solicitados y utilizados también por extranjeros.

Sistema Cl@ve

El sistema Cl@ve fue aprobado por Acuerdo del Consejo de Ministros, en su reunión del 19 de septiembre de 2014, y sus condiciones de utilización son determinadas por la Dirección de Tecnologías de la Información y las Comunicaciones.

Su objetivo principal es que un ciudadano pueda identificarse ante la Administración mediante claves concertadas (usuario más contraseña), sin

tener que recordar claves diferentes para acceder a los distintos servicios, se utiliza como complemento al DNI y al certificado electrónico.

Cl@ve contempla la utilización de sistemas de identificación basados en claves concertadas (sistemas de usuario y contraseña) y certificados electrónicos (incluyendo el DNI electrónico).

Para registrarse, existen tres alternativas:

1) **A través de Internet sin certificado electrónico**

   Si no dispones de certificado electrónico, puedes registrarte por Internet, solicitando la carta de invitación, que será enviada por correo postal a tu domicilio fiscal, y completando el registro con el código Seguro de Verificación (CSV) que consta en la carta.

   Para darse de alta en el sistema Cl@ve, accede a la opción "Registrarse en Cl@ve" del portal "Registro Cl@ve" en internet y seguir los pasos para solicitarla.

2) **A través de Internet con certificado electrónico o DNIe**

   Si dispones de certificado o DNI electrónico, puedes registrarte en el sistema Cl@ve directamente a través de Internet.

   Para ello, accede a la opción "Registrarse en Cl@ve con certificado o DNI electrónico", dentro del portal "Registro Cl@ve" de la Sede Electrónica y sigue las instrucciones al respecto.

3) **Presencialmente en una Oficina de Registro**

   Por último, también puedes registrarte presencialmente en una Oficina de Registro. Aunque inicialmente funcionan como Oficinas de Registro la red de oficinas de la Agencia Tributaria y de las Entidades Gestoras y Servicios Comunes de la Seguridad Social, se podrá ampliar la red de Oficinas de Registro con aquellos organismos públicos que dispongan de despliegue territorial y cumplan los requisitos técnicos necesarios establecidos.

La relación de Oficinas de Registro se puede encontrar en el Portal de Acceso General del sistema Cl@ve indicando en el buscador la opción Cl@ve.

Una vez que te hayas registrado y hayas activado estas claves de acceso, podrás utilizar Cl@ve en todos los servicios de administración electrónica que estén integrados con el sistema.

 CONSEJO DEL EXPERTO

"Utiliza alguna de las herramientas para identificarte digitalmente con la administración pues ahorrarás mucho tiempo en desplazamientos innecesarios.

Por otro lado, aunque pueda resultar más engorroso al principio y tenga un coste, recomendamos utilizar el certificado electrónico pues te será mucho más fácil hacer trámites como autónomo con la administración. Además, podrás proceder con sus renovaciones cómodamente por internet sin tener que acudir presencialmente a ninguna oficina de la Administración."

Jordi Company – Asesor fiscal en DAEM

51 Notificaciones electrónicas de la Agencia Tributaria

El Ministerio de Asuntos Económicos y Transformación Digital ofrece a los ciudadanos un buzón electrónico donde podrá recibir las notificaciones electrónicas a través de una DEH (Dirección electrónica Habilitada). El registro a este portal dentro de la página web de la administración pública es sencillo, sin embargo, será necesario un certificado digital para registrarse con éxito.

Dentro de este portal, el usuario podrá escoger a que servicios desea suscribirse para recibir los comunicados vía electrónica. Existen dos tipos de notificaciones electrónicas, la primera es una suscripción voluntaria al buzón electrónico DEH en la cual el ciudadano recibe las notificaciones y comunicaciones administrativas que él decida. La segunda son las notificaciones electrónicas obligatorias o NEO.

Las personas físicas y los autónomos pueden elegir si se comunican con las Administraciones Públicas a través de medios electrónicos o no. Quienes sí están obligados a utilizar las NEO son los siguientes sujetos:

- Las personas jurídicas.

- Las entidades sin personalidad jurídica.

- Aquellos que ejerzan una actividad profesional para la que se requiera colegiación obligatoria.

- Los representantes de interesados que estén obligados a comunicarse o relacionarse electrónicamente con la Administración.

- Los empleados de las Administraciones Públicas para los trámites y actuaciones que realicen con ellas por razón de su condición de empleado público.

Tienen obligación de recibir por medios electrónicos las comunicaciones y notificaciones que efectúe la Agencia Tributaria en sus actuaciones y procedimientos tributarios, aduaneros y estadísticos de comercio exterior y en la gestión recaudatoria de los recursos de otros Entes y Administraciones Públicas que tiene atribuida o encomendada, entre otros:

- Sociedades anónimas y de responsabilidad limitada.

- Personas jurídicas y Entidades sin Personalidad Jurídica (comunidades de bienes, herencias yacentes y comunidades de propietarios).

- Establecimientos permanentes y sucursales de entidades no residentes en territorio español.

- Entidades cuyo NIF empiece por la letra "V" y corresponda con uno de los siguientes tipos: Agrupación de interés económico, Agrupación de interés económico europea, Fondo de Pensiones, Fondo de capital riesgo, Fondo de inversiones, Fondo de titulización de activos, Fondo de regularización del mercado hipotecario, Fondo de titulización hipotecaria, Fondo de garantía de inversiones.

- Uniones temporales de empresas.

- Contribuyentes inscritos en el Registro de grandes empresas.

- Contribuyentes que tributen en el régimen de consolidación fiscal del IS.

- Contribuyentes que tributen en el régimen especial del grupo de entidades del IVA.

- Contribuyentes inscritos en el REDEME.

- Contribuyentes con autorización para la presentación de declaraciones aduaneras mediante el sistema de transmisión electrónica de datos (EDI).

Las personas o entidades obligadas a utilizar las notificaciones electrónicas obligatorias estarán suscritas a dicho procesos automáticamente, desde el momento de recibir la primera notificación.

Los contribuyentes tienen, a su vez, la obligación de revisar las notificaciones recibidas en el DEH o en la sede de la AEAT durante un pedido de 10 días naturales, desde su recepción. Al pasar dicho periodo de tiempo, expirarán considerándose, a fines de procedimiento, como realizadas las notificaciones.

Sin embargo, a través de la DEH se pueden revisar las notificaciones durante un plazo de 90 días, aunque ya hayan expirado.

52 Notificaciones electrónicas de la Seguridad Social

El sistema que utiliza la Seguridad Social para el intercambio de información y documentos es el sistema RED.

Están obligados a darse de alta en este sistema:

- Trabajadores autónomos por cuenta propia o autónoma.

- Trabajadores del Sistema Especial de Trabajadores Agrarios (SETA).

- Trabajadores del grupo I del Régimen Especial de Trabajadores del Mar.

Dicha obligatoriedad se extiende a la recepción de las notificaciones, por lo que para su consulta y firma se deberá acceder al servicio correspondiente en la SEDESS. Para cumplir con esta obligación, se podrá optar por gestionar los trámites a través de alguna de las siguientes maneras:

- Directamente en la Sede Electrónica de la Seguridad Social (SEDESS).

- A través de un autorizado RED (despacho profesional, persona física o persona jurídica) que actuará en representación del autónomo para gestionar sus trámites ante la TGSS.

Los ámbitos de actuación que abarca este servicio, son los siguientes:

- Cotización: presentación de documentos de las series RNT (Relación nominal de trabajadores), tramitación de saldos acreedores, e ingreso de las cuotas mediante domiciliación en cuenta o pago electrónico.

- Afiliación: altas, bajas, variaciones de datos de trabajadores, así como consultas y petición de informes relativas a trabajadores y empresas.

- INSS: tramitación de los partes de alta y baja médica de AT y EP, así como los partes de confirmación, al Instituto Nacional de la Seguridad tanto derivados de contingencias comunes como de contingencias

profesionales. Remisión de certificados de maternidad y/o paternidad (RECEMA).

- Gestión de Autorizaciones: permite gestionar CCCs o NAFs, así como Usuarios Secundarios.

El objetivo del sistema es agilizar la relación con la Seguridad Social del empresario, eliminando el circuito del papel.

PARTE X: Más allá del autónomo...

¡Piensa en grande!

Ahora es el momento de empezar a pensar en ir más allá y llevar tu negocio al siguiente nivel.

Migrar la operativa a una sociedad mercantil te dará mayor capacidad de crecimiento.

Por definición, el contrato de sociedad es aquél mediante el cual dos o más personas se obligan a poner en común bienes, trabajo o ambos elementos, para obtener lucro. Una vez se constituye la sociedad mercantil, ésta tendrá personalidad jurídica propia en todos sus actos y contratos (a diferencia del autónomo que no tiene personalidad jurídica propia). Estas sociedades deben de constituirse en escritura pública e inscribirse en el Registro Mercantil.

La normativa mercantil distingue dos grandes tipologías societarias: las sociedades personalistas y las sociedades de capital. Aunque no es el objeto de este libro, en esta última parte, te daremos las principales pinceladas de estas formas societarias y el proceso para constituirlas.

53 Sociedades personalistas

Aquella sociedad en que la identidad de la persona del socio es más importante que sus aportaciones a la empresa.

Son sociedades personalistas la sociedad colectiva y la sociedad comanditaria simple.

Sociedad colectiva

La sociedad colectiva es una sociedad en que dos o más personas (que se convierten en socios), en nombre colectivo y bajo una razón social, se comprometen a participar (en la proporción que establezcan) para desarrollar una actividad económica.

La responsabilidad de los socios por las obligaciones de la sociedad será personal, subsidiaria respecto de la empresa i solidaria entre ellos.

Sociedad comanditaria simple

La sociedad comanditaria simple es una sociedad personalista que se define por la existencia de dos tipos de socios:

- **Socios colectivos:** que aportan capital y trabajo, y responden de forma subsidiaria, personal y solidaria de las deudas de la sociedad.

- **Socios comanditarios:** que aportar capital y que tienen una responsabilidad limitada a su aportación.

54 Sociedades de capital

Aquella sociedad en qué la aportación del socio es más importante que su identidad.

Son sociedades de capital la sociedad de responsabilidad limitada, la sociedad limitada de nueva empresa, la sociedad anónima y la sociedad comanditaria por acciones.

Las principales formas societarias en España son las sociedades capitalistas de responsabilidad limitada y anónima.

La Sociedad de Responsabilidad Limitada (SL o SRL)

La Sociedad Limitada es la sociedad mercantil más utilizada en cuyo caso las aportaciones de sus socios o el capital social de la sociedad se divide en participaciones, indivisibles y acumulables.

La principal característica consiste en que la responsabilidad de los socios se limita al capital aportado, separando su patrimonio personal del de la sociedad (a diferencia del autónomo donde no existe tal diferenciación).

La sociedad limitada presenta las siguientes características básicas:

- **Capital social:** El mínimo es tan solo 1 euro aunque lo más habitual es encontrar constituciones de 3.000 euros que es límite existente antes de 2023. El capital social se divide en participaciones, que no tienen carácter de valores, y se pueden crear participaciones sin voto.

- **Aportaciones de capital:** podrán consistir en dinero o en otros bienes o derechos patrimoniales, pero nunca podrán ser objeto de aportación el trabajo o los servicios realizados.

- **Prestaciones accesorias al capital:** se podrán establecer prestaciones accesorias obligatorias para los socios distintas de la aportación de capital en los estatutos de la sociedad.

- **Disponibilidad del capital:** una vez desembolsado el capital social, puede destinarse a financiar inversiones o necesidades de liquidez.

- **Transmisión de participaciones:** salvo excepciones, la transmisión de participaciones a terceros distintos de los socios está condicionada.

- **Sin limitación de socios:** no se requiere un número mínimo ni máximo de socios, admitiéndose la forma unipersonal.

- **Limitaciones de operaciones vinculadas:** se podrán conceder préstamos, garantías y asistencia financiera a otras sociedades del grupo, pero salvo acuerdo de la junta general, no se podrá realizar estos actos a favor de sus propios socios y administradores, ni anticiparles fondos.

- **Posibilidad de aportaciones no dinerarias:** se admiten tanto aportaciones dinerarias como no dinerarias. Las aportaciones no dinerarias no han de ser valoradas por un experto independiente.

- **Control en la incorporación de nuevos socios:** se puede mantener un cierto control en cuanto a la incorporación de nuevos socios.

Sociedades Anónimas (SA)

La Sociedad Anónima (SA) es una sociedad mercantil en la que el capital social se divide en acciones libremente transmisibles y se integra por las aportaciones de los socios quienes, de la misma manera que la Sociedad Limitada, tendrán una responsabilidad limitada a los fondos aportados frente a terceros. La Sociedad Anónima presenta las siguientes características básicas:

- **Capital social:** no podrá ser inferior a 60.101,21 euros. Desde el inicio deberá estar íntegramente suscrito y, además, desembolsada, al menos una cuarta parte del valor nominal de las acciones. De la misma manera que en la Sociedad Limitada, pueden emitirse acciones sin voto.

- **Aportaciones de capital:** podrán consistir en dinero o en otros bienes o derechos patrimoniales, pero nunca podrán ser objeto de aportación el trabajo o los servicios realizados.

- **Prestaciones accesorias al capital:** se podrán establecer prestaciones accesorias obligatorias para los socios distintas de la aportación de capital en los estatutos de la sociedad.

- **Disponibilidad del capital:** una vez desembolsado el capital social, puede destinarse a financiar inversiones o necesidades de liquidez.

- **Transmisión de acciones:** las acciones son libremente transmisibles.

- **Sin limitación de socios:** no se requiere un número mínimo ni máximo de socios, admitiéndose la forma unipersonal.

- **Menos limitaciones a operaciones vinculadas:** no es necesario el acuerdo de la junta general para conceder préstamos, garantías, asistencia financiera y anticipar fondos a favor de sus propios socios y administradores.

- **Posibilidad de aportaciones no dinerarias:** se admiten tanto aportaciones dinerarias como no dinerarias. Las aportaciones no dinerarias no han de ser valoradas por un experto independiente.

- **Emisión de obligaciones:** se podrán acordar y garantizar la emisión de obligaciones u otros valores negociables agrupados en emisiones como medio de financiación.

55 Proceso de constitución y obligaciones mercantiles

Una de las principales diferencias entre el empresario individual (autónomo) y la sociedad mercantil son las obligaciones mercantiles que tienen estas últimas. Con carácter general, estas obligaciones consisten en:

- **Escritura de constitución:** es el primer acto de creación de la sociedad y debe ser otorgada por los socios fundadores. En ella constarán, entre otros, la identificación de los fundadores, las aportaciones realizadas, los estatutos, así como los datos de los administradores y, en su caso, de los auditores. Se podrán incluir los pactos y condiciones que los socios juzguen conveniente establecer.

- **Estatutos:** son las normas de organización interna de la sociedad que deben de incluirse en la escritura de constitución de la sociedad. A través de los mismos se regulan cuestiones tales como el objeto social, el domicilio, el régimen de administración o el de la transmisión de las acciones o participaciones.

- **Junta general:** es el órgano de decisión de la sociedad. Los socios, reunidos en Junta, deciden por la mayoría establecida en la Ley o, en su caso, por los estatutos sobre asuntos tales como aprobación de cuentas, modificación de estatutos, ampliación de capital y nombramiento y cese de administradores. La Ley y los estatutos establecen ciertas obligaciones en la forma de ejecutar la convocatoria, lo cual significa que únicamente podrá considerarse válida cuando se haya efectuado dentro de los márgenes establecidos por las normas vigentes.

- **Órgano de administración:** por ley, la sociedad debe de nombrar un órgano de administración. Éste es el órgano de gestión y de representación de la sociedad. Sus miembros son elegidos por la junta general, no siendo necesario tener la cualidad de socio para ser elegido administrador. Puede estar constituido por administradores o por un consejo de administración. Mientras el consejo opera de forma colegiada, los administradores pueden ser solidarios (es decir, la actuación de uno solo de ellos vincula válidamente a la sociedad) o mancomunados (donde

será necesario el concurso de dos o más de ellos, para poder actuar en nombre de la sociedad).

- **Libros de contabilidad y libros de socios:** es obligatoria la presentación de libros de contabilidad (diario e inventario y cuentas anuales) en el Registro Mercantil con carácter anual. Además de la obligación de llevar un libro de actas (en el que consten, al menos, los acuerdos tomados en las juntas, generales y especiales, y en los demás órganos colegiado) y un libro de socios que recoja la titularidad originaria y sucesivas trasmisiones de las participaciones o acciones de la sociedad.

La sociedad adquiere personalidad jurídica con la inscripción en el Registro Mercantil, es decir, no existe legalmente antes del momento de su inscripción.

Este acto de inscripción le conlleva una serie de obligaciones posteriores de información y registro en el propio Registro Mercantil que es precisamente el hecho que origina mayor transparencia a nivel de información frente a terceros de la forma jurídica de la sociedad mercantil que el empresario individual que no tiene estas obligaciones.

ANEXOS Y TABLAS

Anexo I. Clasificación de tributos

La clasificación más utilizada para los tributos del sistema fiscal español es la que los divide entre impuestos directos en indirectos.

Impuestos Directos

Los impuestos directos son aplicados sobre una manifestación directa o inmediata de la capacidad económica, como, por ejemplo, la posesión de un patrimonio y la obtención de una renta.

Impuestos Directos	Sobre la Renta	Sobre el Capital
Personales	Impuesto sobre la Renta de las Personas físicas (IRPF)	Impuesto sobre Patrimonio (IP)
	Impuesto sobre la Renta de no Residentes (IRNR)	Impuesto sobre Sucesiones y Donaciones (IS y D)
	Impuesto de Sociedades (IS)	-
De producto	Impuesto sobre Actividades Económicas (IAE)	Impuesto sobre Bienes Inmuebles (IBI)
	Impuesto Municipal sobre las Plusvalías de los terrenos de naturaleza Urbana (IMPTU)	-

Impuestos Indirectos

Los impuestos indirectos gravan una manifestación indirecta de la capacidad económica y grava los bienes, el tráfico o el consumo.

Impuestos Indirectos	Sobre los bienes, el tráfico o el consumo
Personales	Impuesto sobre Transmisiones Patrimoniales y Actos Jurídicos Documentados (ITP y AJD)
	Renta de Aduanas
	Impuesto sobre construcciones, instalaciones y obras
De producto	Impuesto sobre el Valor Añadido (IVA)
	Impuesto sobre la Producción, los Servicios y la Importación
	Impuestos Especiales

Conceptos impositivos

Según la Ley General Tributaria, los elementos que configuran la estructura de un tributo son los siguientes:

- **Hecho imponible:** presupuesto de hecho fijado por la ley para configurar cada tributo, puede ser de naturaleza jurídica o económica y su realización provoca el nacimiento de la obligación tributaria. Es uno de los elementos más importantes del impuesto, se define en sentido positivo (hechos imponibles sujetos), en sentido negativo (hechos imponibles no sujetos), y a su vez los hechos imponibles sujetos, por distintas razones de naturaleza económica y social, se pueden declarar exentos. Se procederá a liquidar el tributo por aquellos hechos imponibles que se califiquen sujetos y no exentos.

- **Sujeto pasivo:** persona natural o jurídica a la que la ley obliga al cumplimiento de las prestaciones tributarias, sea como contribuyente o como sustituto del mismo. En este punto nos conviene recordar que las prestaciones tributarias son de dos tipos: materiales (pago de la deuda tributaria) y formales que supone la utilización de los modelos oficiales correspondientes a cada tributo, por tanto, aunque la obligación material no se dé, caso de deuda cero o negativa, sigue manteniéndose la obligación formal.

- **Domicilio fiscal:** domicilio a efectos tributarios, de gestión, investigación y comprobación administrativa.

- **Base imponible:** cuantificación y valoración del hecho imponible, los regímenes de estimación son:
  - o Directa: de carácter obligatorio, la realiza el sujeto pasivo a partir de los datos en libros y registros, declaraciones..., etc.
  - o Objetiva: de carácter voluntario, que se estima a partir de los signos, índices y módulos aprobados previamente por el Ministerio de Economía y Hacienda.
  - o Indirecta: de carácter subsidiario, se utilizan datos y antecedentes disponibles; elementos que indirectamente acrediten la existencia de los bienes y rentas; datos económicos normales del sector económico; signos, índices, módulos, etc.

- **Base liquidable:** base imponible menos reducciones establecidas en la ley de cada tributo.

- **Tipo de gravamen:** puede ser fijo, dando lugar a una cuota tributaria proporcional (salvo que existan mínimos exentos) o creciente (escala o tarifa progresiva), dando lugar a una cuota tributaria progresiva.

- **Deducciones en la cuota:** ajustes que minoran la cuota íntegra del impuesto, en función de los incentivos económicos establecidos por el gobierno y que generalmente son regulados para cada ejercicio fiscal en la Ley de Presupuestos Generales del Estado.

- **Deuda tributaria:** cuota íntegra menos deducciones e impuestos anticipados, más, en su caso, recargos, intereses de demora, recargo de apremio y sanciones pecuniarias.

Anexo II. Ley Orgánica de Protección de Datos (LOPD)

La nueva ley de protección de datos (Ley Orgánica 3/2018 de 5 de diciembre, de Protección de Datos Personales y garantía de los derechos digitales), que entró en vigor el 7 de diciembre de 2018, es la normativa bajo la cual se regula actualmente el tratamiento de los datos personales en España y está formada en el marco del Reglamento General de Protección de Datos (RGPD) de la normativa de la Unión Europea.

Esta ley afecta tanto a autónomos como a sociedades mercantiles pues regula la utilización de datos personales, hoy en día, una actividad diaria que muchos negocios utilizan en el día a día de su operativa.

La protección de los derechos fundamentales a la privacidad y las libertades individuales relacionadas con los datos proveen a los usuarios, clientes y personas en general, seguridad al prevenir situaciones en las cuales datos sensibles, como la información bancaria o los expedientes médicos, sean vulnerados por terceras partes.

Por ello, la regulación de las actividades de procesamiento de datos personales en la actualidad es muy estricta con fuertes sanciones y debemos de conocer como poder aplicarla pues muchos autónomos la tienen en el olvido al considerarla un aspecto secundario que no aporta valor a su negocio.

Antecedentes

La protección de datos personales tiene sus inicios en 1950, donde, a través de la Convención Europea para los Derechos Humanos y de las Libertades Fundamentales en el que se establece que "Toda persona tiene derecho al respecto de su vida privada y familiar, de su domicilio y de su correspondencia".

A partir de esta base, han ido surgiendo una serie legislaciones y normas tanto a nivel europeo cómo español para regular este derecho.

En 1994, con la llegada del internet, las mejoras tecnológicas y el comienzo del uso masivo de bases de datos, se creó un órgano regulador independiente, el cual se llamaría Agencia Española de Protección de datos para que sirviera como autoridad de control en estos aspectos.

Con posteridad, en 1999, se aprobó la Ley Orgánica de Protección de Datos (LOPD) que reguló el tratamiento de datos personales hasta la entrada en vigor, el 7 de diciembre de 2018, de la ley que sigue vigente en la actualidad (Ley Orgánica 3/2018 de Protección de Datos Personales y garantía de los derechos digitales).

La legislación vigente es fruto de una adaptación del Reglamento General de Protección de Datos (RGPD) de la Unión Europea que entró en vigor el 25 de mayo de 2018.

El Reglamento General de Protección de Datos de la Unión Europea (RGPD)

Considerado como uno de los reglamentos más estrictos en temas de protección de datos en el mundo, tuvo efecto el 25 de mayo de 2018 y está vigente a la fecha.

Este reglamento otorga a cada individuo el derecho a que sus datos personales sean utilizados o no por cualquier entidad, pública o privada, así como la manera en la que se accede a ellos y retirar el acceso. Además, las sanciones a las que se enfocan a las empresas son muchas más altas en caso de incumplimiento de este nuevo reglamento que en la regulación anterior (RGPD).

Trae consigo una serie de definiciones, las cuales describirnos a continuación:

- **Datos personales:** toda información que nos puede identificar o hacer identificables. Se refiere a cualquier tipo de dato que identifique o permita la identificación de una persona, y esté en conocimiento o tratamiento de terceros.

  No se aplica a los tratamientos de datos referidos a personas jurídicas, datos de las personas físicas que presten sus servicios en personas jurídicas, consistentes únicamente en su nombre y apellidos, las funciones o puestos desempeñados, así como la dirección postal o electrónica, teléfono y número de fax profesionales; empresarios individuales, cuando hagan referencia a su actividad o personas fallecidas.

- **Procesamiento de datos:** es cualquier proceso que se lleve a cabo con los datos personales, sea de manera automática o manual. El almacenamiento, grabación, recolección, estructuración, uso, eliminación o cualquier acción realizada sobre los datos personales es considerado procesamiento de datos.

- **Controlador de datos:** quién decide cómo y porqué serán los datos personales procesados.

- **Procesador de datos:** quién procesa los datos personales en favor del controlador de datos.

Este reglamento aplica a todas las entidades públicas y privadas que utilicen cualquier dato personal en el desarrollo de sus actividades profesionales:

- Autónomos.

- Sociedades mercantiles.

- Comunidades de bienes.

- Comunidades de propietarios.

- Organismos y Administraciones públicas.

- Asociaciones y Entidades sin ánimo de lucro.

Una modificación relevante incluida en este nuevo reglamento es la necesidad de autorización expresa, manifiesta y precisa por parte de la persona para poder procesar sus datos personales.

Adicionalmente, con la entrada en vigor de este reglamento, se endurecieron las sanciones por incumplimiento que podrían alcanzar el 4% del volumen de negocio (ingresos).

Ley Orgánica de Protección de Datos

Al margen del RGPD, la Ley Orgánica 3/2018, de 5 de diciembre, de Protección de Datos Personales y garantía de los derechos digitales fue aprobada por las Cortes Generales del gobierno español que sustituye a la LOPD vigente desde 1999.

Las principales características de esta Ley son:

- **Legitimidad de interés y consentimiento:** se requiere expresa autorización para el tratamiento de los datos personales por parte de los usuarios o clientes. El denominado "consentimiento tácito" de la anterior LOPD, es decir, consentimiento que se supone o sobreentiende, queda eliminado. Además, se debe de tener registro de estos consentimientos pues pueden ser requeridos en cualquier momento por el órgano competente para verificar que se está cumpliendo la ley.

- **Consentimiento por parte de menores de edad:** en el caso de menores de 13 años, serán sus padres o tutores legales los que deberán de proveer el consentimiento en su lugar.

- **Mitigación de riesgos:** las empresas deben de asegurarse de contar con las medidas de seguridad necesarias para proteger los datos personales de los individuos y evitar las filtraciones involuntarias que pongan en riesgo la integridad de los individuos.

- **Oficial de Protección de Datos:** se conoce como Data Protector Officer (DPO) en el RGPD europeo y es de carácter obligatorio la

existencia de esta figura, persona física o jurídica, que tenga el rol de velar por la protección de los datos personales en las empresas. La Ley se señala que se debe de informar quien funge como Oficial de Protección de Datos a la Agencia Española de Protección de datos (AEPD).

- **Principio de transparencia:** se deberá de informar a los usuarios cual será o es el tratamiento de sus datos personales de forma clara, precisa y en lenguaje pleno.

- **Limitación del tratamiento o portabilidad:** el derecho a la limitación de tratamiento se enfoca en permitir a los usuarios decidir la suspensión o la conservación de sus datos, mientras que el derecho a la portabilidad expresa un estándar para que reciban los usuarios sus datos personales en formato único, estructurado y fácil de operar.

Esta nueva LOPD afecta principalmente a autónomos, pequeñas y medianas empresas, que deberán adoptar las medidas de seguridad establecidas en esta Ley para garantizar la integridad y protección de los datos personales que gestionan y evitar sanciones.

Anexo III. Actividades comprendidas en la orden de módulos

Actividades incluidas tanto en el método de estimación objetiva de IRPF como en el régimen especial simplificado de IVA.

El método de estimación objetiva del Impuesto sobre la Renta de las Personas Físicas (IRPF) y el régimen especial simplificado del Impuesto sobre el Valor Añadido (IVA) serán aplicables a las actividades o sectores de actividad que a continuación se mencionan:

I.A.E.	Actividad económica
División 0	Ganadería independiente.
–	Servicios de cría, guarda y engorde de ganado.
–	Otros trabajos, servicios y actividades accesorios realizados por agricultores o ganaderos que estén excluidos o no incluidos en el régimen especial de la agricultura, ganadería y pesca del Impuesto sobre el Valor Añadido.
–	Otros trabajos, servicios y actividades accesorios realizados por titulares de actividades forestales que estén excluidos o no incluidos en el régimen especial de la agricultura, ganadería y pesca del Impuesto sobre el Valor Añadido.
–	Aprovechamientos que correspondan al cedente en las actividades agrícolas desarrolladas en régimen de aparcería.
–	Aprovechamientos que correspondan al cedente en las actividades forestales desarrolladas en régimen de aparcería.
–	Procesos de transformación, elaboración o manufactura de productos naturales, vegetales o animales, que requieran el alta en un epígrafe correspondiente a actividades industriales en las Tarifas del Impuesto sobre Actividades Económicas y se realicen por los titulares de las explotaciones de las cuales se obtengan directamente dichos productos naturales.

I.A.E.	Actividad económica
419.1	Industrias del pan y de la bollería.
419.2	Industrias de la bollería, pastelería y galletas.
419.3	Industrias de elaboración de masas fritas.
423.9	Elaboración de patatas fritas, palomitas de maíz y similares.
642.1, 2 y 3	Elaboración de productos de charcutería por minoristas de carne.
642.5	Comerciantes minoristas matriculados en el epígrafe 642.5 por el asado de pollos.
644.1	Comercio al por menor de pan, pastelería, confitería y similares y de leche y productos lácteos.
644.2	Despachos de pan, panes especiales y bollería.
644.3	Comercio al por menor de productos de pastelería, bollería y confitería.
644.6	Comercio al por menor de masas fritas, con o sin coberturas o rellenos, patatas fritas, productos de aperitivo, frutos secos, golosinas, preparados de chocolate y bebidas refrescantes.
647.1	Comerciantes minoristas matriculados en el epígrafe 647.1 por el servicio de comercialización de loterías.
647.2 y 3	Comerciantes minoristas matriculados en el epígrafe 647.2 y 3 por el servicio de comercialización de loterías.
652.2 y 3	Comerciantes minoristas matriculados en el epígrafe 652.2 y 3 por el servicio de comercialización de loterías.
653.2	Comercio al por menor de material y aparatos eléctricos, electrónicos, electrodomésticos y otros aparatos de uso doméstico accionados por otro tipo de energía distinta de la eléctrica, así como muebles de cocina
653.4 y 5	Comercio al por menor de materiales de construcción, artículos y mobiliario de saneamiento, puertas, ventanas, persianas, etc.

I.A.E.	Actividad económica
654.2	Comercio al por menor de accesorios y piezas de recambio para vehículos terrestres.
654.5	Comercio al por menor de toda clase de maquinaria (excepto aparatos del hogar, de oficina, médicos, ortopédicos, ópticos y fotográficos).
654.6	Comercio al por menor de cubiertas, bandas o bandajes y cámaras de aire para toda clase de vehículos, excepto las actividades de comercio al por mayor de los artículos citados.
659.3	Comerciantes minoristas matriculados en el epígrafe 659.3 por el servicio de recogida de negativos y otro material fotográfico impresionado para su procesado en laboratorio de terceros y la entrega de las correspondientes copias y ampliaciones.
659.4	Comerciantes minoristas matriculados en el epígrafe 659.4 por el servicio de publicidad exterior y comercialización de tarjetas de transporte público, tarjetas de uso telefónico y otras similares, así como loterías.
662.2	Comerciantes minoristas matriculados en el epígrafe 662.2 por el servicio de comercialización de loterías.
663.1	Comercio al por menor fuera de un establecimiento comercial permanente dedicado exclusivamente a la comercialización de masas fritas, con o sin coberturas o rellenos, patatas fritas, productos de aperitivo, frutos secos, golosinas, preparación de chocolate y bebidas refrescantes y facultado para la elaboración de los productos propios de churrería y patatas fritas en la propia instalación o vehículo.
671.4	Restaurantes de dos tenedores.
671.5	Restaurantes de un tenedor.
672.1, 2 y 3	Cafeterías.
673.1	Cafés y bares de categoría especial.
673.2	Otros cafés y bares.

I.A.E.	Actividad económica
675	Servicios en quioscos, cajones, barracas u otros locales análogos.
676	Servicios en chocolaterías, heladerías y horchaterías.
681	Servicio de hospedaje en hoteles y moteles de una o dos estrellas.
682	Servicio de hospedaje en hostales y pensiones.
683	Servicio de hospedaje en fondas y casas de huéspedes.
691.1	Reparación de artículos eléctricos para el hogar.
691.2	Reparación de vehículos automóviles, bicicletas y otros vehículos.
691.9	Reparación de calzado.
691.9	Reparación de otros bienes de consumo n.c.o.p. (excepto reparación de calzado, restauración de obras de arte, muebles, antigüedades e instrumentos musicales).
692	Reparación de maquinaria industrial.
699	Otras reparaciones n.c.o.p.
721.1 y 3	Transporte urbano colectivo y de viajeros por carretera.
721.2	Transporte por autotaxis.
722	Transporte de mercancías por carretera.
751.5	Engrase y lavado de vehículos.
757	Servicios de mudanzas.

I.A.E.	Actividad económica
849.5	Transporte de mensajería y recadería, cuando la actividad se realice exclusivamente con medios de transporte propios.
933.1	Enseñanza de conducción de vehículos terrestres, acuáticos, aeronáuticos, etc.
933.9	Otras actividades de enseñanza, tales como idiomas, corte y confección, mecanografía, taquigrafía, preparación de exámenes y oposiciones y similares n.c.o.p.
967.2	Escuelas y servicios de perfeccionamiento del deporte.
971.1	Tinte, limpieza en seco, lavado y planchado de ropas hechas y de prendas y artículos del hogar usados.
972.1	Servicios de peluquería de señora y caballero.
972.2	Salones e institutos de belleza.
973.3	Servicios de copias de documentos con máquinas fotocopiadoras.

Normativa de referencia:

Artículo 32 del Reglamento del Impuesto sobre la Renta de las Personas Físicas, aprobado por el Real Decreto 439/2007, de 30 de marzo.

Artículo 37 del Reglamento del Impuesto sobre el Valor Añadido, aprobado por el artículo 1 del Real Decreto 1624/1992, de 29 de diciembre.

Resto de actividades incluidas en el método de estimación objetiva de IRPF

El método de estimación objetiva del Impuesto sobre la Renta de las Personas Físicas será aplicable, además, a las actividades a las que resulte de aplicación el régimen especial de la agricultura, ganadería y pesca o el del recargo de equivalencia del Impuesto sobre el Valor Añadido, que a continuación se mencionan:

I.A.E.	Actividad económica
–	Agrícola o ganadera susceptible de estar incluida en el régimen especial de la agricultura, ganadería y pesca del Impuesto sobre el Valor Añadido.
–	Actividad forestal susceptible de estar incluida en el régimen especial de la agricultura, ganadería y pesca del Impuesto sobre el Valor Añadido.
–	Producción de mejillón en batea.
641	Comercio al por menor de frutas, verduras, hortalizas y tubérculos.
642.1, 2, 3 y 4	Comercio al por menor de carne y despojos; de productos y derivados cárnicos elaborados, salvo casquerías.
642.5	Comercio al por menor de huevos, aves, conejos de granja, caza; y de productos derivados de los mismos.
642.6	Comercio al por menor, en casquerías, de vísceras y despojos procedentes de animales de abasto, frescos y congelados.
643.1 y 2	Comercio al por menor de pescados y otros productos de la pesca y de la acuicultura y de caracoles.
644.1	Comercio al por menor de pan, pastelería, confitería y similares y de leche y productos lácteos.
644.2	Despachos de pan, panes especiales y bollería.
644.3	Comercio al por menor de productos de pastelería, bollería y confitería.
644.6	Comercio al por menor de masas fritas, con o sin coberturas o rellenos, patatas fritas, productos de aperitivo, frutos secos, golosinas, preparados de chocolate y bebidas refrescantes.
647.1	Comercio al por menor de cualquier clase de productos alimenticios y de bebidas en establecimientos con vendedor.
647.2 y 3	Comercio al por menor de cualquier clase de productos alimenticios y bebidas en régimen de autoservicio o mixto en establecimientos cuya sala de ventas tenga una superficie inferior a 400 metros cuadrados.
651.1	Comercio al por menor de productos textiles, confecciones para el hogar, alfombras y similares y artículos de tapicería.
651.2	Comercio al por menor de toda clase de prendas para el vestido y tocado.
651.3	Comercio al por menor de lencería, corsetería y prendas

I.A.E.	Actividad económica
y 5	especiales.
651.4	Comercio al por menor de artículos de mercería y paquetería.
651.6	Comercio al por menor de calzado, artículos de piel e imitación o productos sustitutivos, cinturones, carteras, bolsos, maletas y artículos de viaje en general.
652.2 y 3	Comercio al por menor de productos de droguería, perfumería y cosmética, limpieza, pinturas, barnices, disolventes, papeles y otros productos para la decoración y de productos químicos, y de artículos para la higiene y el aseo personal.
653.1	Comercio al por menor de muebles.
653.2	Comercio al por menor de material y aparatos eléctricos, electrónicos, electrodomésticos y otros aparatos de uso doméstico accionados por otro tipo de energía distinta de la eléctrica, así como muebles de cocina.
653.3	Comercio al por menor de artículos de menaje, ferretería, adorno, regalo, o reclamo (incluyendo bisutería y pequeños electrodomésticos).
653.9	Comercio al por menor de otros artículos para el equipamiento del hogar n.c.o.p.
654.2	Comercio al por menor de accesorios y piezas de recambio para vehículos sin motor.
654.6	Comercio al por menor de cubiertas, bandas o bandajes y cámaras de aire para vehículos terrestres sin motor, excepto las actividades de comercio al por mayor de los artículos citados.
659.2	Comercio al por menor de muebles de oficina y de máquinas y equipos de oficina.
659.3	Comercio al por menor de aparatos e instrumentos médicos, ortopédicos, ópticos y fotográficos.
659.4	Comercio al por menor de libros, periódicos, artículos de papelería y escritorio y artículos de dibujo y bellas artes, excepto en quioscos situados en la vía pública.
659.4	Comercio al por menor de prensa, revistas y libros en quioscos situados en la vía pública.
659.6	Comercio al por menor de juguetes, artículos de deporte, prendas deportivas de vestido, calzado y tocado, armas, cartuchería y artículos de pirotecnia.
659.7	Comercio al por menor de semillas, abonos, flores y plantas y

I.A.E.	Actividad económica
	pequeños animales.
662.2	Comercio al por menor de toda clase de artículos, incluyendo alimentación y bebidas, en establecimientos distintos de los especificados en el grupo 661 y en el epígrafe 662.1.
663.1	Comercio al por menor fuera de un establecimiento comercial permanente de productos alimenticios, incluso bebidas y helados.
663.2	Comercio al por menor fuera de un establecimiento comercial permanente de artículos textiles y de confección.
663.3	Comercio al por menor fuera de un establecimiento comercial permanente de calzado, pieles y artículos de cuero.
663.4	Comercio al por menor fuera de un establecimiento comercial permanente de artículos de droguería y cosméticos y de productos químicos en general.
663.9	Comercio al por menor fuera de un establecimiento comercial permanente de otras clases de mercancías n.c.o.p.

Normativa de referencia:

Artículo 32 del Reglamento del Impuesto sobre la Renta de las Personas Físicas, aprobado por el Real Decreto 439/2007, de 30 de marzo.

Anexo IV. Resumen de regímenes especiales de IVA

Régimen	Carácter	Aplicación	Renuncia	Características	Empresarios o profesionales
Régimen simplificado	Voluntario	Automático salvo renuncia	Sí	Cálculo cuota devengada por operaciones corrientes. IVA deducible es el soportado (salvo excepciones art. 123 LIVA)	- Personas físicas - Entidades del art. 35.4 LGT que realicen operaciones del art. 37 Rgto. IVA y no superen límites determinados.
Régimen especial de la agricultura, ganadería y pesca	Voluntario	Automático salvo renuncia	Sí	Sin obligaciones de liquidación y pago del impuesto	Titular de explotación
Régimen especial de los bienes ideados, objetos de arte, antigüedades y objetos de colección	Voluntario	(1)	(1)	Cálculo en la base imponible	Revendedores de bienes
Régimen especial de las agencias de viajes	Obligatorio	Automática	Sí (2)	Cálculo de la base imponible	- Agencias de viajes - Organizadores de circuitos turísticos
Régimen especial del oro de inversión	Obligatorio	Automática salvo renuncia	Sí	Exención	Comerciantes de oro de inversión
Régimen especial del recargo de equivalencia	Obligatorio	Automática	No	Sin obligaciones de liquidación y pago del impuesto	Comerciantes minoristas personas físicas y entidades art. 35.4 L.G.T.
Régimen especial aplicable a los servicios de telecomunicaciones, de radiodifusión y a los prestados por vía electrónica	Voluntario	-	-	Presentación de declaraciones desde un único Portal Web del Estado de Identificación	- No establecidos en la Comunidad acogidos al Régimen Exterior a la Unión - Establecidos en la comunidad acogidos al Régimen de la Unión
Régimen especial del grupo de entidades	Voluntario	-	Sí	Compensación de saldos en las autoliquidaciones del grupo	Formen parte de un grupo de entidades
Régimen especial del criterio de caja	Voluntario	-	Sí	Retrasar el devengo e ingreso y la deducción hasta el cobro y pago respectivo	No superen determinados límites

1) Régimen especial de bienes usados, objetos de arte, antigüedades y objetos de colecciones.

   En la modalidad de determinación de la base imponible mediante el margen de beneficio de cada operación, se aplica salvo renuncia que puede efectuarse por cada operación y sin necesidad de comunicarla a la Administración.

   En la modalidad de determinación de la base imponible mediante el margen de beneficio global se aplica previa opción expresa del sujeto pasivo, sin posibilidad de renuncia, hasta la finalización del año natural siguiente.

2) Como excepción a este régimen especial obligatorio, los sujetos pasivos pueden optar por la aplicación del régimen general del Impuesto "operación por operación" respecto de los servicios que realicen y de los que sean destinatarios empresarios o profesionales que tengan derecho a la deducción o a la devolución de los impuestos.

Fuente: Agencia Tributaria

Anexo V. Tabla de retenciones y pagos a cuenta del IRPF

Rendimientos del trabajo

Procedencia		Tipo 2024	Modelo Anual	Clave
Relaciones laborales y estatutarias en general.			190	A
Pensiones y haberes pasivos del sistema público.			190	B.01
Pensionistas con dos o más pagadores.		Variable	190	B.02
Pensiones de sistemas privados de previsión social.			190	B.03
Prestaciones por desempleo.			190	C
Consejos y administradores (De entidades cuyo importe neto cifra negocios del último periodo impositivo finalizado con anterioridad al pago de rendimientos haya sido >100.000 euros).		35%	190	E.01 E.04
Consejos y administradores (De entidades cuyo importe neto cifra negocios del último periodo impositivo finalizado con anterioridad al pago de rendimientos haya sido <100.000 euros).		19%	190	E.02 E.03
Premios literarios, artísticos o científicos no exentos de IRPF, cuando tengan la consideración de rendimientos de trabajo.		15%	190	F.01
Cursos, conferencias, seminarios, Art. 80,1, 4º RIRPF y art. 101.3 LIRPF.		15%	190	F.02
Elaboración de obras literarias, artísticas o científicas art. 80.1. 4º RIRPF y art. 101.3 LIRPF.	Con carácter general	15%	190	F.03
	Rendimientos ejercicio anterior < 15.000 € sea > 75% de la suma de los R.I. de AA.EE. y del trabajo obtenidos	7%	190	F.04
Atrasos art. 101.1 LIRPF.		15%	190	-

Régimen fiscal especial a trabajadores desplazados a territorio español.	Hasta 600.000 euros.	24%	296	20.07
	Desde 600.000,01 euros en adelante (Retribuciones satisfechas por un mismo pagador).	47%	296	20.07

Rendimientos de actividades profesionales

Procedencia	Tipo 2024	Modelo Anual	Clave
Con carácter general (art. 101.5.a) LIRPF).	15%	190	G.01
Determinadas actividades profesionales (recaudadores municipales, mediadores de seguros…) (art. 101.5.a) LIRPF y 95.1 RIRPF).	7%	190	G.02
Profesionales de nuevo inicio (en el año de inicio y en los dos siguientes) (art. 101.5.a) LIRPF y 95.1 RIRPF).	7%	190	G.03
Cesión derechos de explotación imagen, cando provengan de la actividad profesional	24%	190	G.08

Rendimientos de otras actividades económicas

Procedencia	Tipo 2024	Modelo Anual	Clave
Actividades agrícolas y ganaderas en general (art. 95.4 RIRPF).	2%	190	H.01
Actividades de engorde de porción y avicultura (art. 95.4 RIRPF).	1%	190	H.02
Actividades forestales (art. 95.5 RIRPF).	2%	190	H.03
Determinadas actividades empresariales en Estimación Objetiva (art. 95.6 RIRPF).	1%	190	H.04
Rendimientos del art. 75.2b): cesión derecha de imagen (art. 101.1 RIRPF).	24%	190	I.01
Rendimientos del art. 75.2b): resto de conceptos (art. 101.2 RIRPF).	19%	190	I.03

Rendimientos por ganancias patrimoniales

Procedencia	Tipo 2024	Modelo Anual	Clave
Premios de juegos, concursos, rifas… sujetos a retención, distintos de los sujetos a GELA (101.7 LIRPF).	19%	190	K.01 K.03
Aprovechamientos forestales en montes públicos 101.6 LIRPF y 99.,2 RIRPF.	19%	190	K.02

Imputación Rentas por cesión derechos imagen otras

Procedencia	Tipo 2024	Modelo Anual	Clave
(art. 92.8 LIRPF, y art. 107 RIRPF).	19%	190	J

Rendimientos por otras ganancias patrimoniales

Procedencia	Tipo 2024	Modelo Anual	Clave
Transmisión de Derechos de suscripción (art. 101.6 LIRPF): a partir de 1.1.2017.	19%	187	M, N, O
Transmisión de acciones y participaciones en Instituciones de Inversión Colectiva (Fondos de Inversión) (art. 101.6 LIRPF).	19%	187	C, E

Rendimientos por capital mobiliario

Procedencia	Tipo 2024	Modelo Anual	Clave
Derivados de la participación en fondos propios de entidades (art. 25.1, 101.4 LIRPF y 90 RIRPF).	19%	187	M, N, O
Cesión a terceros de capitales propios (cuentas corrientes, depósitos financieros, etc….; art. 25.2 LIRPF).	19%	193 194 196	Según modelo
Operaciones de capitalización, seguros de vida o invalidez e imposición de capitales.	19%	188	No clave

- Propiedad intelectual, industrial, prestación de asistencia técnica (art. 101,9 LIRPF).

- Propiedad intelectual cuando el contribuyente perceptor no sea el autor (art. 101.4 LIRPF).

	Tipo	Modelo	Clave
Propiedad intelectual, industrial, prestación de asistencia técnica (art. 101,9 LIRPF).	19%		
Propiedad intelectual cuando el contribuyente perceptor no sea el autor (art. 101.4 LIRPF).	15%	193	C
Anticipos a cuenta derivados de la cesión de la explotación de derechos de autor que se vayan a devengar a lo largo de varios años (art. 101.9 LIRPF).	7%	193	C
Rendimientos derivados de la cesión del derecho de explotación de derechos de imagen (art. 101.10 LIRPF) siempre que no sean en el desarrollo de una actividad económica.	24%	193	C

Independientemente de su calificación como fuente de renta (trabajo, activ. Profesional o actividad empresarial)

Procedencia		Tipo 2024	Modelo Anual	Clave
Propiedad intelectual	Con carácter general	15%	190	F.05, G.05 o I.02
	Cuando aplique el 7% art.101.3 o 1.1.5 LIRPF	7%	190	F.06 o G.06
	Anticipos a cuenta cesión derechos autor en generados en varios años	7%	190	No clave

Rendimientos por capital inmobiliario

Procedencia	Tipo 2024	Modelo Anual	Clave
Arrendamiento o subarrendamiento de bienes inmuebles urbanos (art. 101.8 LIRPF; y 100 RIRPF).	19%	180	No clave

Fuente: Agencia Tributaria

Anexo VI. Calendario fiscal

Plazos a tener en cuenta para la presentación de los modelos tributarios más habituales en el día a día de empresarios y profesionales:

Enero

Hasta el día 22 (17 para domiciliar).

- Modelo 111: Autoliquidación. Cuarto trimestre (año anterior).

  Retenciones e ingresos a cuenta sobre Rendimientos del trabajo y de actividades económicas, premios y determinadas ganancias patrimoniales e imputaciones de renta.

- Modelo 115: Autoliquidación. Cuarto trimestre (año anterior).

  Retenciones e ingresos a cuenta sobre Rentas o rendimientos procedentes del arrendamiento o subarrendamiento de inmuebles urbanos.

Hasta el día 30 (25 para domiciliar).

- Modelo 130: Autoliquidación. Cuarto trimestre (año anterior).

  Pago fraccionado de IRPF de empresarios y profesionales en régimen de estimación directa.

- Modelo 131: Autoliquidación. Cuarto trimestre (año anterior).

  Pago fraccionado de IRPF de empresarios y profesionales en régimen de estimación objetiva (módulos).

- Modelo 303: Autoliquidación. Cuarto trimestre (año anterior).

  Impuesto Sobre el Valor Añadido (IVA)

- Modelo 309: Autoliquidación. No periódica.

  Impuesto Sobre el Valor Añadido (IVA)

- Modelo 349: Declaración recapitulativa de operaciones intracomunitarias. Resumen anual.

- Modelo 390: Declaración informativa. Resumen anual.

Impuesto Sobre el Valor Añadido (IVA).

Hasta el día 31

- Modelo 180: Declaración Informativa. Resumen anual.

Resumen anual. Retenciones e ingresos a cuenta de rendimientos procedentes del arrendamiento de inmuebles urbanos.

- Modelo 184: Declaración Informativa. Declaración anual.

Entidades en régimen de atribución de rentas.

- Modelo 190: Declaración Informativa. Resumen anual.

- Retenciones e ingresos a cuenta de rendimientos del trabajo y de actividades económicas, premios y determinadas ganancias patrimoniales e imputaciones de rentas.

Febrero

Hasta el día 29.

- Modelo 347: Declaración Informativa.

Declaración anual de operaciones con terceras personas.

Abril

Hasta el día 22 (17 para domiciliar).

- Modelo 111: Autoliquidación. Primer trimestre.

Retenciones e ingresos a cuenta sobre Rendimientos del trabajo y de actividades económicas, premios y determinadas ganancias patrimoniales e imputaciones de renta.

- Modelo 115: Autoliquidación. Primer trimestre.

Retenciones e ingresos a cuenta sobre Rentas o rendimientos procedentes del arrendamiento o subarrendamiento de inmuebles urbanos.

- Modelo 130: Autoliquidación. Primer trimestre.

  Pago fraccionado de IRPF de empresarios y profesionales en régimen de estimación directa.

- Modelo 131: Autoliquidación. Primer trimestre.

  Pago fraccionado de IRPF de empresarios y profesionales en régimen de estimación objetiva (módulos).

- Modelo 303: Autoliquidación. Primer trimestre.

  Impuesto Sobre el Valor Añadido (IVA)

- Modelo 309: Autoliquidación. No periódica.

  Impuesto Sobre el Valor Añadido (IVA)

- Modelo 349: Declaración informativa. Primer trimestre.

  Declaración recapitulativa de operaciones intracomunitarias.

Junio

Hasta el día 1 de julio (26 de junio para domiciliar).

- Modelo 100: Autoliquidación. Declaración anual.

  Impuesto sobre la Renta de las Personas Físicas (IRPF). (Inicio del periodo de autoliquidación el 1 de abril)

- Modelo 714: Autoliquidación. Declaración anual.

  Impuesto sobre el Patrimonio. (Inicio del periodo de autoliquidación el 1 de abril)

Julio

Hasta el día 22 (17 para domiciliar):

- Modelo 111: Autoliquidación. Segundo trimestre.

  Retenciones e ingresos a cuenta sobre Rendimientos del trabajo y de actividades económicas, premios y determinadas ganancias patrimoniales e imputaciones de renta.

- Modelo 115: Autoliquidación. Segundo trimestre.

Retenciones e ingresos a cuenta sobre Rentas o rendimientos procedentes del arrendamiento o subarrendamiento de inmuebles urbanos.

- Modelo 130: Autoliquidación. Segundo trimestre.

Pago fraccionado de IRPF de empresarios y profesionales en régimen de estimación directa.

- Modelo 131: Autoliquidación. Segundo trimestre.

Pago fraccionado de IRPF de empresarios y profesionales en régimen de estimación objetiva (módulos).

- Modelo 303: Autoliquidación. Segundo trimestre.

Impuesto Sobre el Valor Añadido (IVA)

- Modelo 309: Autoliquidación. No periódica.

Impuesto Sobre el Valor Añadido (IVA)

- Modelo 349: Declaración recapitulativa de operaciones intracomunitarias.

Octubre

Hasta el día 21 (16 para domiciliar).

- Modelo 111: Autoliquidación. Tercer trimestre.

Retenciones e ingresos a cuenta sobre Rendimientos del trabajo y de actividades económicas, premios y determinadas ganancias patrimoniales e imputaciones de renta.

- Modelo 115: Autoliquidación. Tercer trimestre.

Retenciones e ingresos a cuenta sobre Rentas o rendimientos procedentes del arrendamiento o subarrendamiento de inmuebles urbanos.

- Modelo 130: Autoliquidación. Tercer trimestre.

Pago fraccionado de IRPF de empresarios y profesionales en régimen de estimación directa.

- Modelo 131: Autoliquidación. Tercer trimestre.

Pago fraccionado de IRPF de empresarios y profesionales en régimen de estimación objetiva (módulos).

- Modelo 303: Autoliquidación. Tercer trimestre.

Impuesto Sobre el Valor Añadido (IVA)

- Modelo 309: Autoliquidación. No periódica.

Impuesto Sobre el Valor Añadido (IVA)

- Modelo 349: Declaración informativa. Tercer trimestre.

Declaración recapitulativa de operaciones intracomunitarias.

Diciembre

- Plazo: 31 de diciembre:

Cierre de Ejercicio Fiscal.

Regla general sobre plazos:

Si el vencimiento del plazo de presentación coincide con un día inhábil, el plazo finaliza el primer día hábil siguiente y el plazo de domiciliación bancaria se ampliará con carácter general el mismo número de días que resulte ampliado el plazo de presentación de dicha declaración.

La domiciliación bancaria para el pago de los modelos 111, 115, 130, 131, 200, 202, 303 se podrá realizar con un plazo previo de 5 días a su plazo máximo. A modo de ejemplo, si el plazo máximo del modelo 111 es el 20 de enero, hasta el día 15 de enero se podrá presentar el modelo para realizar el trámite con domiciliación.

Anexo VII. Tabla de amortizaciones

Tipo de elemento	Coeficiente lineal máximo	Período de años máximo
Obra civil		
Obra civil general	2%	100
Pavimentos	6%	34
Infraestructuras y obras mineras	7%	30
Centrales		
Centrales hidráulicas	2%	100
Centrales nucleares	3%	60
Centrales de carbón	4%	50
Centrales renovables	7%	30
Otras centrales	5%	40
Edificios		
Edificios industriales	3%	68
Terrenos dedicados exclusivamente a escombreras	4%	50
Almacenes y depósitos (gaseosos, líquidos y sólidos)	7%	30
Edificios comerciales, administrativos, de servicios y viviendas	2%	100
Instalaciones		
Subestaciones. Redes de transportes y distribución de energía	5%	40
Cables	7%	30
Resto instalaciones	10%	20
Maquinaria	12%	18
Equipos médicos y asimilados	15%	14
Elementos de transporte		
Locomotoras, vagones y equipos de tracción	8%	25
Buques, aeronaves	10%	20
Elementos de transporte interno	10%	20
Elementos de transporte externo	16%	14
Autocamiones	20%	10
Mobiliario y enseres		
Mobiliario	10%	20
Lencería	25%	8
Cristalería	50%	4
Útiles y herramientas	25%	8
Moldes, matrices y modelos	33%	6
Otros enseres	15%	14
Equipos electrónicos e informáticos. Sistemas y programas		
Equipos electrónicos	20%	10
Equipos para procesos de información	25%	8
Sistemas y programas informáticos	33%	6
Producciones cinematográficas, fonográficas, videos y series audiovisuales	33%	6
Otros elementos	10%	

Fuente: Agencia Tributaria

Anexo VIII. Contratos laborales

Contrato de trabajo indefinido

Uno de los aspectos en los que incide más directamente la nueva reforma laboral es en el carácter que se le otorga a este contrato, con el objetivo de evitar la temporalidad: el contrato fijo indefinido se establece sin límite de tiempo y dentro del mismo encontramos varias tipologías como el contrato para personas con discapacidad, el de Alta dirección o el de Trabajadores en situación de exclusión social por empresas de inserción, entre otros.

La reforma laboral de 2022 también introduce aspectos relevantes en la concreción del contrato laboral indefinido, como son el periodo establecido para encadenar contratos y pasar a ser indefinido, que se limita a 18 meses (en 24 meses). La normativa anterior establecía un límite mucho más amplio: de 24 meses en un marco de 30.

Por otro lado, la reciente reforma laboral también introduce novedades relevantes específicas para el contrato indefinido adscrito a obra y establece la subida del SMI 2022 para los trabajadores.

Contratos de trabajo indefinidos adscritos a obra

En este caso, el contrato está determinado para servicios o tareas cuya finalidad está vinculada a la construcción. Aquí se especifica que al concluir la obra el empresario tendrá la obligación de realizar una propuesta a la persona trabajadora para su recolocación. Dicha propuesta se debe realizar en un plazo de 5 días y por escrito.

Además, las causas de la extinción del contrato deberán producirse bajo los siguientes supuestos:

- Rechazo de recolocación por parte de la persona trabajadora.

- Falta de cualificación para obra en la provincia.

- Inexistencia de obras en la provincia.

Contrato de trabajo temporal

Hasta el momento existían tres tipos de contratos temporales:

- de obra o servicio determinado
- eventual (por circunstancias de la producción)
- y de interinidad.

Con la reforma laboral recientemente aprobada los contratos de duración determinada quedan afectados por varios cambios:

Contrato por circunstancias de la producción

Esta modalidad de contrato de trabajo temporal está establecida para situaciones muy concretas, como oscilaciones de la actividad normal. La duración no podrá superar los 6 meses, ampliable a 1 año por convenio del sector.

La conversión de contrato temporal a indefinido queda muy claramente definida en la reforma laboral 2022: la irregularidad determinará la condición de indefinido del contrato. En caso de irregularidad, se determinará la condición de indefinido del contrato en cuestión, con la consideración de infracción administrativa y sanciones de 1.000 a 10.000 euros por cada persona contratada irregularmente.

Contrato por sustitución de persona trabajadora

Se guía por los mismos criterios que el contrato de interinidad. La nueva reforma laboral introduce un cambio significativo: el sustituto podrá iniciar la prestación de servicios durante 15 días antes de que se produzca la ausencia de la persona sustituida.

Contrato de trabajo fijo discontinuo

Esta modalidad es la utilizada como referencia para una actividad estacional o de temporada, así como por ETT y contratas y subcontratas. También se contempla para periodos a fecha determinada o indeterminada.

Las personas trabajadoras tienen, mediante el contrato fijo-discontinuo, los mismos derechos que en el indefinido, entre ellos, la indemnización por despido.

Contrato de trabajo formativos

Existen dos tipos de contratos formativos:

- Contrato de formación en alternancia

- Contrato para la práctica profesional

Se han fijado una serie de puntos clave sobre los que se sustentan ambos contratos formativos:

- Acción de la Seguridad Social: comprende desde contingencias y prestaciones, hasta el desempleo y Fondo de Garantía Social.

- Adopción, nacimiento, incapacidad temporal o riesgo durante el embarazo: son escenarios que causan la interrupción del cómputo de tiempo de la duración del contrato.

- El convenio colectivo de ámbito sectorial estatal o autonómico: determina aspectos tales como actividades, niveles o grupos profesionales o puestos de trabajo.

- El contrato incluye obligatoriamente el plan formativo individual, especificando el contenido de las prácticas o las actividades de tutoría.

- Se establecen, una serie de bonificaciones en los contratos, de carácter específico para la formación y el aprendizaje.

Contrato de formación en alternancia

El objeto de este tipo de contrato es simultanear el proceso formativo con la actividad laboral retribuida. El ámbito de actuación es la formación profesional, estudios universitarios o catálogo de especialidades en el Sistema Nacional de Empleo. Con la reforma laboral se han introducido novedades relevantes en este tipo de contrato, que afectan a:

- La duración mínima del contrato: de 3 meses, con un máximo de 2 años.

- El tiempo de trabajo efectivo: no puede superar el 65% de la jornada máxima durante el primer año, y el 85% el segundo.

- La posibilidad de indemnización: no genera indemnización a su finalización, y existe una prohibición expresa de realizar horas complementarias y horas extraordinarias salvo fuerza mayor.

Contrato para la práctica profesional

Está dirigido a todas aquellas personas trabajadoras que están en posesión de un título universitario, máster profesional, certificado del sistema de formación profesional o título de grado medio o superior. Los cambios más significativos que han sido incluidos tras la reforma laboral afectan a varios aspectos:

- No puede tener una duración no inferior a 6 meses ni mayor a un año en la misma o distinta empresa.

- El tiempo establecido puede ser completo o parcial.

- No se puede realizar horas extras, si bien sí que son posibles las complementarias.

- La retribución queda contemplada en el convenio. Si no fuera así, la reciente reforma laboral establece que se debe aplicar la del grupo profesional y nivel de retribución correspondiente a las funciones que se desempeña.

FUENTES Y REGULACIÓN NORMATIVA DE REFERENCIA

Fuentes principales

- Agencia Tributaria.

- Seguridad Social.

- Servicio Público de Empleo Estatal (SEPE).

Regulación normativa

- El Código de Comercio en materia mercantil.

- El Código Civil en materia de derechos y obligaciones.

- Ley 31/1995, de 8 de noviembre, de prevención de Riesgos Laborales.

- Real Decreto Legislativo 5/2000 por el que se aprueba el texto refundido de la Ley de Infracciones y Sanciones en el Orden Social (LISOS).

- Ley 58/2003, de 17 de diciembre, General Tributaria.

- Ley 20/2007, de 11 de julio, del Estatuto Del Empleado Autónomo, modificada por la Ley 31/ 2015, de 9 de septiembre, por la que se modifica y actualiza la normativa en materia de autoempleo y se adoptan medidas de fomento y promoción del trabajo autónomo y de la economía social.

- Real Decreto 197/2009, por el que se desarrolla el Estatuto del Trabajo Autónomo en materia de contrato del trabajador autónomo económicamente dependiente y su registro y se crea el Registro Estatal de asociaciones profesionales de trabajadores autónomos.

- Ley 7/2012 de 29 de octubre sobre la prevención de fraude fiscal.

- Ley 14/2013 de apoyo a los emprendedores y su internacionalización.

- Ley 31/2015 por la que se modifica y actualiza la normativa en materia de autoempleo y se adoptan medidas de fomento y promoción del trabajo autónomo y de la Economía Social.

- Ley 6/2017, de 24 de octubre, de Reformas Urgentes del Trabajo Autónomo.

- Ley Orgánica 3/2018, de 5 de diciembre, de Protección de Datos Personales y garantía de los derechos digitales.

- Real Decreto-ley 28/2018, de 28 de diciembre, para la regularización de las pensiones públicas y otras medidas urgentes en materia social, laboral y de empleo, han introducido una serie de medidas dirigidas a flexibilizar las cargas y gravámenes de los trabajadores autónomos, con el fin de mejorar las condiciones en que dicho colectivo desarrolla su actividad.

- Real Decreto-ley 6/2019, de 1 de marzo, de medidas urgentes para garantía de la igualdad de trato y de oportunidades entre mujeres y hombres en el empleo y la ocupación.

- Real Decreto-ley 13/2022, de 26 de julio, por el que se establece un nuevo sistema de cotización para los trabajadores por cuenta propia o autónomos y se mejora la protección por cese de actividad

- Ley 28/2022, de 21 de diciembre, de fomento del ecosistema de las empresas emergentes.

- Ley Orgánica 1/2023, de 28 de febrero, por la que se modifica la Ley Orgánica 2/2010, de 3 de marzo, de salud sexual y reproductiva y de la interrupción voluntaria del embarazo.

- Orden PJC/51/2024, de 29 de enero, por la que se desarrollan las normas legales de cotización a la Seguridad Social, desempleo, protección por cese de actividad, Fondo de Garantía Salarial y formación profesional para el ejercicio 2024.

Material de referencia

Blog de DAEM: https://daem.es/blog-2 - actualización a abril de 2024.

Ministerio de Trabajo y Seguridad Social: Dirección general del trabajo autónomo, de la economía social y de la responsabilidad social de las empresas. Trabajadores autónomos, personas físicas en alta en la Seguridad Social. Resumen resultados - septiembre de 2020.

Catálogo General de Publicaciones Oficiales de la Dirección General de Industria y de la Pequeña y Mediana Empresa, Colección PYME: Ciclo Vital de la Empresa – marzo de 2019.

www.ingramcontent.com/pod-product-compliance
Lightning Source LLC
Chambersburg PA
CBHW072144230526
45467CB00040B/16